Vorpommern und seine Klöster

Oliver Auge
Robert Harlaß
Katja Hillebrand
Andreas Kieseler

VOR POMMERN

und seine Klöster

SCHNELL + STEINER

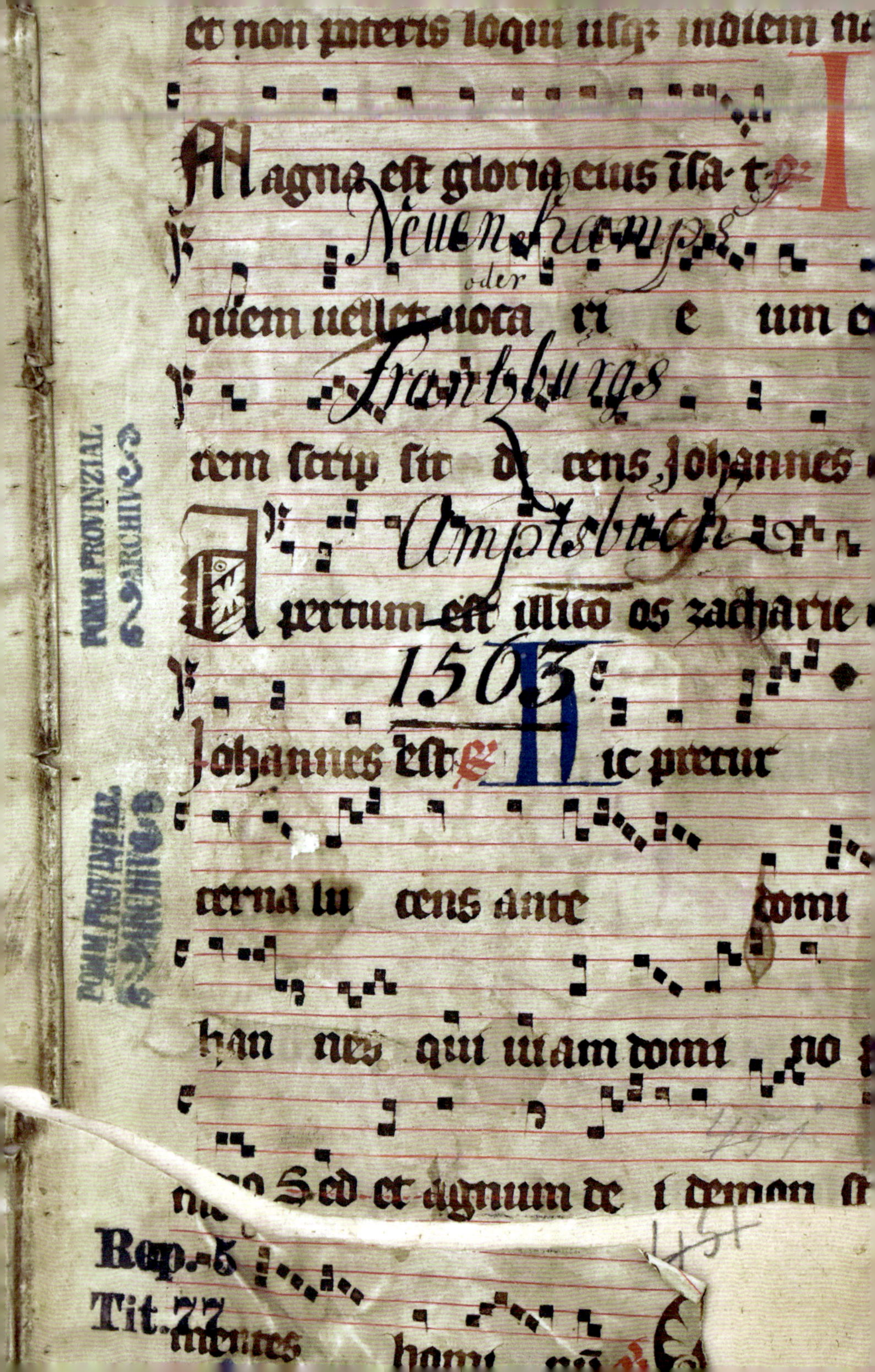
et non poteris loqui usq: in diem
Magna est gloria eius in salute
Neuen Kamp
oder
quem vellet vocari eum
Frantzburgs
tem scrip sit dicens Johannes
Amptsbach
Apertum est illico os zacharie
1563
Johannes est
Hic precur
cerna lucens ante domi
han nes qui viam domi no
Sed et agnum dei demon
POMM. PROVINZIAL ARCHIV
POMM. PROVINZIAL ARCHIV
Rep. 5
Tit. 77
457

INHALT

ZUM GELEIT

Wir freuen uns, liebe Leserinnen und Leser, Ihnen mit diesem Kulturführer die mittelalterlichen Klöster in Vorpommern vorstellen zu können. Eingebettet in die abwechslungsreiche Naturlandschaft an der Ostsee zwischen der Halbinsel Darß-Zingst und der unteren Oder sowie als immanenter Teil der historischen Altstädte von Stralsund und Greifswald bieten diese Klöster oder das, was von ihnen geblieben ist, jeweils eindrucksvolle Ausflugsziele, die mit dem Auto, auf dem Rad oder auch zu Fuß zu erkunden sind. Direkt am Ufer der Peene errichtet, lässt sich z. B. das älteste steinerne Bauwerk Vorpommerns, die imposante Ruine der Benediktiner- und späteren Zisterzienserabtei in Stolpe, besichtigen. Die reizvoll gelegenen Kirchen der ehemaligen Nonnenklöster in den kleinen Ortschaften Krummin auf Usedom und Verchen am Kummerower See besitzen noch einige mittelalterliche Ausstattungsstücke, und in der idyllischen Kleinstadt Bergen auf Rügen beeindruckt die St. Marienkirche als vormalige Klosterkirche der Zisterzienserinnen durch ihre Baugestalt und die ältesten Wandmalereien Vorpommerns. Ein Besuch der durch die Werke des Malers Caspar David Friedrich weltbekannten Klosterruine in Eldena bei Greifswald vermittelt auch heute noch einen Eindruck von der einstigen Pracht der ältesten Zisterzienserabtei in Vorpommern. Ebenso imponiert die durch ihre Größe und architektonische Ausgestaltung auffällige Pfarrkirche von Franzburg, die ursprünglich ein Teil der Kirche des Zisterzienserklosters Neuenkamp war. In Stralsund und Greifswald zeugen die ehemaligen Anlagen der Bettelorden vom Wirken der Mönche innerhalb der mittelalterlichen Hansestädte. Mit dem Dominikanerkloster in Stralsund besitzt Vorpommern eine der am besten erhaltenen Klosteranlagen im ganzen Ostseeraum, und auch die Räumlichkeiten der Klausurgebäude des Franziskanerklosters der Stadt gewähren nach wie vor einen authentischen Einblick in die klösterliche Architektur vergangener Tage. Vom Greifswalder Franziskanerkloster steht noch das eindrucksvolle Bibliotheksgebäude, das auf einem Rundgang durch das Pommersche Landesmuseum besichtigt werden kann und noch heute von der einstmaligen Bedeutung des Bettelordens in der Stadt zeugt. Neben den erhaltenen Bauten und zahlreichen Ausstattungsstücken berichten vom Leben und den Tätigkeiten der Mönche und Nonnen in Vorpommern auch eine Vielzahl archivalisch überlieferter Schriftstücke und bei archäologischen Ausgrabungen entdeckte Sachzeugnisse.

Zu all diesen Orten und Aspekten informieren in diesem Band acht Beiträge: Der erste Text beschreibt, welchen Anteil die Klöster an der Entwicklung der historischen Landschaft Vorpommerns hatten, und verdeutlicht, wie eng das Netz der klösterlichen Niederlassungen war. Erwähnung finden die vielfältigen überregionalen Verbindungen, die die Klöster zu Ordensniederlassungen und weiteren geistigen Zentren in Europa pflegten und die die Region zu einem integralen Bestandteil der europäischen Kulturlandschaft machten. Dabei wird darauf hingewiesen, dass diese Vielfalt nicht eine einheitliche Klosterlandschaft hervorbrachte, sondern sich aufgrund der unterschiedlichen Auswirkungen auf die einzelnen Niederlassungen und Ordensgemeinschaften verschiedene geistliche Landschaften innerhalb der Region formten. Im darauffolgenden Beitrag wird die Vielzahl der ehemals in Vorpommern ansässigen Orden und Gemeinschaften vorgestellt und deren theologisch-liturgisches Wirken im Kontext der jeweiligen Niederlassungen erläutert. Erwähnt werden die engen Verbindungen der Klöster mit den Landesherren, dem Adel und den städtischen Gesellschaften, die davon zeugen, welchen hohen Stellenwert die geistlichen Niederlassungen innerhalb der mittelalterlichen Gesellschaft grundsätzlich hatten. Im Anschluss wird die vormalige Ausstattung der Klöster vorgestellt. Trotz der massiven Verluste während der Reformation und infolge des Dreißigjährigen Krieges künden die verbliebenen Stücke auch heute noch vom einstigen künstlerischen und materiellen Reichtum der Klöster und Stifte. Der sich anschließende Beitrag zu den spätmittelalterlichen Reformen innerhalb der Klöster verdeutlicht, dass die Institute auch immer wieder auf die sich verändernden gesellschaftlichen Bedingungen reagierten und diesen stets zeitgemäß mit innerer Umgestaltung und Neuordnung begegneten. Sodann folgt die Vorstellung der erhalten Bauwerke, in der gezeigt wird, wie entscheidend die Klöster mit ihrer vielfältigen Architektur die Bauentwicklung des Landes formten und inspirierten. Im darauf abgedruckten Überblick zu den archäologischen Forschungen geht es um die gerade in Vorpommern recht große Zahl an Klöstern, die nach der Reformation dem Erdboden gleichgemacht wurden oder heute nur noch als Ruinen bestehen. Durch die vielen Ausgrabungen der letzten Jahre gelang es nicht nur, die Standorte »versunkener« Klöster zu ermitteln, sondern auch weitreichende Einblicke in Aufbau und Gestalt der Klosteranlagen sowie in die materielle Kultur der klösterlichen Bewohner zu erhalten. Die mit dem Einzug der neuen Lehre einhergehenden politischen und gesellschaftlichen Veränderungen beleuchtet der vorletzte Text. 1535 ließen die pommerschen Herzöge eine neue Kirchenordnung erarbeiten, nach der in Glaubensfragen allein die lutherische Lehre praktiziert werden durfte. Das Vermögen und der Besitz der Klöster wurden eingezogen, und so hörte das klösterliche Leben in Vorpommern weitgehend auf. Einzig das Frauenkloster in Bergen auf Rügen bestand als adeliges, protestantisches Damenstift fort. Den Abschluss bildet achtens ein Überblick zu den verschiedenen Schicksalen der Klosterbauten nach der Reformation, die teils als Pfarr- und Schlosskirchen, als herzogliche Sitze, Schulen, Armenhäuser oder Scheunen phasenweise weiter genutzt wurden oder einfach zur Baumaterialgewinnung abgerissen wurden.

Dieser Vorstellung der Klostergeschichte in Vorpommern in Text und Bild folgen in einem eigenen Katalog konkrete Reisehinweise zu jeder Niederlassung. Neben einer Kurzvorstellung des jeweiligen Klosters bietet dieses Register auch Informationen zu touristischen Angeboten der Umgebung. Diese Übersicht soll zu Ausflügen einladen und beim Erkunden ein hilfreicher Begleiter sein. Informationen zu Adressen, Webseiten, Öffnungszeiten und Veranstaltungen runden die Angaben zu jedem Kloster für den praktischen Gebrauch ab.

Im Anhang folgt schließlich ein Verzeichnis der wichtigsten wissenschaftlichen Literatur, das eine weitergehende Beschäftigung mit einzelnen Themen oder Klosterstandorten ermöglicht. Ein Glossar erläutert die wichtigsten Fachbegriffe, ein Orts- und Personenverzeichnis erleichtert die Suche nach Stichworten im Text.

Der vorliegende Klosterführer entstand im Rahmen des Forschungs- und Publikationsprojekts »Klosterbuch Pommern«, das seit dem Winter 2020 an der Abteilung für Regionalgeschichte der Christian-Albrechts-Universität zu Kiel ansässig ist. Aufgabe des siebenköpfigen Projektteams ist es, das schriftliche und dingliche Erbe der Klöster und Stifte in der historischen Region Pommern aufzunehmen. Die Ergebnisse dieser Tätigkeiten werden einer internationalen Autorengruppe, bestehend aus rund 70 Wissenschaftlerinnen und Wissenschaftlern, zur Verfügung gestellt, die die Artikel zu allen mittelalterlichen Klöstern, Stiften und Kommenden der historischen Region Pommern erstellen. Die projekteigene Internetseite »www. klosterwelt-pommern.de« gibt Einblicke in die Arbeit rund um die Klöster in Pommern und informiert über neue Ergebnisse, aber auch über Veranstaltungen im Rahmen der Forschungstätigkeiten.

Aus der vielfältigen Projekttätigkeit und unserer Arbeit an der Internetseite heraus entstand das vorliegende Buch, das sich den Niederlassungen in der heutigen Region Vorpommern widmet. Dabei geht der Blick das eine oder andere Mal auch über die heutigen Bundeslandgrenzen hinaus. Ein Umstand, der veranschaulicht, dass Grenzen immer historischen Gegebenheiten unterworfen sind, der aber auch verdeutlicht, dass Vorpommern sowohl in der Vergangenheit als auch in der Gegenwart eine europäische Region war bzw. ist.

Dass dieser Kulturführer in seiner endgültigen, reich bebilderten Form realisiert werden konnte, ist der Ostdeutschen Sparkassenstiftung zu verdanken. Dank ihres finanziellen Engagements war es möglich, den Klosterführer nach unseren Ideen zu gestalten. In diesem Zusammenhang sei der Stiftung auch für ihre finanzielle Unterstützung bei der Erstellung unserer Internetseite zu danken. Beide Formate ermöglichen es uns, die vielfältigen Ergebnisse und Resultate unserer Arbeit nun einem breiten Publikum zu präsentieren.

Wir freuen uns ebenso, dass wir die Verleger Dr. Albrecht Weiland und Felix Weiland von unserem Konzept zu diesem Kulturführer begeistern konnten. Mit dem renommierten Schnell & Steiner Verlag in Regensburg hatten wir einen starken Partner an unserer Seite, der sich mit seinem Erfahrungsschatz und großen Engagement dem Vorhaben widmete. Ein Wort des Dankes geht in diesem Zusammenhang auch an Isabell Schlott, die das Projekt als Lektorin begleitete und mit viel Geduld unsere Wünsche akkurat umsetzte.

Unser ausdrücklicher Dank gilt außerdem den Archiven, Museen, Landesämtern für Denkmalpflege und Instituten, deren Mitarbeiterinnen und Mitarbeiter uns stets mit ihrer großartigen Expertise helfend zur Seite standen und uns in vielfältiger Hinsicht uneingeschränkt unterstützten. Namentlich danken wir Dr. Dirk Schleinert vom Stadtarchiv Stralsund, Kirsten Schäffner vom Landesarchiv in Greifswald und Dr. Dirk Alvermann vom Universitätsarchiv Greifswald, Dr. Ruth Slenczka und Gunter Dehnert vom Pommerschen Landesmuseum in Greifswald, Marika Emonds vom Stadtmuseum Bergen auf Rügen, Dr. Detlef Jantzen, Dr. Heiko Schäfer und Dr. C. Michael Schirren vom Landesamt für Kultur und Denkmalpflege Mecklenburg-Vorpommern in Stralsund, Dr. Jörg Ansorge aus Horst, Prof. Dr. Felix Biermann vom Historischen Institut, Abteilung Archäologie, der Universität Szczecin, Dr. Matthias

Schulz von der Unteren Denkmalschutzbehörde des Landkreises Uckermark in Prenzlau sowie André Lutze aus Greifswald und Detlef Witt aus Drechow.

Zum Schluss sei noch ein herzliches Dankeschön an unser Projektteam gerichtet, das uns inhaltlich wie redaktionell in wertvoller Weise unterstützte. Bei der gewissenhaften Nachbereitung unserer Manuskripte waren die wissenschaftlichen Hilfskräfte Michelle Siewert und Thore Schlott uns eine wichtige Hilfe. Besonders hervorgehoben sei unsere Hilfskraft Lea Melissa Möller, die die umfangreichen kulturtouristischen Informationen zusammentrug und so erheblich an der Bearbeitung des Reiseteils dieses Bandes mitwirkte.

Wir wünschen Ihnen nun viele neue Erkenntnisse bei der Lektüre und beim Blättern in diesem Buch und hoffen, dass sich unsere Freude am Entdecken und Besichtigen der Klöster Vorpommerns auf Sie überträgt!

Oliver Auge, Robert Harlaß,
Katja Hillebrand und Andreas Kieseler,
Kiel und Breslau (Wrocław)
an Ostern des Jahres 2023

OLIVER AUGE

POMMERN – EIN LAND VOLLER GEISTLICHER LANDSCHAFTEN!

Eine Einführung

Seit der Landnahme und Christianisierung nahmen die Niederlassungen geistlicher Gemeinschaften bei der Entstehung und Entwicklung der pommersch-rügischen Kulturlandschaft eine ganz zentrale Rolle ein. Die geistlichen Institute waren Orte der Kontemplation und des religiösen Wirkens sowie Stätten des wissenschaftlichen und gelehrten Lebens. Sie trugen zur kulturellen Blüte des Landes und seiner Städte bei. Auch waren sie an der agrarischen Erschließung und dem ökonomischen Ausbau sowie bei der Etablierung frühstaatlicher Verwaltung in der Stadt und auf dem Land beteiligt. Die reinen Zahlenverhältnisse unterstreichen diese Bedeutung: Bis zur Reformation gab es im Herzogtum Pommern dies- und jenseits der Oder etwa 80 Standorte von klosterähnlichen Niederlassungen, in denen Mönche und Nonnen bzw. regulierte Kanoniker oder Kanonissen beteten und arbeiteten, ein von Wollin (Wolin) und dann Usedom um 1175 nach Cammin (Kamień Pomorski) verlegtes Domkapitel, dessen Domherren sich zur gemeinsamen Feier der Liturgie versammelten, und zudem in noch vier Kollegiatstifte in Greifswald, Kolberg (Kołobrzeg) und Stettin (Szczecin), die Säkularkanoniker bzw. weltliche Chorherren in einem Kapitel zu Gesang und Gebet vereinigten. Es existierten daneben noch sechs Beginenniederlassungen in Greifswald, Stettin, Stralsund und eventuell in Damgarten als Orte semireligiosen Lebens – doch dürfte deren tatsächliche Zahl gewiss noch höher gewesen sein. Und nicht vergessen werden dür-

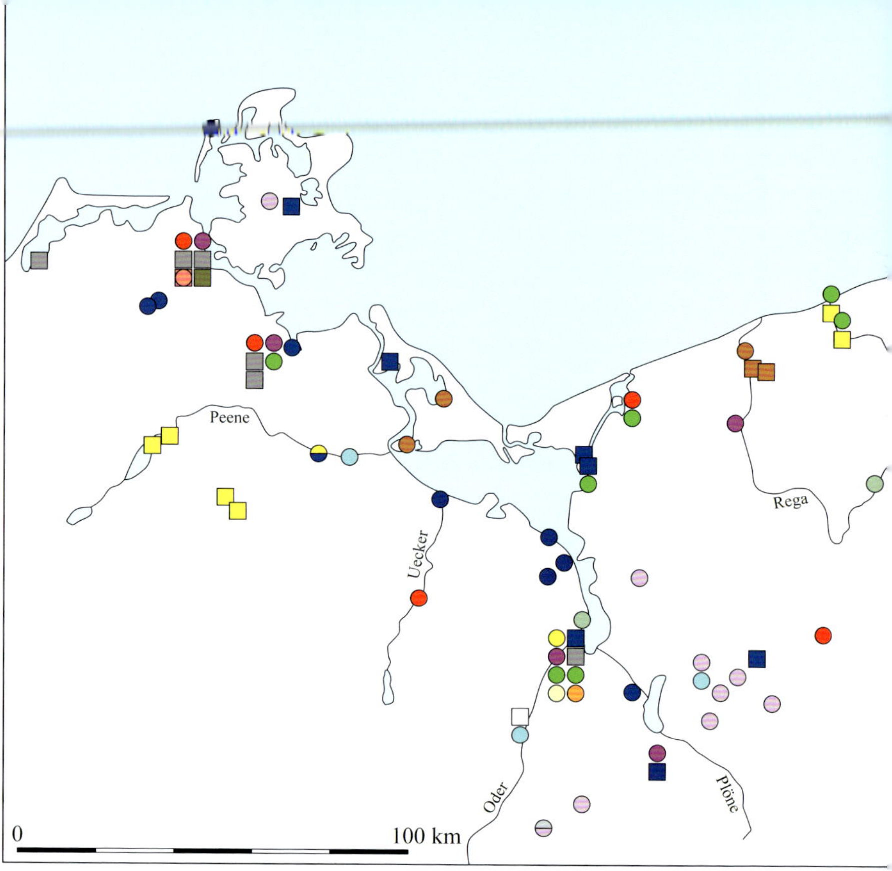

fen 13 Einrichtungen geistlicher Ritterorden, der Deutsch-Ordensritter, Templer und Johanniter.

Es handelte sich also allein schon von diesen Zahlen her um einen sakral sehr dicht strukturierten Raum (Abb. 1). Heruntergebrochen auf Vorpommern als Teil des heutigen Bundeslandes Mecklenburg-Vorpommern zählen wir 18 Klöster und regulierte Stifte, ein Säkularkanonikerstift, ein Konvent der Schwestern vom gemeinsamen Leben, wahrscheinlich fünf Beginenhäuser sowie eine Ritterordensniederlassung: ebenfalls eine beachtliche Bilanz (Abb. 2)!

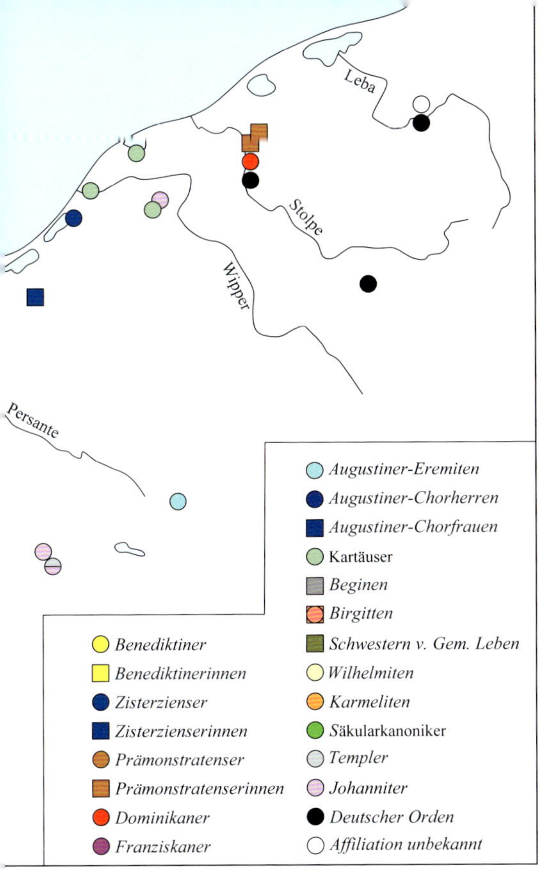

Abb. 1: Klöster, Stifte, Kommenden und Konvente in Pommern 1150–1550

Ein dicht strukturierter Sakralraum

Innerhalb dieses also vergleichsweise dichten Sakralraums gab es aber weitere Verdichtungen bzw. Ballungen, was der Blick auf die damaligen kartografischen Verhältnisse veranschaulicht: So ist eine Verdichtung entlang der Ostseeküste von Damgarten im äußersten Westen bis Stolp (Słupsk) im Osten auszumachen (Abb. 3). Mit dieser korreliert eine weitere Ballung entlang des in die Ostsee entwässernden pommerschen Flusssystems, bestehend wiederum von West nach Ost aus den Flüssen Peene, Oder, Plöne, Rega, Persante (Parsęta), Wipper (Wieprza) sowie Stolpe (Słupia). Auffallend ist zudem die wie ein Sperrriegel hin zur brandenburgischen Neumark wirkende Verdichtung geistlicher Institute zwischen Rörchen (Rurka) und Tempelburg (Czaplinek), welcher Eindruck noch dadurch verstärkt wird, dass hier vermehrt Ritterordensniederlassen vorkamen. Besonders markant sind indes die Verdichtungspunkte in und um Greifswald, Stralsund und vor allem Stettin. Diese drei Städte nahmen somit schon auf den ersten kartografischen Blick im Rahmen der geistlichen Landschaften in Pommern eine ganz zentrale Funktion ein. Cammin, Kolberg oder Stolp, an oder in denen sich immerhin jeweils zwei klösterlich-stiftische Institute verortet fanden, waren gegenüber ihrem nahen und weiten Umland dadurch natürlich ebenfalls hervorgehoben und in sakraler Hinsicht als zentrale Orte gleichsam kenntlich gemacht. Sie fielen freilich gegenüber der Standortmassierung in und um die drei genannten Städte überdeutlich ab.

Für Greifswald (Abb. 4) lassen sich ein Säkularkanonikerstift, je ein Dominikaner- und Franziskanerkloster, zwei Beginenniederlassungen sowie, in Eldena vor den Toren der Stadt, eine Zisterze namhaft machen, also insgesamt sechs Einrichtungen. In Stralsund (Abb. 5) handelte es sich ebenfalls um sechs Institute, wiederum um jeweils ein Dominikaner- und ein Franziskanerkloster, dann zwei Beginenhäuser und ein Haus der Schwestern vom gemeinsamen Leben sowie ein Birgittenkloster vor den Stadttoren. Zwei säkulare Kollegiatstifte und je eine Niederlassung der Franziskaner, Benediktiner, Kartäuser, Wilhelmiten, Karmeliter und Zisterzienserinnen sowie mindestens ein Beginenhaus, d. h. zusammen ganze neun Einrichtungen, sind in und nahe bei Stettin (Abb. 6) belegt. Gerade das zahlenmäßig große Spektrum der geistlichen Institute im Raum Stettin unterstreicht dessen Funktion als ein sakrales, wenn nicht das sakrale Zentrum Pommerns. Diese Rolle findet ihre säkulare Entsprechung natürlich in der längerfristigen Residenz- und Hauptstadtfunktion Stettins, was einen gewissen Sog auf die Klosteransiedlungen ausgeübt haben wird. Die anderen mit Stettin konkurrierenden Residenzstädte wie Wolgast, Barth oder Stolp fielen als sakrale Standorte demgegenüber eigentlich gar nicht ins Gewicht oder, wenn man immerhin an die beiden bereits genannten Klöster in Stolp den-

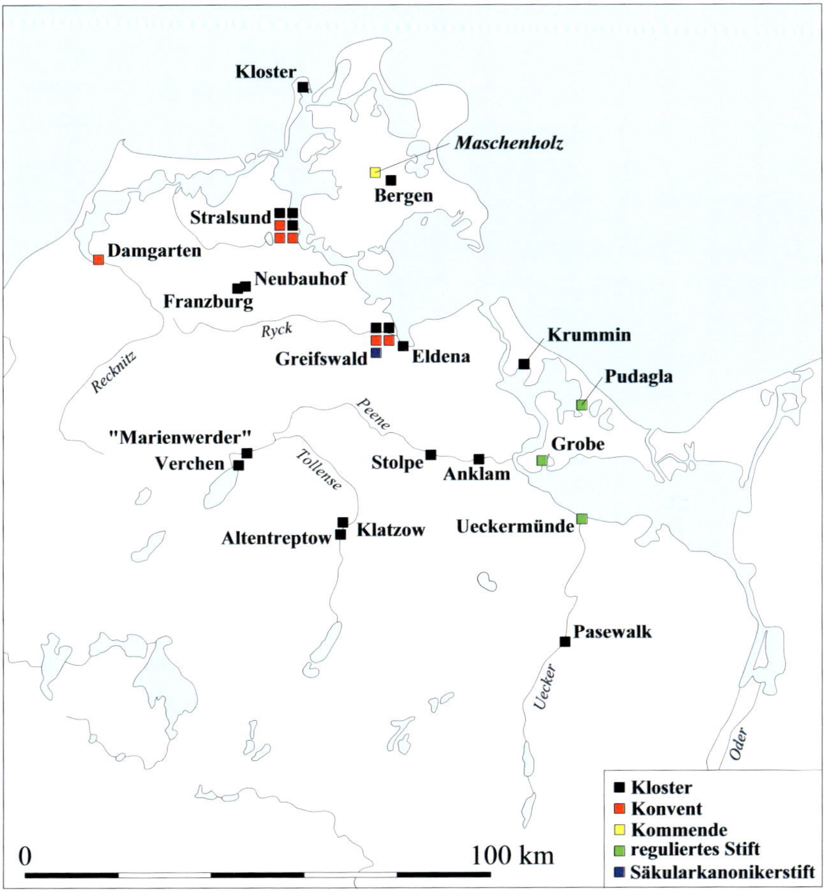

Abb. 2: Klöster und Stifte in Pommern westlich der Oder

ken möchte, trotzdem kaum nennenswert. Die zahlenmäßige Verdichtung klösterlicher Institute in den drei Städten wurde im Übrigen noch weiter dadurch vergrößert, dass sich in selbigen auch noch Stadthöfe als klösterliche Dependancen befanden. In Greifswald handelte es sich um einen Stadthof des Zisterzienserklosters Eldena, in Stralsund um ebensolche der Zisterzen von Neuenkamp (heute Franzburg), Eldena und Hiddensee, in Stettin um einen Stadthof der Zisterziensernieder-

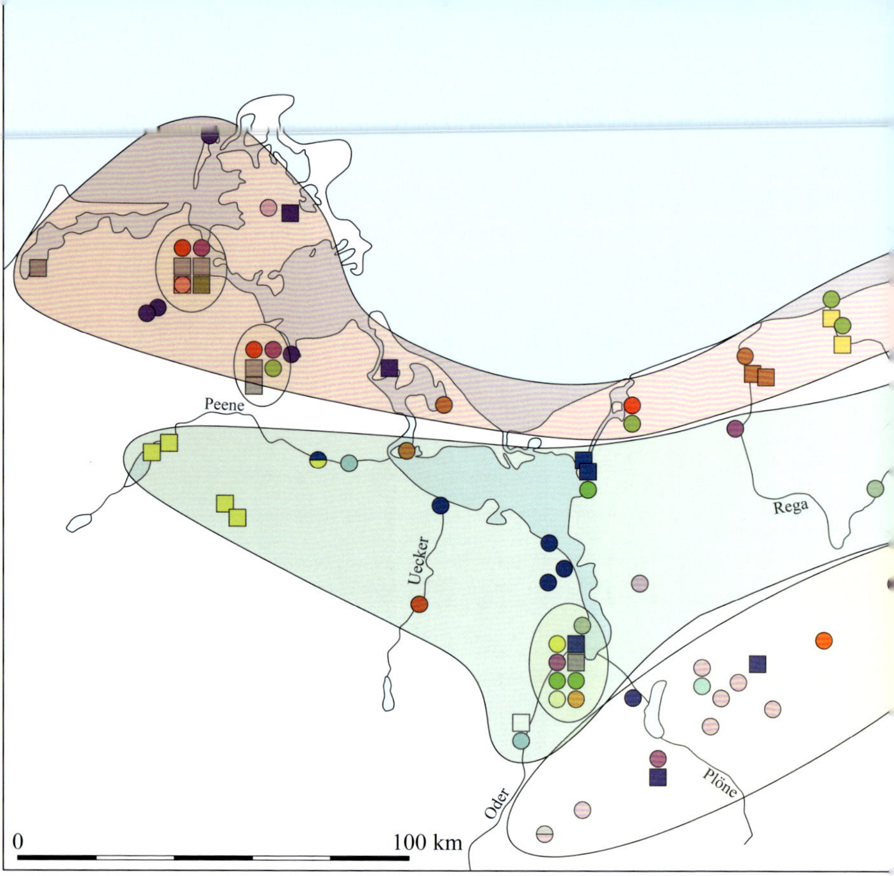

lassung in Kolbatz (Kołbacz). Die herausragende ökonomische Bedeutung Stralsunds im Konzert der pommerschen Städte fand sinnfällig ihre Entsprechung in der zahlenmäßigen Häufung zisterziensischer Stadthöfe als vornehmliche Warenverteilungszentren der Klöster, die in dieser Größenordnung im weiteren Umfeld sonst nur noch für Lübeck bezeugt ist. In einer immerhin gewissen Analogie zu den zisterziensischen Stadthöfen sind übrigens auch die Termineien der Bettel- und Predigerorden zu sehen. Denn sie sicherten gleichfalls deren Präsenz an den jeweiligen Standorten. Die Greifswalder Franziskaner verfügten über je eine Terminei in Anklam und Kolbatz. In Anklam waren auch die Greifswalder Dominikaner mit einer Terminei versehen. Die in An-

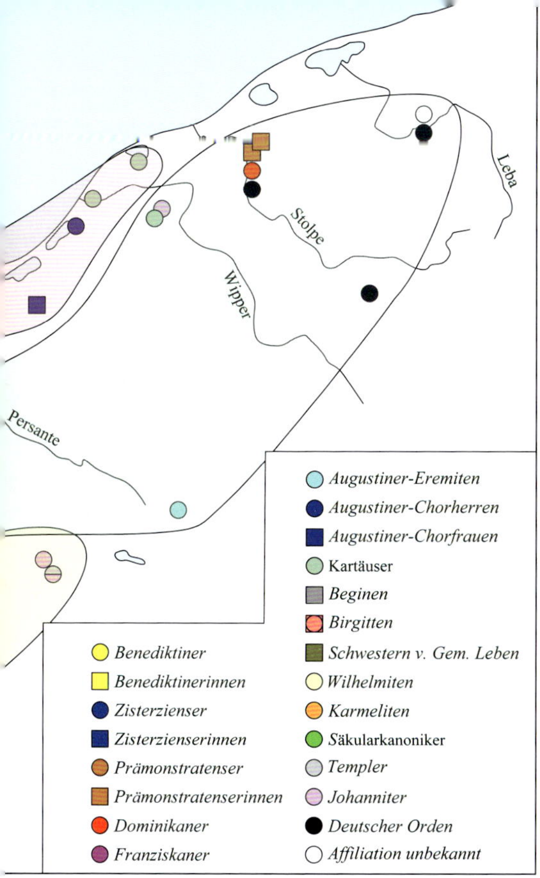

Abb. 3: Ballungsräume der klösterlichen und stiftischen Niederlassungen in Pommern

klam niedergelassenen Augustiner-Eremiten wiederum verfügten über ein Terminierhaus in Greifswald, die Dominikaner von Pasewalk über ein ebensolches u.a. in Stettin. Da die Termineien stets eine stark ausgeprägte Rückkoppelung zu ihren Mutterkonventen aufwiesen, kann man sagen, dass auch sie die zentralörtliche Funktion an den Standorten der Mutterhäuser verstärkten.

Die pommerschen Städte Greifswald, Stralsund und Stettin wurden aber nicht allein zahlenmäßig zu sakralen Zentren innerhalb Pommerns, sondern und viel mehr noch, wie bereits zwischen den Zeilen angedeutet, durch das damit einhergehende bunt differenzierte Spektrum der betreffenden Niederlassungen. Säkularkanoniker, Franziskaner,

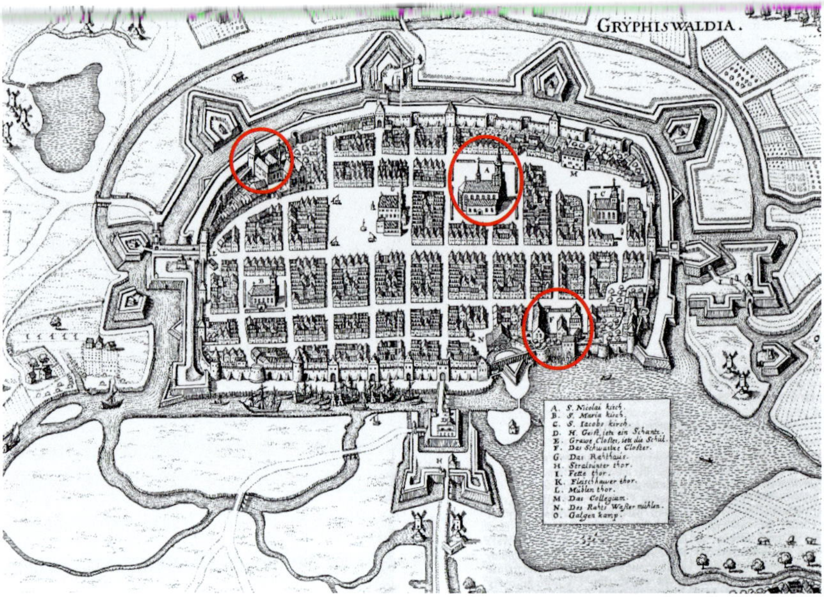

Abb. 4: Plan der Stadt Greifswald von Matthaeus Merian, 1652, hervorgehoben das Franziskanerkloster, das Säkularkanonikerstift St. Nikolai und das Dominikanerkloster (von links)

Dominikaner und auch Beginen kamen allein schon aufgrund ihrer eigentümlichen Lebensform und spezifischen Frömmigkeitshaltung bloß in großen Zentren vor, darunter eben auch in dem nun schon mehrfach genannten Städtetrio. Birgitten und Schwestern vom gemeinsamen Leben in Stralsund bzw. Karmeliter, Kartäuser und Wilhelmiten in Stettin waren im Rahmen Pommerns indes absolute monastische Alleinstellungsmerkmale.

Rechte Seite:

Abb. 5: Plan der Stadt Stralsund von Matthaeus Merian, 1652, hervorgehoben die Ruine des Franziskanerklosters (links) und das Dominikanerkloster (rechts)

Abb. 6: Plan der Stadt Stettin von Matthaeus Merian, 1652, hervorgehoben das Zisterzienserinnenkloster, das Säkularkanonikerstift St. Maria, das Karmeliterkloster, das Benediktinerpriorat St. Jacob und das Franziskanerkloster (von links)

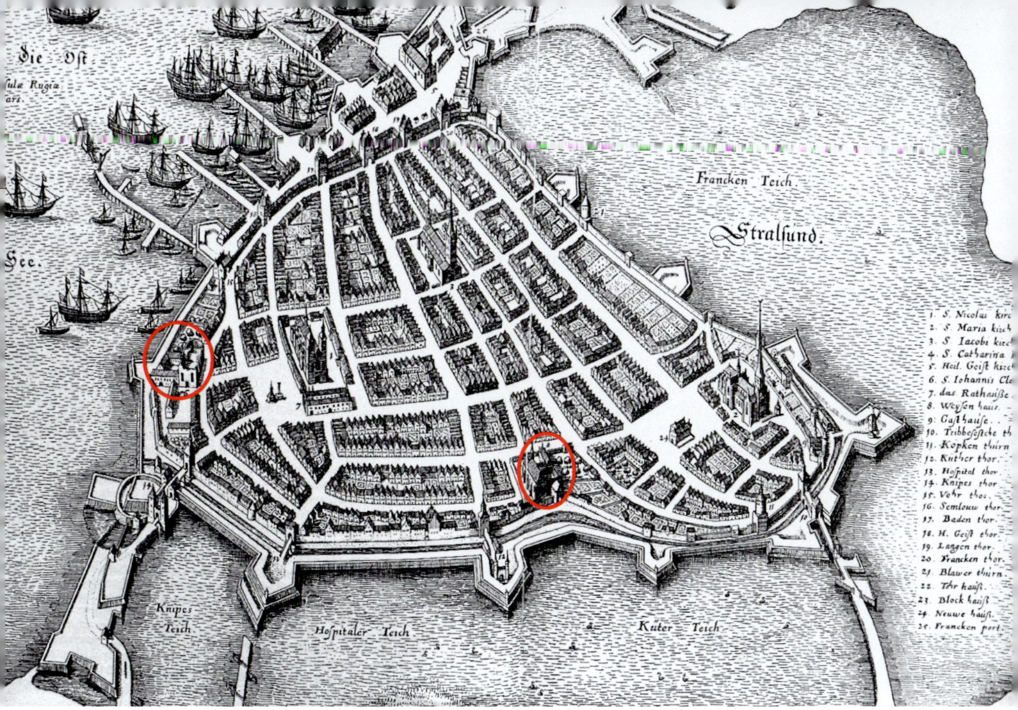
Die Ost
See.
Francken Teich.
Stralsund.
Knipes Teich.
Hospitaler Teich.
Kuter Teich.
1. S. Nicolai kirc
2. S. Maria kirch
3. S. Iacobi kirc
4. S. Catharina
5. Heil. Geist kirc
6. S. Iohannis Cle
7. das Rathaüße
8. Weysen haus.
9. Gasthause.
10. Tribbesesche th
11. Kopken thürn
12. Kuther thor.
13. Hospital thor.
14. Knipes thor
15. Vohr thor.
16. Semlouw thor.
17. Baden thor.
18. H. Geist thor.
19. Langen thor.
20. Francken thor.
21. Blawer thürn.
22. Thr hauß.
23. Block hauß
24. Neuwe hauß.
25. Francken port.

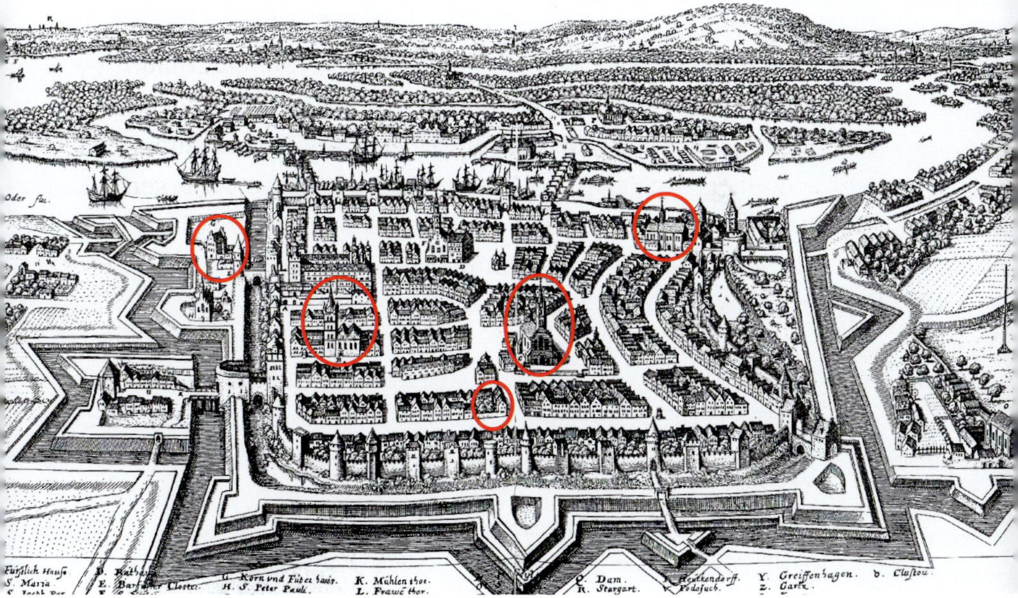
Oder fl.
Fürstlich Hauß.
S. Maria
E. Barfüser Closter.
G. Korn vnd Futer haüß.
H. S. Peter Pauli.
K. Mühlen thor.
L. Frawē thor.
Q. Dam.
R. Stargart.
Y. Greiffenhagen.
Z. Gartz.
Clustou.

Charakteristische Merkmale

Fragt man nach besonderen Charakteristika, welche die Stifte, Klöster und Kommenden in Pommern im Vergleich zu denjenigen anderer Räume zu bieten hatten, dann ist zunächst auf den anfangs stark ausgeprägten Rückstand in der Entwicklung zu verweisen. Die lange vergleichsweise schwache und späte kirchliche wie herrschaftliche Durchdringung des Raums hing natürlich mit der hier weit später als im westlichen oder südlichen Deutschland einsetzenden Christianisierung und mit den auch vielfach geringeren Ressourcen zusammen. Noch bis zum Ende des 12. Jahrhunderts waren weite Teile Pommerns und Rügens nur schwach oder noch gar nicht missioniert. Bis zur ersten Hälfte des 13. Jahrhunderts rückte das Gebiet aber in einer unheimlich rasanten Aufholjagd spürbar an den westlichen und südlichen Entwicklungsstand heran, wofür die Ankunft der Zisterzienser und Zisterzienserinnen sowie der Prämonstratenser hierzulande steht, und überholte ihn punktuell sogar: So erreichten die Bettelorden die neu gegründeten Handelsstädte an der Ostsee früher als vielerorts südlich davon im Reich. In seiner Gesamtheit konnte der Rückstand freilich qualitativ und quantitativ bis zum Ende des Mittelalters nicht mehr aufgeholt werden.

Immerhin hielt die weitere monastisch-kirchliche Entwicklung hierzulande fortan mit den allgemeinen Trends im Reich und in Europa Schritt. Will sagen: Pommern war zum festen Bestandteil der *Christianitas*, der christlichen Welt also, geworden und brachte dies durch seine lebendige und vielfältige Stifts- und Klosterwelt anschaulich zum Ausdruck. Für Pommern gilt mithin das Gleiche, was Hans-Joachim Schmidt 2007 für Brandenburg feststellte: »Beschleunigte Akkulturation und europäische Standardisierung« (Schmidt 2007, S. 31). Die Anstöße zu dieser Entwicklung kamen meist von außen, in der Masse aus dem Süden bzw. aus Westeuropa, in Ausnahmefällen wie dem der Birgitten im Prinzip aus dem Norden. Wie in Brandenburg blieb der Raum Pommerns so oder so weitgehend in einer Empfängerposition. So erfolgte schon die Mission und Christianisierung über das Bistum Bam-

Abb. 7: Stettin, Skulptur von Otto von Bamberg am Schloss

berg durch den sogenannten Apostel der Pommern Bischof Otto von Bamberg (*1060–†1139) (Abb. 7). Erster Bischof am 1140 gegründeten Bischofssitz in Wollin – 1175 nach Cammin verlegt – wurde Adalbert (†1160/64), ein Benediktinermönch aus Bamberg, der auch die ersten stiftischen und monastischen Einrichtungen im Land, das Prämonstratenserstift in Grobe und das Benediktinerkloster in Stolpe (Abb. 8), gründete. Auch die Bischöfe der Folgezeit kamen aus Adelsgeschlechtern im Reich, so Konrad I. (*1130–†1186) und Konrad II. von Salzwedel (†1233) oder Hermann von Gleichen (†1288/89) aus Thüringen. Rügen wurde nach seiner Eroberung 1168/69 durch den dänischen König Waldemar I. (*1131–†1182) in den dänisch-roskildischen Kultraum integriert, was z.B. bedeutete, dass hier die Verehrung der hl. Mutter Maria und des hl. Lucius, des Patrons des Bistums und Doms von Roskilde, besonders gefördert wurde. Die Datierung der Urkunden übernahm man

Abb. 8: Stolpe an der Peene, Ruine des Westwerks der ehemaligen Abteikirche

Abb. 9: Bergen auf Rügen, Südansicht der ehemaligen Klosterkirche

aus dem Roskilder Festtagskalender. Bauhistorisch zeigte sich die besondere Nähe und Beeinflussung aus Richtung Dänemark in der Kirche des vom Rügenfürsten Jaromar I. (*vor 1141–†1218) 1193 gegründeten Zisterzienserinnenklosters Bergen (Abb. 9), dessen erste Nonnen übrigens ebenfalls aus Roskilde kamen. Denn die betreffende Kirche wurde in enger architektonischer Anlehnung an die Benediktinerabtei in Ringsted, wo der erste Backsteinbau im dänischen Königreich stand, der sowohl Krönungskirche als auch Grablege der Königsdynastie war. Die Übertragung von Architekturmotiven dieses für die dänische Königsmacht zentralen Baus auf das rügische Bergen beinhaltete dessen bewusste Bedeutungssteigerung und damit neben dem religiös-kultischen auch einen politisch-institutionellen Gestaltungswillen. Mit dem Aufstieg der dänischen Königsmacht ab den 1160er Jahren unter König Waldemar I. ging eine Neukonstellation der politischen Machtverhältnisse im Ostseeraum einher. Wichtiger politischer Partner des Königtums in diesem

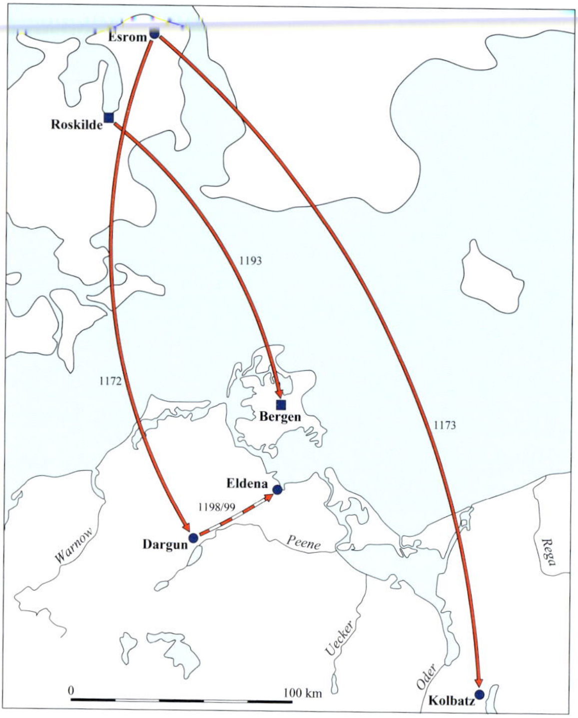

Abb. 10: Klostergründungen ausgehend von Dänemark

Prozess war der zu diesem Zeitpunkt noch junge Reformorden der Zisterzienser. In Dänemark übergab Erzbischof Eskil von Lund (*um 1100–†1181) das Benediktinerkloster in Esrom (Esrum) 1151 den Zisterziensern, von dem aus schließlich die Tochterklöster in Kolbatz (1174/75) und – über Dargun als Zwischenstation – Eldena (1199) gegründet wurden (Abb. 10). Beide Konvente pflegten einen intensiven Austausch mit der Mutterabtei, und die Kirchenbauten zeigten eine enge architektonische Verbindung sowohl im Aufbau des Grundrisses als auch in den Detailausführungen an den Pfeilern und Schmuckelementen. Wohl auf Initiative eines nach Pommern übersiedelnden holsteinischen Adeligen wurde sodann 1278 vom Zisterzienserinnenkloster in Itzehoe eine Toch-

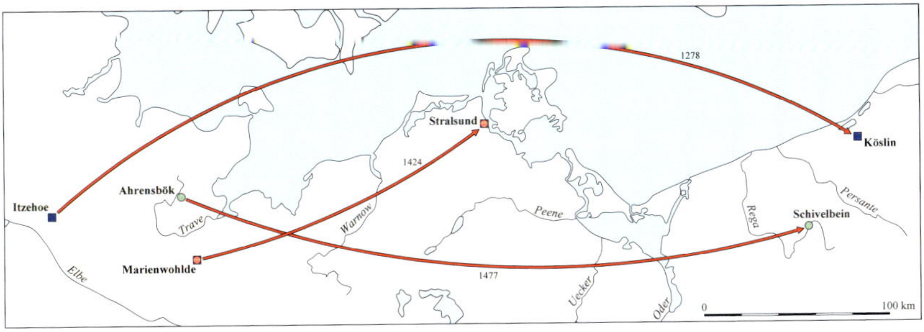

Abb. 11: Klostergründungen ausgehend von den Herzogtümern Holstein und Lauenburg

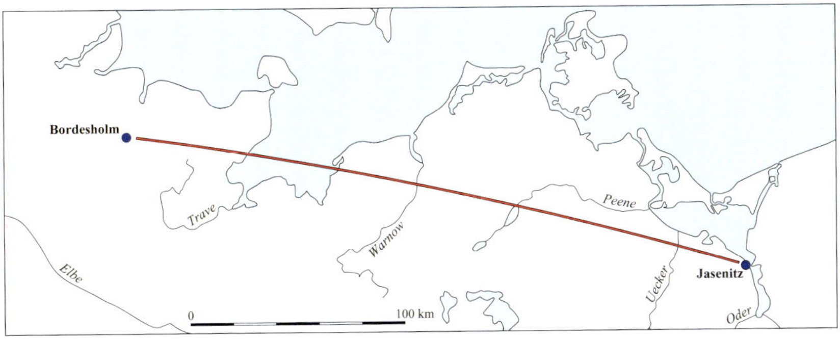

Abb. 12: Verbindungen der Augustiner-Chorherrenstifte Bordesholm und Jasenitz

tergründung in Köslin (Koszalin) eingerichtet. Und schließlich ging vom Birgittenkloster Marienwohlde bei Mölln, kaum dass es durch Nonnen aus Schweden besetzt worden war, 1421 ebenfalls eine Tochtergründung aus: Marienkron bei Stralsund. Die ersten Mönche der Kartäuserniederlassung in Schivelbein (Świdwin) stammten Anfang der 1440er Jahre aus der Kartause Ahrensbök in der Nähe Lübecks (Abb. 11).

Eigene Impulse nach draußen gaben die Klöster und Stifte Pommerns dagegen offenbar kaum weiter. Zu denken ist hierbei etwa an die Augustiner-Chorherren von Jasenitz (Jasienica). 1298 schlossen sie einen Verbrüderungsvertrag mit dem Augustiner-Chorherrenkonvent im holsteinischen Neumünster, der um 1330 nach Bordesholm bei Kiel verlegt wurde (Abb. 12). Mit diesem Vertrag ging ein reger geistig-theologischer Austausch zwischen beiden Konventen einher. In der zweiten Hälfte des 15. Jahrhunderts besann man sich in Bordesholm auf die Reformgedanken der streng ausgerichteten Regularkanoniker des 12. Jahrhunderts. Das geistliche Wirken konzentrierte sich auf die stark reformorientierte Anfangszeit, und für die Bibliothek wurden zur Lektüre die Schriften der großen Reformer des 13. und 14. Jahrhunderts angeschafft. Im Zuge der Erweiterung ihres Bibliotheksbestands reisten Stiftsherren aus Bordesholm nach Jasenitz und kopierten die hier verwahrten Schriften zum Leben Bernhards von Clairvaux (*1090–†1153) für ihre eigene Büchersammlung. Ebenso wurde das von Konrad von Eberbach († 1221) verfasste *Exordium magnum cisterciense*, das auch von der Reformbewegung der *Devotio moderna* viel und gern gelesen wurde, hier kopiert sowie der von Caesarius von Heisterbach (*um 1180–† 1240) niedergeschriebene *Dialogus miraculorum*. 1476 hielt sich der Bordesholmer Prior Johannes Reborch (*um 1433–† 1513) im Konvent auf, um auf den reichen Bibliotheksbestand, dessen Anfänge im geistigen Umfeld von St. Victor bei Paris lagen, zurückzugreifen. Hier in Jasenitz beendete Reborch nicht von ungefähr auch seine Arbeiten an der bekannten Bordesholmer Marienklage. Die guten Zugriffsmöglichkeiten auf den umfangreichen Buchbestand und die damit verbundenen vielfältigen Vorlagen zeigen sich auch in dem von Reborch verfassten Textabschnitt zum hl. Bernhard von Clairvaux, der zusammen mit der Marienklage und weiteren Texten, die gleichfalls in Jasenitz von ihm niedergeschrieben wurden, in einer Handschrift zusammengefasst worden sind. Dieses Spektrum an reformorientierten Texten und Lebensbeschreibungen förderte offensichtlich in dem kleinen Stift Jasenitz eine geistig anspruchsvolle Studien- und Arbeitsatmosphäre. Hier konnten die Chorherren den Reformimpulsen der Zeit nachgehen, sie aufnehmen und diese mit den eigenen Reformlehren in Beziehung setzen. Man sieht also deutlich, welche Anstöße die Bordesholmer Augustiner-Chorherren ihren Brüdern in Jasenitz verdankten. Doch war auch das alles kein einseitiges

Abb. 13: Rörchen, Kapelle der ehemaligen Johanniterniederlassung

Geben oder Nehmen. So lag beim Propst von Bordesholm das dauerhafte Visitations-, d. h. Aufsichtsrecht über das Institut in Jasenitz. Und überhaupt stammten die Jasenitzer Chorherren ursprünglich natürlich woanders her. 1260 nämlich ließen sich auf Einladung Herzog Barnims I. von Pommern (*um 1210/18–†1278) Augustiner-Chorherren in Ueckermünde nieder, die aus dem Konvent St. Victor bei Paris kamen. Sie errichteten nach mehrfachem Umzug ihr Stift schließlich in Jasenitz.

Im markanten Unterschied etwa zu Schleswig-Holstein, ähnlich aber wie in Brandenburg war in Pommern auch das militante Christentum in Form der Ritterorden präsent und sogar vergleichsweise stark vertreten. Dabei fällt vor allem ins Auge, dass die betreffenden Niederlassungen mit nur einer Ausnahme – Maschenholz – nicht im vorpommerschen bzw. rügischen Teil lagen, sondern jenseits der Oder in

Hinterpommern (Abb. 13). Der eklatante Unterschied innerhalb der pommerschen Grenzen mag dadurch zu erklären sein, dass das dänische Königtum, das bis ins 15. Jahrhundert Lehnseinfluss auf Rügen hatte, in seinem Macht- und Hegemonialbereich keine Einflussnahme des Deutschen und des Templerordens duldete, was sich auch auf die benachbart liegenden vorpommerschen Gebiete ausgewirkt haben wird. Umgekehrt erklärt die große Nähe zum Machtbereich des Deutschen Ordens das Vorhandensein seiner und weiterer Ritterordensniederlassungen eben auch und gerade in Hinterpommern.

Es lassen sich auf den ersten Blick noch weitere räumliche Differenzen innerhalb Pommerns benennen. So war der Raum Pommerns dies- und jenseits der Oder gleich vier Bistümern zugehörig. Im Osten handelte es sich im Wesentlichen um das Bistum Cammin, das eine besondere kirchenrechtliche Stellung einnahm, da es exemt blieb und folglich direkt dem Papst in Rom unterstellt war, also keinen Erzbischof wie sonst über sich hatte. Der östlichste Landesteil Lauenburg freilich gehörte zum polnischen Bistum Leslau, wohingegen die Insel Rügen, wie schon gesagt, Teil des dänischen Bistums Roskilde war. Die Bereiche des rügischen Festlandbesitzes hingegen waren dem Bistum Schwerin eingegliedert. Mit diesen verschiedenen Bistumszugehörigkeiten war jeweils eine unterschiedliche Ausprägung in Gottesdienst, Liturgie, Heiligenkalender und nicht zuletzt in der Klostervielfalt und Ordenspräsenz verbunden (Abb. 14).

Kann man von einer pommerschen Klosterlandschaft sprechen?

Angesichts solcher Beobachtungen stellt sich die Frage, ob sich überhaupt von einer pommerschen Stifts- und Klosterlandschaft sprechen lässt, von der u.a. etwa auf einer Webseite der Universität Greifswald zu einem 1999 ausgelaufenen Forschungsvorhaben die Rede ist. In ähnlicher Weise taucht immer wieder auch z.B. eine Klosterlandschaft Niedersachsen, eine Klosterlandschaft Westfalen oder eine südwestdeutsche Klosterlandschaft im Diskurs auf oder wird zusammenfassend

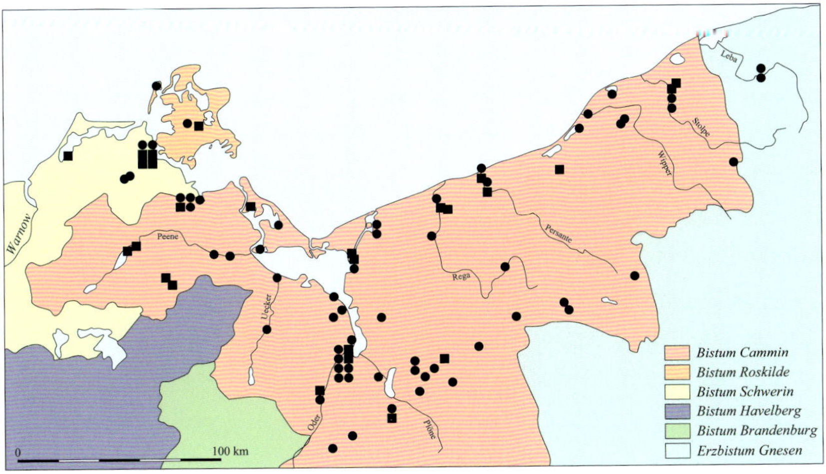

Abb. 14: Die Bistümer in Pommern

gar von deutschen Klosterlandschaften gesprochen. Gab es aber überhaupt eine bzw. die eine Klosterlandschaft Pommern? Tatsächlich droht man der Gefahr einer unzulässigen anachronistischen Zusammenfassung und Vereinheitlichung zu unterliegen, wenn man es ohne Weiteres wagt, von einer konformen pommerschen Klosterlandschaft zu sprechen. In einem grundlegenden Beitrag speziell zur Frage der Klosterlandschaften sieht der Dresdener Klosterexperte Gert Melville die Inflation des Begriffs sehr kritisch. Ihm zufolge kann zur Erlangung eines analytischen Mehrwerts eigentlich nur dann von Klosterlandschaft gesprochen werden, wenn »eine jeweilige, ganz spezifisch auf Klöster zu beziehende Kohärenz« das entscheidende Kriterium sei (Melville 2012, S. 222). Seien hingegen Klöster »nicht raumkonstitutive Elemente, sondern nur segmentäre Teile eines größeren Raumzusammenhangs, der seine Kohärenz aus anderen Kategorien bezieht«, solle man seine Verwendung besser bleiben lassen (ebd., S. 221). Ganz ähnlich sieht es die Göttinger Klosterforscherin Hedwig Röckelein: »Von einer Klosterlandschaft kann man [...] erst sprechen, wenn sich zwischen den ermittelten

Institutionen und/oder ihrer Umgebung ein innerer Zusammenhang nachweisen lässt« (Röckelein 2021, S. 34). Sie empfiehlt daher, die Kohärenz einer historischen Klosterlandschaft mittels einer Netzwerkanalyse zu überprüfen. Dahinter steht die Erkenntnis, dass sich ein Raum generell als ein Gefüge verdichteter Kommunikation verstehen lässt, wie es Hans-Joachim Schmidt zur Deutung einer brandenburgischen Klosterlandschaft vorschlägt. Darunter fasst er einen besonderen Informationsaustausch, Befehl und Gehorsam, Migration, Handel, Wallfahrt und anderes mehr zusammen, was diesen Raum zusammenfügte und formte. Unter dieser Prämisse lassen sich für den Raum, der im Blickwinkel dieses Buches steht, immerhin konzentrische Kreise bilden, die sich aufeinander zubewegen oder gar überlappen. Der genannte Schmidt spricht von Kommunikationskonnexen, wobei er insbesondere auf die Gemeinsamkeiten der Klöster in Brandenburg in politisch-herrschaftlicher Hinsicht abhebt (hier fragt man sich natürlich, ob genau dieser Aspekt bei der Geschichte von Klöstern wirklich allein ausschlaggebend ist). Ein solcher Vorschlag wiederum berechtigt immerhin dazu, unter Berücksichtigung der historischen Prägung und Dimension von mehreren Stifts- und Klosterlandschaften im Raum Pommerns zu sprechen, wobei die Definition, was historisch bestimmend war, zur Gretchenfrage wird: Waren es Bistumsgrenzen? Oder eher Ordensprovinzen? Klosterfiliationen? Klostergrundherrschaften? Stifterkreise? Natürlich sollte klar sein, dass solche getrennten Kategorien auch nur wieder im Rahmen einer wissenschaftlichen Erschließung und Untersuchung gewissermaßen unter Laborbedingungen denkbar und sinnvoll sind, wohingegen die gelebte Praxis mit Sicherheit von Überlappungen der Bereiche bzw. Kommunikationskonnexe gekennzeichnet war.

Die Kritik der Forschung richtet sich also gegen einen zu summarischen und vor allem an nicht monastischen Entitäten wie säkularen Grenzziehungen ausgerichteten und damit schnell ins Beliebige abgleitenden Gebrauch eines klösterlichen Landschaftsbegriffs. Für Pommern heißt das, es ist problematisch, die territoriale Einheit des Herzogtums

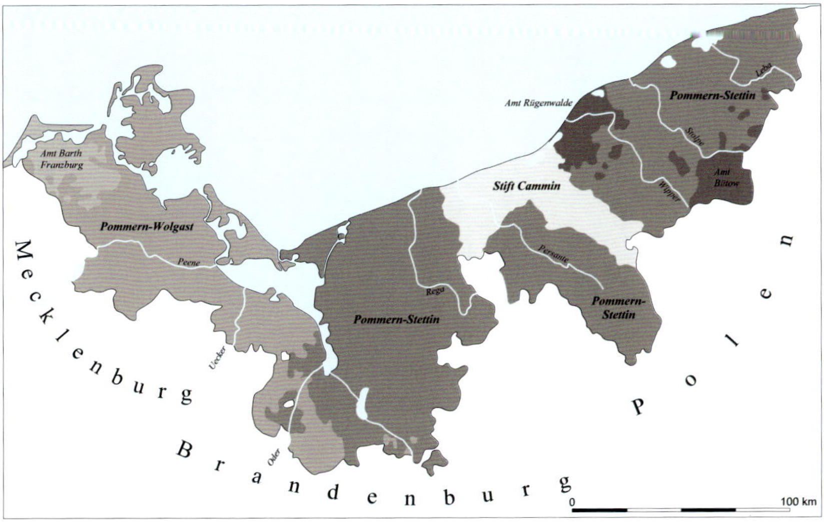

Abb. 15: Das Herzogtum Pommern um 1500

z. B. um 1500 als Maßstab zur Bestimmung einer umfassenden Klosterlandschaft zu definieren (Abb. 15), wo sich doch erstens bei aller beachtlichen Beständigkeit der Außengrenzen keine landschaftliche Kohärenz innerhalb Pommerns zeigt – Rügen unterschied sich von Bütow (Bytów) dann doch in vielerlei Hinsicht, genauso wie Stralsund von Stolp – und wo zweitens für die Klöster und Stifte ganz andere »landschaftliche« Bezüge relevant waren. Man denke nur an die klösterlichen Memorialquellen wie Nekrologe, Totengedächtnisbücher, in denen die Wohltäter, Stifter und Konventsmitglieder eingetragen wurden, um an sie fortlaufend liturgisch zu erinnern. Das sind solche Personennetzwerke, die es laut Röckelein verstärkt zu analysieren gilt. Ein solches Totenbuch ist für das von Fürst Wizlaw I. von Rügen (*um 1180–†1249) Anfang der 1230er Jahre initiierte Zisterzienserkloster Neuenkamp erhalten geblieben. Darin sind nun nicht nur die Namen von Angehörigen des Klosters verzeichnet – Äbte, Brüder, Konversen und sonstige Diener –, sondern Angehörige des rügischen Fürsten- und des pommerschen Herzogshauses (Abb. 16), ein Abt des Klosters Hiddensee oder ein Pfarrer von Grimmen, auffallend viele Bürger von Stralsund, Einwohner von Barth, Richtenberg und Gnoien sowie Angehörige der pommerschen Ritterschaft, aber darüber hinaus auch zwei Bürger aus Güstrow, oder einer von Rostock, ein Geistlicher aus Wismar und zuletzt ein Mönch des Mutterklosters Kamp. Diese personenbasierte Erinnerungslandschaft unterscheidet sich wiederum eklatant von derjenigen des Zisterzienserklosters Kolbatz, das 1174 vom dänischen Kloster Esrom aus besiedelt worden ist. In dessen Nekrolog findet sich keine Spur von Stralsund, Hiddensee, Grimmen oder Barth, auch Rostock und Wismar kommen nicht vor. Dafür wurde darin des ersten Lunder Erzbischofs Asker († 1137) gedacht oder König Knuds V. von Dänemark (*vor 1130), der 1157 ermordet worden war (Abb. 17). Deutlicher könnten sich die regionalen Bezüge oder, um im Bild zu bleiben: die beiden Klosterlandschaften nicht voneinander unterscheiden, obwohl beide Institute demselben Orden zugehörig waren und beide eben in Pommern lagen.

Keine einzige Klosterlandschaft, aber zahlreiche geistliche Landschaften in Pommern!

Sicherer verfährt man deswegen, wenn man den Begriff Klosterlandschaft Pommern seiner Disparatheit und Schwammigkeit wegen vermeidet und stattdessen von verschiedenen geistlichen oder sakralen Landschaften spricht.

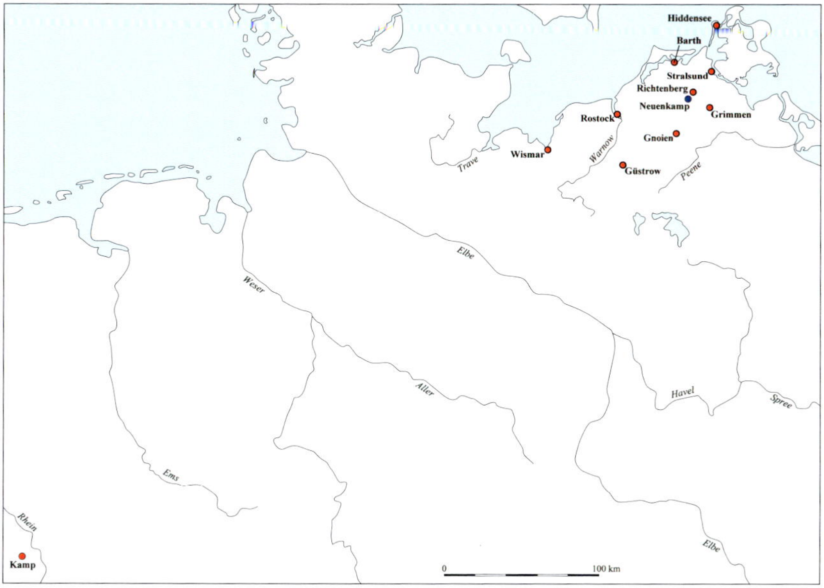

Abb. 16: Orte, aus denen die Wohltäter der Zisterzienserabtei Neuenkamp kamen

Abb. 17: Orte, aus denen die in der Zisterzienserabtei Kolbatz Memorierten kamen

mulie rum iohan ne bap
pheta et plus quam pro
tur filius Inter na tos
ma ior iohan ne bap
no preparauit in here
a deo cui nomen io han
Elyzabeth zacharie
iohannem baptistam

ROBERT HARLASS

BETEN UND ARBEITEN

Orden und Klöster in Vorpommern im Überblick

Das Mönchtum war der Inbegriff des idealen christlichen Lebens im Mittelalter. Auch die heute deutschen Teile des historischen Pommerns waren durchzogen von vielfältigen geistlichen Orden und Gemeinschaften. Um 1100 waren allerdings große Teile der Bevölkerung des südlichen Ostseeraums noch nicht christianisiert. Erst mit den Missionsreisen Ottos von Bamberg (*um 1060 – † 1139) wurden den slawischen Lutizen und Pomoranen der christliche Glaube vermittelt (Abb. 1). Die Geschichte der Klöster in Pommern nimmt ihren Ausgang mit der kirchlichen Erschließung der slawischen Gebiete rund um Oder und Peene. Im Jahr 1124 reiste der Bamberger Bischof auf Wunsch des polnischen Herzogs Bolesław Schiefmund (*1085 – † 1138), der erst kurz zuvor die slawischen Pomoranen und den Stammvater des Greifengeschlechts, Wartislaw I. (*um 1100 – † 1148), unterworfen hatte, zur Mission nach Pommern. Wartislaw selbst wurde Christ und konnte sich unter der Oberherrschaft von Bolesław weiter als weltlicher Herrscher in Pommern behaupten. Er nahm Otto von Bamberg im Jahr 1124 in Empfang. Die Missionsreise verlief nicht ohne Widerstand, blieb aber wohl ohne Blutvergießen. Letztlich war diese erste Missionsreise trotz der Schwierigkeiten ein Erfolg: Der Bamberger Bischof missionierte Cammin (Kamień Pomorski), Wollin (Wolin) und Stettin (Szczecin), gründete mehrere Kirchen und schuf so die ersten Grundlagen für die Verfestigung des Christentums in Pommern. Dass dieses Fundament noch sehr fragil

Abb. 1: Karte von Pommern, Zeichnung aus dem Jahr 1670

war, zeigte sich nur kurze Zeit nach der Abreise Ottos. Das Christentum konnte sich aber trotz all seiner und Wartislaws Bemühungen nicht durchsetzen, sodass weite Teile des missionierten Gebiets bald wieder dem Polytheismus verfielen.

Erst die zweite Reise Ottos, der diesmal von Wartislaw und nicht von Bolesław gerufen wurde, erreichte nur wenige Jahre später, 1128, unter ausdrücklichem Schutz vom späteren Kaiser Lothar von Supplinburg (*1075–† 1137) das ursprüngliche Ziel der Mission. Das christianisierte Gebiet erstreckte sich nun auch erfolgreich über den Peeneraum bis nach Usedom. Otto reiste, nachdem er die christliche Ordnung gefestigt hatte, allerdings nicht weiter nach Rügen, das noch bis in die 1160er hinein unter dem Stamm der Ranen eine Hochburg paganer Kräfte bleiben sollte. Das Festland, das nicht unter der Herrschaft der Ranen stand, wurde hingegen weitgehend in die neue Kirchenorganisation eingebunden. Geistliches Zentrum sollte das alte Wollin als erster Bischofssitz in Pommern im Jahr 1140 werden.

Die ersten geistlichen Gemeinschaften in Vorpommern: Benediktiner und Prämonstratenser

Zeitgleich kam es zu Bemühungen um die Gründung von ersten Klöstern in Pommern, die die noch junge klerikale Struktur unterstützen und festigen sollten. So wurde eine besonders alte spirituelle Gemeinschaft ins Land gerufen, die in Stolpe an der Peene ein neues Kloster errichtete. Die Benediktiner, benannt nach Benedikt von Nursia (*um 480–† 547), dem vermeintlichen Autor der bekanntesten Mönchsregel des Mittelalters, bezogen zur Mitte des 12. Jahrhunderts die Abtei in Stolpe. Benedikt verfasste die Regel ursprünglich für seine monastische Gemeinschaft in Montecassino. Von dort aus verbreitete sich diese Lebensanweisung über das ganze Abendland – das Mönchtum wurde benediktinisch. Immer in kontemplativer Einkehr und mit der Suche nach Gott beschäftigt, lebten die benediktinischen Mönche keusch, besitzlos und gehorsam gegenüber ihrem Abt. In vielen Teilen Europas besaßen sie immensen wirtschaftlichen, sozialen, politischen und auch spirituellen Einfluss auf ihr mittelbares und unmittelbares geografisches Umfeld. Das Streben der Benediktiner nach Gott führte sie im Sinne der Benediktsregel in einen stetigen Zyklus aus Beten und Arbeiten – ein frühmittelalterliches Erfolgsrezept, das nun auch in Pommern greifen sollte.

Die zweite religiöse Gemeinschaft, die in Pommern fast zeitgleich zu den Benediktinern Fuß fassen sollte, waren die damals noch jungen Prämonstratenser. Die von Norbert von Xanten (*1080–† 1143) initiierte Gemeinschaft wurde nach dem ersten Stift benannt, das er im französsischen Prémontré anlegte. Norbert übergab die Führung dieses ersten Hauses in die Hände seines langjährigen Begleiters, Hugo von Fosses (*1093–† 1164), und wurde 1126 Erzbischof von Magdeburg. Anders als bei der Gemeinschaft der Benediktiner, die sich zwar teilweise zu großen Klosterverbänden zusammenschlossen, aber bis in die Neuzeit keinen eigentlichen Orden bildeten, handelte es sich bei den Prämonstratensern um eine zentral organisierte Gemeinschaft. Dies bedeutet, dass sich im Bestfall alle Äbte des großen Netzwerks prämonstratensischer Niederlassungen in einem sogenannten Generalkapitel trafen – eine Zusammenkunft, die nicht nur das gemeinschaftliche Leben, sondern auch alle anderen Belange des Ordens zu regeln anstrebte. Zahlreiche neue Stifte entstanden noch zu Lebzeiten des Gründers.

Das Stift Grobe in der Burg Usedom auf der gleichnamigen Insel wurde in den frühen 1150er Jahren angelegt, nur wenige Jahre nach Norberts Tod. Dort lebten die Kanoniker des Stiftes, wie alle ihre Brüder, nach der Augustinusregel in Armut, Keuschheit und Gehorsam. Diese auf den Kirchenvater Augustinus (*354–† 430) zurückgehende Regel stellte eine weitere bedeutsame Anleitung zum gemeinschaftlichen, geistlichen Leben dar. Sie galt auch aufgrund ihrer unterschiedlichen Versionen für Männer und Frauen für die vielfältigen Voraussetzungen und Lebensweisen geistlicher Gemeinschaften des Mittelalters als besonders anpassungsfähig, weshalb viele Kanoniker und Kanonissen sowie andere religiöse Gemeinschaften sie für ihren Alltag übernahmen.

Seinerzeit war Grobe besonders bedeutsam: gegründet vom Pommernherzog Ratibor I. († 1156), wurde es zu einer frühen Grablege der pommerschen Landesherren. Die Memoria, das liturgische Erinnern an die verstorbenen Herzöge, zeigte den hohen Stellenwert des Standorts – hier sollten die Seelen der pommerschen Herzöge bis zum biblischen Tag des Jüngsten Gerichts von den Brüdern der Prämonstratenser umsorgt werden. Grobe war sogar zeitweiliger Sitz des Wolliner Bischofs, der hier in den 1160er und 1170er Jahren residierte, bevor der Bischofssitz um 1175 endlich nach Cammin verlegt wurde.

Abb. 2: Arkona, die letzte nichtchristliche Burg Mitteleuropas auf Rügen, Zeichnung aus dem 17. Jh.

Monastisches Leben am Ende des 12. Jahrhunderts

In dieser Zeit hatten die Dänen unter König Waldemar I. (*1131–† 1182) bereits die slawische Tempelburg der Ranen auf Rügen namens Arkona (Abb. 2), die letzte große nichtchristliche Hochburg in Mitteleuropa, erobert. Die dort lebende Bevölkerung wurde ab 1168 christianisiert und die neu gewonnenen Gemeinden in die dänischen Kirchenstrukturen eingebunden. Jaromar I. (*vor 1141–† 1218) aus dem Herrschergeschlecht der Ranen wurde unter der Oberhoheit der dänischen Krone christlicher Herrscher des Fürstentums Rügen. Hier entstand bald auch ein erstes Frauenkloster, das weiter unten genauer thematisiert wird.

Während die Insel Rügen dem Bistum Roskilde zugeordnet wurde, kam es zur Angliederung des zum Fürstentum Rügen gehörigen Festlandteils, der einen großen Teil des heutigen Vorpommerns ausmacht, zum Bistum Schwerin. Der dänische Einfluss auf das Gebiet blieb nach dem Abzug der dänischen Königsmacht erhalten und führte zur Gründung von mehreren wichtigen Klöstern, deren Mutterklöster im heu-

Abb. 3: Eldena, nach einer Zeichnung aus dem 17. Jh. nach älterem Vorbild

tigen Dänemark lagen. Die erste Gründung war 1172 das Zisterzienserkloster in Dargun, das mit Mönchen aus dem dänischen Kloster Esrom (Esrum) besiedelt wurde. Der Konvent in Dargun sollte nicht lange dort verweilen, denn das Ringen um die Vorherrschaft in der Grenzregion zwischen den Hoheitsgebieten der Herren von Pommern, Brandenburg und Mecklenburg zwang ihn zum Umzug, der den Konvent am Ende des Jahrhunderts an den Fluss Ryck brachte. Eigentlich nur als kurzfristige Lösung gedacht, blieben die Mönche dort und gründeten 1199 das berühmte Zisterzienserkloster Eldena (Abb. 3). Erst 1216 wurde das Kloster in Dargun wieder mit Mönchen besiedelt – diesmal kamen sie allerdings nicht aus Dänemark, sondern aus der mecklenburgischen Abtei Doberan.

Die Zisterzienser lebten ebenfalls nach der Benediktsregel, deren formulierte Ideale und Vorschriften allerdings von ihnen deutlich strenger ausgelegt und umgesetzt werden sollten, denn viele benediktinische Abteien erhielten umfangreiche Stiftungen und erwirtschafteten große Überschüsse – sie wurden reich und kehrten sich so vermehrt vom ursprünglichen Ideal der Armut und des einfachen monastischen Lebens ab. Entscheidend für die Neuausrichtung, die vielen bislang benediktinischen Häusern bevorstand, war der Abt Robert von Molesme (*1028–† 1111), der am Ende des 11. Jahrhunderts mit Gleichgesinnten eine Abtei gründete, die den Namen Cîteaux erhielt. Die südlich von Dijon gelegene Abtei wurde namensgebend für die reformerische Bewegung, aus der später einer der wirkmächtigsten und innovativsten Orden der mittelalterlichen *vita religiosa* werden sollte. Von Cîteaux aus entstand ein riesiges Netzwerk von mehreren hundert Neugründungen noch im Hochmittelalter, die jeweils ihrem Mutterkloster rechenschaftspflichtig waren. Die Äbte der Mutterklöster sollten die Tochtergründungen beaufsichtigen, um so den wirtschaftlichen Stand der Abteien und das geistliche Zusammenleben nach der *Carta Caritatis* (dt. Verfassung der Liebe) und der Benediktsregel zu kontrollieren. Die *Carta Caritatis* ist bis heute das Verfassungsdokument der zisterziensischen Gemeinschaften und regelt das Zusammenleben in den Konventen.

Eher noch als die Prämonstratenser institutionalisierten sich die Zisterzienser mit diesen organisatorischen Neuerungen zu einem zentralisierten Orden: Auch sie hatten ein Generalkapitel, in dem sich alle Äbte treffen sollten. Anders als alle anderen religiösen Gemeinschaften im mittelalterlichen Pommern – die Ritterorden ausgenommen – waren die Zisterzienserklöster exemt, also direkt der Jurisdiktion des Papstes unterstellt, was zumindest pro forma die Unabhängigkeit sowohl von Bischöfen als auch Herzögen und Königen bedeutete. Dass dieser Umstand Klöster wie Eldena und auch das 1231 gegründete Neuenkamp (heute Franzburg) nicht vor äußeren Einflüssen schützen konnte, zeigte sich letztlich besonders während der Reformation.

Am Ende des 12. Jahrhunderts etablierten sich auch die ersten pommerschen Frauenklöster. Das erste lag zunächst auf einem Hügel nahe Altentreptow. Das Kloster wurde nie fertiggestellt, denn nur wenige Jahre blieben die Nonnen an diesem Standort. Sie zogen weiter und verlegten den Konvent nach Klatzow an der Tollense, aber auch dort blieben sie nicht lange. Es waren wahrscheinlich ökonomische Gründe, die die Nonnen zu mehreren Umzügen in der Frühphase ihres Klosters

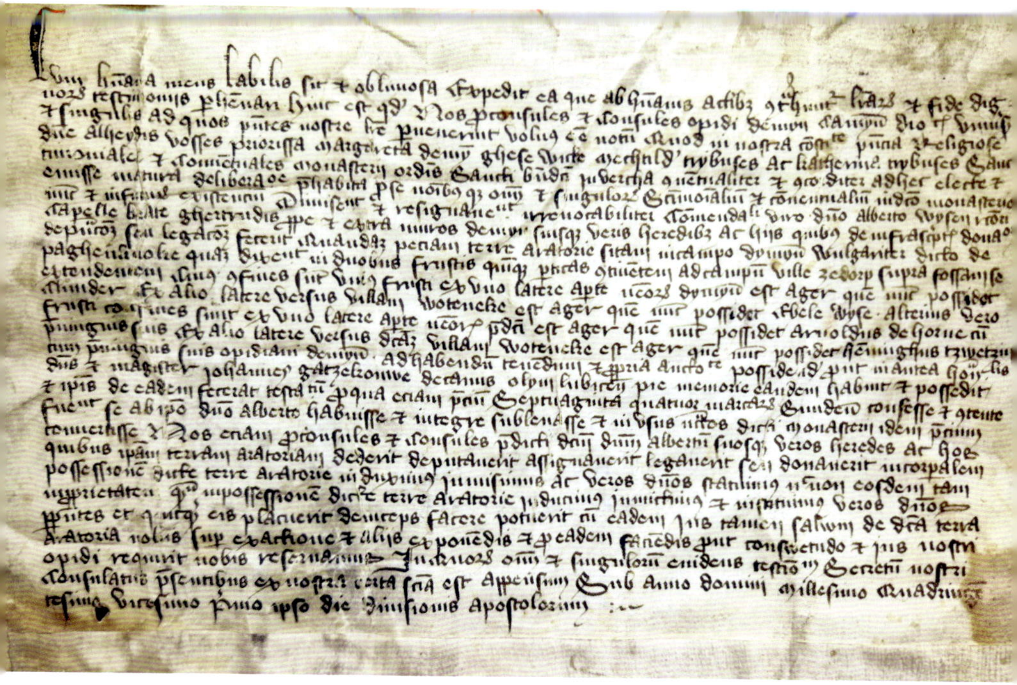

Abb. 4: Urkunde des Rats der Stadt Demmin für das Benediktinerinnenkloster Verchen, 15. Juli 1421

zwangen. Nach Klatzow folgte als Standort Marienwerder an der Peene, bevor sie sich letztlich in Verchen am Kummerower See niederließen (Abb. 4), wo sie bis zum Ende des Mittelalters blieben. Unter einer Äbtissin lebten die Nonnen nach der Benediktsregel und unterstanden dem Bischof von Cammin. Da sie selbst nicht seelsorgerisch tätig sein konnten, denn Frauen durften keine Priester werden, brauchte es für die tägliche Liturgie immer einen Priester. Es war häufig der lokale Pfarrer im Sprengel, in dem das Kloster lag, der die Liturgie für den Konvent durchführte.

Die Frauenklöster waren wie auch die Männerklöster zentrale Orte wirtschaftlichen, geistigen und geistlichen Lebens, die intensiv auf ihre

Umgebung einwirkten. Bei den Nonnen der pommerschen Konvente handelte es sich in dieser Phase meist um Töchter des Landadels. Durch den Eintritt in ein Kloster sicherten sie sich nicht nur die eigene lebenslange Versorgung, sondern konnte er auch einen Zugriff auf die sakralen und wirtschaftlichen Strukturen des Klosters für sie und ihre Familie bedeuten. Nicht zuletzt stellte im Verständnis des mittelalterlichen Menschen das neue geistliche Leben der Nonne einen Gewinn für das Seelenheil dar – nicht nur für sich selbst, sondern auch für die Gesellschaft im Allgemeinen.

Auch auf der Insel Rügen, in Bergen, wurde im Jahr 1193 ein Frauenkloster von großer Bedeutung gegründet. Über 50 Dörfer gehörten dort über die Jahrhunderte bis zur Reformation zum klösterlichen Besitz. Der strukturelle Einfluss von Bergen war somit beträchtlich, und es sollte neben einer späteren Ritterordenskommende das einzige Kloster auf dem großen, nach wie vor unter dänischem Einfluss stehenden Eiland bleiben. Die Frauen, aus denen sich der erste Konvent zusammensetzte, stammten aus Roskilde. Der für sie zuständige Roskilder Bischof weihte auch die Kirche des Klosters und blieb fortan zuständig für die Belange der jungen weiblichen Gemeinschaft, die genau wie in Altentreptow der Benediktsregel folgte. Doch brachten die Roskilder Nonnen wahrscheinlich darüber hinaus ihre zisterziensischen Gewohnheiten bereits mit. Über ein halbes Jahrhundert nach der Gründung ließ sich der Konvent in Bergen die zisterziensische Lebensweise und ihr Siegel vom Papst bestätigen. Unter der Aufsicht des Abtes von Eldena wurde das Bergener Kloster als einziger Frauenkonvent in Pommern bereits päpstlich anerkannt und stand so unter dem Schutz des Kirchenoberhauptes – eine Absicherung, welche die Rechte des Klosters in alle Richtungen schützen sollte.

Die Entfaltung des geistlichen Lebens im 13. Jahrhundert: Mönche und Bettelmönche

Das geistliche Leben wurde bis zum Ende des Mittelalters stark durch die zisterziensischen Gemeinschaften geprägt. Das zeigen nicht nur die frühen, sondern auch die späteren Gründungen. Eine wichtige Abtei sollte das 1231 gegründete Neuenkamp werden (Abb. 5). Im Gegensatz zum älteren Eldena kam diesmal der Gründungskonvent aus dem Reich. Die ersten Mönche des für damalige Verhältnisse monumentalen Klosterkomplexes stammten aus der Mutterabtei im westlich von Duisburg gelegenen Kamp. Von Neuenkamp aus wurde am Ende des Jahrhunderts auf der Insel Hiddensee eine weitere Zisterzienserfiliale errichtet – nach dem monastischen Ideal einer Gründung abseits befestigter Bebauungen, wie es in der *Carta Caritatis* geschrieben steht. Aber auch Bergen sollte nicht der einzige zisterziensisch lebende Frauenkonvent bleiben. Im letzten Drittel des 13. Jahrhunderts folgte wohl durch eine Stiftung Herzog Barnims I. (*um 1210/18 – † 1278) in Gartz an der Oder die Gründung eines weiteren Konvents. Zudem entstand am Anfang des 14. Jahrhunderts auf der Insel Usedom im kleinen Ort Krummin ein neues Kloster mit zisterziensischen Nonnen (Abb. 6). Sie kamen aus der etwa 70 km entfernten Niederlassung in Wollin. In derselben Zeit wurde das erste pommersche Kloster, Stolpe an der Peene, ebenfalls zisterziensisch. Eine anhaltende wirtschaftliche Krise im Konvent um 1300 führte wohl zu diesem Schritt. Die ehemalige Benediktinerabtei bekam als Mutterkloster das bedeutende Pforta bei Naumburg (Saale) zugeordnet. Nun eingebunden in den Zisterzienserorden existierte das Kloster bis ins 16. Jahrhundert hinein.

Die Vielfalt der geistlichen Gemeinschaften geht allerdings weit über die nach außen abgeschotteten großen Klöster hinaus. Ihre Entwicklung gestaltete sich sehr dynamisch und immer abhängig von den Ansprüchen, Diskussionen und Ereignissen ihrer Entstehungszeit. Zum Beispiel war der letztlich zur Gründung der Zisterzienser führende Wunsch nach einer strengeren Regelbefolgung in den benedikti-

Abb. 5: Gesang und Gebet gehörten zusammen. Der als Einband verwendete Rest einer Musikhandschrift gehörte wahrscheinlich zum Kloster Neuenkamp

Abb. 6: Der Bischof von Cammin, Siegfried († 1446), bestätigt dem Kloster Krummin die Stiftung einer Pfründe, 13. Juli 1442

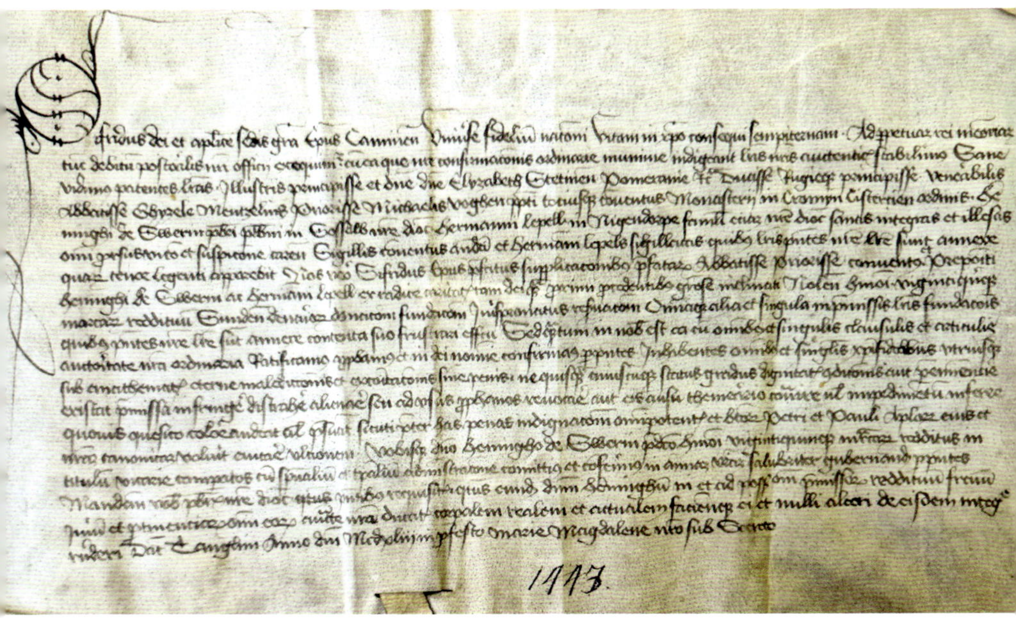

nischen Klöstern nur ein Aspekt des geistlichen Zusammenlebens, der Reformbewegungen hervorrief. Es konnten auch strukturelle und gesellschaftliche Entwicklungen sein, die neue geistliche Gemeinschaften entstehen ließen. Im 13. Jahrhundert wurden etwa Stralsund oder auch Greifswald mit dem Stadtrecht ausgestattet. Fast explosionsartig entwickelten sich diese Orte zu großen mittelalterlichen Handels- und Kulturzentren, die durch ihre Lage an der Ostsee eine ganz eigene Dynamik und ein eigenes, bald hansisches Selbstverständnis entfalteten. Während die alten Feldklöster sich zu agrarischen Großbetrieben entfalteten, boten die vielfältigen städtischen Räume wiederum das wesentliche Betätigungsfeld der neu aufkommenden sogenannten Bettelorden.

Deren erste Niederlassung auf dem Gebiet der heute deutschen Teile des historischen Pommerns war 1242 die franziskanische Niederlassung in Greifswald. Wie auch bei den anderen Bettelorden ist die Armut das zentrale Lebensideal, dem sich die Ordensangehörigen durch gemeinsame und persönliche Besitzlosigkeit annähern wollten. Namensgebend für die franziskanischen Gemeinschaften war Franziskus von Assisi (*1181/82–† 1226), der sich besonders stark am biblischen Vorbild des einfachen und mittellosen Lebens Jesu Christi orientierte. Die Normen, die Franziskus für seine Bruderschaft formulierte, sind in mehreren Varianten überliefert: Neben der päpstlich anerkannten, sogenannten bullierten Regel gibt es eine wesentlich ausführlichere Version, die aber keine Bestätigung durch den *Pontifex maximus* erhielt. Die kürzere Regel wurde so für die später sehr zahlreichen franziskanischen Gemeinschaften bindend und reihte sich neben jene von Benedikt und Augustinus als eine bedeutsame Lebensanweisung des Mittelalters ein.

Im Gegensatz zu den monastischen Orden wie den Zisterziensern kehrten die Franziskaner sich nicht von der Welt ab, sondern sollten aktiv auf sie einwirken. Die franziskanischen Kirchen wurden daher in erster Linie Orte öffentlicher Predigt und Frömmigkeit, ihre Friedhöfe waren nicht nur für Ordensbrüder gedacht, sondern standen auch den

Bewohnern der Stadt offen. Ebenso wurden Teile der Klausur der franziskanischen Niederlassungen nicht selten als Orte für Versammlungen des Stadtrates und andere Anlässe genutzt. Ganz wesentlich war also die Einbindung des Klosters in das städtische Leben. Auch in Stralsund, wo 1254 ein Franziskanerkonvent entstand, vertrauten die Bürgerinnen und Bürger der Stadt die Fürbitte ihrer Seelen vor allem den Bettelorden an. Das bezeugen die heute noch zahlreich erhaltenen mittelalterlichen Testamente.

Parallel zu den Gründungen der Franziskaner entstanden in Greifswald und Stralsund Niederlassungen eines anderen großen Bettelordens, der Dominikaner. Wie auch die Franziskaner und die später entstandenen Augustiner-Eremiten befolgten die Dominikaner das Armutsideal. Der Ordensgründer, Dominikus von Caleruega (*nach 1170 – † 1221), formte eine Gemeinschaft aus Kanonikern, die unter dem Dach der Augustinusregel lebte und wirkte, sich aber auf die Predigt konzentrierte. Die ebenfalls zentral organisierten Dominikaner professionalisierten allerdings die öffentliche Predigt. Die umfassende Förderung der Gelehrsamkeit und des Studiums wurde zu ihrem Spezifikum. Auch die Franziskaner folgten diesem Weg – wie auch bei den Dominikanern wurden ihre Niederlassungen zu Orten hoher geistiger und geistlicher Bildung.

Die Ordensbrüder bettelten nicht nur in den Städten, wo ihre Niederlassungen lagen, sondern auch in umliegenden Gegenden. In nahen Orten bezogen sie sogenannte Termineien, Übernachtungsmöglichkeiten wie Wohnungen, von denen die Brüder loszogen, um zu betteln und zu predigen. So ist etwa eine Terminei in Anklam bekannt, wo die Greifswalder Dominikaner predigten (Abb. 7). Nicht immer verlief aber das Nebeneinander der städtischen Bettelordenshäuser reibungslos, teilten sie sich doch dieselbe Zielgruppe im urbanen Raum. Manchmal kam es sogar zu ordensinternen Streitigkeiten wie zwischen der 1251 gegründeten dominikanischen Niederlassung in Stralsund und dem drei Jahre jüngeren Haus in Greifswald. Die Auseinandersetzungen um die Grenze

Incipit ep̄l'a sancti Hieronimi ad Pauli-
nū presbiteꝝ de oīb diuine historie libris.

F

Rater Ambroſius tua mihi
munuſcula perferens. detu//
lit ſimul et ſuauiſſimas litteras: que a p̄n-
cipio. amicitiaꝝ fidem: probate iam fidei:
et veteris amicitie noua preferebāt. Uera
eīn illa neceſſitudo eſt. ⁊ xp̄i glutino copu-
lata. quā nō vtilitas rei familiaris. nō pre
ſentia tm̄ corporuꝫ. nō ſubdola ⁊ palpans
adulatō: ſed dei timor. ⁊ diuinaꝝ ſcriptura
rum ſtudia cōciliant. Legimus in veterib
hiſtorijs. quoſdā luſtraſſe ꝓuintias. nouos
adijſſe populos. maria tranſiſſe: vt eos q̄s
ex libris nouerāt: coraꝫ q̄ꝫ viderēt. Sic pi-
tagoras memphiticos vates. ſic Plato egi
ptum. ⁊ Architam tarentinū. eamq̄ꝫ oram
ytalie. que quondā magna grecia dicebat̄
laborioſiſſime pagⁿuit: vt q̄ Athenis magi
ſter erat. ⁊ potēs cuiuſq̄ꝫ doctrinas achade
mie gignaſia ꝑſonabāt. fieret peregrinus
atq̄ꝫ diſcipulus. malens aliena verecūde di
ſcere. q̄ ſua inpudēter ingerē. Deniq̄ꝫ cum
litteras quaſi toto orbe fugientes ꝑſequit̄.
captus a piratis ⁊ venūdatus. tyrāno cru-
deliſſimo paruit. ductus captiuus. vinct⁹
⁊ ſeruus. tamē q̄r philoſophus maior emē-
te ſe fuit. Ad Tituꝫ liuiū. lacteo eloquētie
fonte manantē. de vltimis hiſpanie gallia
rumq̄ꝫ finib. quoſdā veniſſe nobiles legimus: ⁊ quos ad ꝯtemplatōem ſui roma nō
traxerat: vnius hoīs fama ꝑduxit. Habuit
illa etas inauditū oīb ſeculis. celebran-
dumq̄ꝫ miraculū: vt vrbem tantā ingreſſi.
aliud extra vrbē quererēt. Appollonius ſi
ue ille mag⁹ (vt vulgus loquit̄) ſiue philo
ſophus (vt pitagorici tradūt) īrauit per-
ſas. ꝑtranſiuit caucaſuꝫ. albanos. ſcithas.
maſſagethas. opulētiſſima Indie regna pe
netrauit. ⁊ ad extremū latiſſio phiſō amne
trāſmiſſo ꝑuenit ad bragmanas. vt hyar-
cam ī throno ſedentē aureo ⁊ de tantali fō
te potantē: inter paucos diſcipulos. de na
tura. de morib. ac de curſu dieꝝ ⁊ ſiderū au
diret docentem. Inde per elamitas babilo-
nios. chaldeos. medos. aſſirios. parthos. ſi
ros. phenices. arabes. paleſtinos. reuerſ⁹ ad
alexādriā: ꝑrexit ad ethiopiā. vt gignoſo-
phiſtas ⁊ famoſiſſimā ſolis menſā videret
in ſabulo. Inuenit ille vir vbiq̄ꝫ q̄d diſceret
et ſemꝑ proficiens. ſemper ſe melior fieret.
Scripſit ſuꝑ hoc pleniſſime octo volumi-
nibus: philoſtratus. .§. I.

Q

Uid loquar de ſecl'i ho
minib cū apoſtolus Paulus vas
electōis. ⁊ magiſter gentiū. qui de
ꝯſcientia tanti in ſe hoſpitis loquebat̄ dicens. an experimentū queritis ei⁹ qui ī me
loquit̄ xp̄c! poſt damaſcū arabiāq̄ꝫ luſtra-
tam: aſcēdit hieroſolimā vt videret Petrū
⁊ manſit apud eū dieb quindecim. Hoc eī
miſterio ebdomadis et agdoadis: futurus
gentiū predicator inſtruēdus erat. Rurſū-
q̄ꝫ poſt annos quatuordecim aſſūpto Bar-
naba ⁊ Tyto: expoſuit cū apoſtolis euāge
lium. ne forte in vacuū curreret aut cucur
riſſet. Habet neſcio q̄d latētis energie: vi-
ue vocis act⁹. ⁊ in aures diſcipuli de aucto
ris ore trāſfuſa: forti⁹ ſonat. Unde ⁊ Eſchi-
nes cū rodi exularet. et legēt̄ illa Demo-
ſtenis oratio quaꝫ aduerſus eū habuerat.
mirantib cūctis atq̄ꝫ laudantib: ſuſpirās
ait. Quid. ſi ipſam audiſſetis beſtiam. ſua
verba reſonantem! .§. II.

N

Ec hoc dico. q̄ ſit ali//
quid in me tale. q̄d vl' poſſis a me
audire vel velis diſcē: ſed q̄ ardor
tuus ⁊ diſcendi ſtudiū etiā abſq̄ꝫ nobis per
ſe probari debeat. Ingeniū docile. ⁊ ſine do
ctore laudabile eſt. Nō q̄d inuenias: ſed q̄d
queras: ꝯſideram⁹. Mollis cera ⁊ ad formā
dum facilis: etiāſi artificis ⁊ plaſte ceſſent
manus: tamē vīute totū eſt q̄cquid eſſe po-
teſt. Paulus apoſtol⁹ ad pedes gamalielis
legē Moyſi ⁊ ꝓphetas didiciſſe ſe gloriatur:
vt armat⁹ ſpiritualib telis. poſtea doceret
ꝯfidēter. Arma eīn nr̄e militie nō carnalia

ihrer jeweiligen Terminierbezirke führte die Beteiligten sogar vor das dominikanische Generalkapitel und hatte letztlich die Absetzung beider Hausvorsteher und deren Versetzung ans andere Ende der Ordensprovinz zur Folge.

Auch in Pasewalk entstand ein Dominikanerkloster, allerdings erst im Jahr 1272. Wie in Greifswald und in Stralsund stand hier das Studium geistlicher und juristischer Texte im Fokus. Anders jedoch als in Greifswald, wo bis heute eine beeindruckende Anzahl von mittelalterlichen Büchern erhalten geblieben ist, existieren nur noch wenige Exemplare aus Pasewalk. Dennoch gab es einstmals zahlreiche Handschriften und Drucke, wie wir aus einer überlieferten Liste aus dem 16. Jahrhundert wissen. Werke über das korrekte christliche Leben, die Auslegung der Bibel oder auch über juristische Fallbeispiele standen einst in den Regalen des in der Gegenwart gänzlich verschwundenen Klosters.

Am Anfang des 14. Jahrhunderts folgte dann mit der Gründung des Klosters der Augustiner-Eremiten in Anklam der dritte große Bettelorden. Anders als die beiden genannten Orden ist diese Gemeinschaft ein Ergebnis der Bemühungen Papst Innozenz' IV. (amt. 1243–1254), der mehrere eremitisch lebende Gruppen zusammenführte. Papst Alexander IV. (amt. 1254–1261) schloss diesen Prozess 1256 ab. Die neue Gemeinschaft der Augustiner-Eremiten lebte unter der namensgebenden Augustinusregel und konzentrierte sich vor allem auf das theologische Studium und die städtische Seelsorge. Die Gründung des neuen Ordens durch die Päpste umfasste auch die kurzfristige Auflösung der weit verbreiteten, nach der Benediktsregel lebenden Gemeinschaft der Wilhelmiten. Wenige Jahre später wurde diese allerdings neu gegründet und bestand so wieder eigenständig fort. Doch diese kurze Phase als Teil der Augustiner-Eremiten reichte wohl aus, um den Konvent der Wilhelmiten in Stettin in eine augustinische Gemeinschaft umzuwandeln.

Abb. 7: Auszug aus einer lateinischen Bibel aus dem Jahr 1478, einst im Besitz der Dominikaner der Anklamer Terminei

Der Rest des Konvents zog nach Gartz an der Oder um, wobei einzelne Rechte und Privilegien aus Stettin mitwanderten und uns heute so den Hinweis zum Zusammenhang beider Konvente überliefern.

Während die genaue geografische Lage der Augustiner-Eremiten in Gartz noch umstritten ist, befand sich das Kloster in Anklam, wie häufig bei den Bettelorden, in Randlage innerhalb der Mauern der mittelalterlichen Stadt. Wie oben bereits angedeutet, waren Bettelordensniederlassungen selten Fremdkörper im urbanen Raum, sondern wurden vielmehr in das städtische Gemeinschaftsleben integriert und gestalteten es mit. Neben der Unterhaltung einer Klosterschule gehörten auch die Erhaltung des Mauerabschnittes, der direkt an das Stadtkloster anschloss, aber auch das Freihalten des Wassergrabens von Eis häufig zu den Pflichten, die ein Stadtkloster wie das in Anklam erfüllen musste.

Geistliche Vielfalt im 14. und 15. Jahrhundert überall: Laiengemeinschaften, Ritter, Birgitten und Kanoniker

Die sich im Spätmittelalter verändernde Gesellschaft in und um die jungen Städte brachte nicht nur die Entstehung der Bettelorden mit sich, sondern auch eine Vielzahl anderer frommer Gemeinschaften. Dazu gehörten etwa die Beginen, die sich als Laienkonvente häufig in der Nähe der Dominikaner- und Franziskanerklöster ansiedelten. So ist auch in Stralsund und in Greifswald in der Nähe der Bettelordensniederlassungen jeweils ein Beginenkonvent nachweisbar. Anders als die bisher thematisierten Gemeinschaften sind die Beginen weder eine monastische noch eine mendikantische Gemeinschaft und lebten daher auch nicht in einer klosterähnlichen Architektur, sondern in eigenen Häusern und Höfen. Ein mindestens seit 1310 existierender Frauenkonvent war in einem Komplex aus mehreren Gebäuden in der Nähe der Stralsunder Dominikaner untergebracht. Dort lebten die Frauen keusch und in persönlicher Armut unter einer Meisterin. Die vom Rat der Stadt Stralsund genehmigte Ordnung des Konvents schrieb die Grundsätze des Zusammenlebens vor. Die Beginen legten kein lebenslang gültiges Gelübde ab, sondern konnten den Konvent, der sich wohl auch um kranke und alte Menschen kümmerte, wieder verlassen, wenn sie es wünschten.

Die Krankenpflege spielte in vielen geistlichen Gemeinschaften eine zentrale Rolle. Verheerende Seuchen wie die Pest oder die durch den Mutterkornpilz verursachte Vergiftungserscheinung, das sogenannte ›Antoniusfeuer‹, brachten einen enormen Bedarf an humanitärer Hilfe mit sich. Aber auch die Kranken- und Verletztenfürsorge auf und neben dem Schlachtfeld führten zur Gründung neuer Gemeinschaften mit karitativen Zielen. Zu diesen Neugründungen zählten auch die Johanniter, die im 15. Jahrhundert eine Niederlassung in Maschenholz auf Rügen (heute Wüstung bei Muglitz) besaßen. Der spätere Hospital- und Ritterorden hat seine Wurzeln bereits im 11. Jahrhundert während der Kreuzzüge: In Jerusalem existierte ein Hospital, das Johannes dem Täufer geweiht war. Dort nahm die ursprüngliche Bruderschaft mit dem Ziel der Krankenpflege ihren Anfang. Im 12. Jahrhundert entwickelte sich die bereits als Hospitalorden anerkannte Gemeinschaft immer mehr zu einem Ritterorden, der nun neben der Pflege von Kranken auch den Schutz von Kreuzfahrern zum Ziel hatte. Ihr Ordensmeister saß zunächst in Akkon, dann nach dem Verlust des Heiligen Landes auf Zypern und letztlich auf der Insel Rhodos. Dort agierte der Orden bis zum Ende des Mittelalters militärisch vor allem im östlichen Mittelmeerraum. Die Kommende in Maschenholz, die nur etwa 60 Jahre existierte und mit Ordensbrüdern aus Antvorskov auf Seeland (Sjælland) besetzt wurde, hatte allerdings nur wenig damit zu tun: Die Johanniter sammelten Almosen in Stralsund, unterhielten die Pfarrkirche in Maschenholz und betrieben wohl ein eigenes Hospital. Bereits 1533 wurden die Bauten der Kommende komplett abgetragen.

Obwohl die Johanniter sich um das physische Wohl und auch die Seele ihrer Stifter sorgten, verfiel die Niederlassung aus wirtschaftlichen Gründen noch im 15. Jahrhundert. Dass jedoch am Ende des Mittelalters großer Bedarf an geistlicher Fürsorge bestand, zeigte die Gründung eines neuen Klosters vor den Toren Stralsunds im Jahr 1421. Neben anderen

Abb. 8: Auszug aus der Kolbatzer Matrikel – rechtssichernde Abschriften der Urkunden des Klosters

73

XI

Item generalis confirmacio dominorum Barnym et Ottonis dei gracia ducum Slavorum de tota proprietate ecclesie Colbacensis et hee due littere concordant de verbo ad verbum ut in prima littera habetur [illegible] n. 220

In nomine domini Amen. Nos Barnym et Otto dei gracia duces Slavorum et Cassubie omnibus hanc paginam inspecturis salutem in perpetuum. Cum omnem principatum ac potestatem ad sublevacionem bonorum depressionemque malorum a deo constitutam constet omnibus, divinis beneficiis dignis respondere cupientes operibus [illegible] equitatis [illegible] animo libenti fovere decrevimus et hiis maxime qui deposita seculari conversacione sanctiorum vite regulam suscipientes in solius dei magis defensione confidunt. Ea propter notum esse volumus [illegible] ut supra usque ibi [illegible] festum purificacionis beate marie virginis. Hec due littere concordant verbotenus et sunt autentice conscripte per manum domini Mathei Brandes etc.

Item generalis confirmacio domini Barnym dei gracia ducis Pomeranorum de tota proprietate ecclesie Colbacensis quam dominus Otto confirmavit etc. n. 221

In nomine domini Amen. Nos Otto dei gracia dux Slavorum et Cassubie ac dominus in Stetin omnibus in perpetuum. Constitutus in nostra presencia venerabilis pater dominus Hinricus Abbas in Colbas ex parte conventus ordinis Cysterciensis Caminensis diocesis humiliter peciverunt ut quasdam literas predicto monasterio et fratribus inibi deo famulantibus a felicis recordacionis domino Barnym duce Slavorum sive Pomeranorum patre nostro datas que iam propter vetustatem carte corrumpi ceperunt dignaremur inspicere et inspectas transcribi et transcriptum auctoritate nostra et nostri sigilli munimine confirmare. Quas quidem literas vidimus non cancellatas non abolitas nec in aliqua sui parte viciatas et legimus formam hanc formam continentes. In nomine sancte et individue trinitatis. Ego Barnym dei gracia dux Pomeranorum in perpetuum. [illegible] solet rerum noticie processus temporis nisi scripti [illegible] memoria perhennetur. Hinc notescat ergo tam presentibus quam futuris quod dilectis in christo fratribus monasterii de Colbas [illegible] anno domini [illegible] quadragesimo [illegible] folia [illegible] sub tali signo subnotato. Nos igitur [illegible] et predictorum Abbatis et conventus de Colbas [illegible] transcriptum [illegible] nostri sigilli appensione confirmamus et donamus. Testes huius nostre confirmacionis et donacionis sunt dominus Hinricus plebanus in [illegible] dominus Theodericus [illegible] marscalcus

Bürgerinnen und Bürgern der Stadt stiftete der Stralsunder Bürgermeister Simon von Orden zu seinem persönlichen Seelenheil einen Garten an den auf Birgitta von Schweden (*1303–† 1373) zurückgehenden Orden der Birgitten. Die ersten Nonnen in diesem neuen Kloster stammten aus dem lauenburgischen Marienwohlde bei Mölln. Später kamen auch Männer dazu, die streng von dem Frauenkonvent getrennt lebten – charakteristisch für die Doppelklöster dieses Ordens. Die Gründerin Birgitta schrieb für ihre Gemeinschaft eine eigene Regel, die *Regula Salvatoris*, die später mit der Augustinusregel vermischt und päpstlich anerkannt wurde. Die Priester des Männerkonvents sollten liturgisch für den Frauenkonvent sorgen – beiden Konventen stand aber die Äbtissin vor. Ob nur fromme Beweggründe die reichen Hansestädter zur Stiftung motivierten, bleibt offen. Obwohl die christliche Frömmigkeit insbesondere im 15. Jahrhundert eine große Rolle in der mittelalterlichen Gesellschaft spielte, ging die Beteiligung am Aufbau des Klosters oft mit der Übernahme von Ämtern einher, die einen Zugriff auf die Gestaltung und die Finanzen des Klosters, aber natürlich auch auf außerordentlichen geistlichen Dienst zuließen. Nach der erfolgreichen Gründung des Doppelklosters wurde der Stifter Simon von Orden einer der ersten Prokuratoren und so auch Schatzmeister der jungen Niederlassung.

Während Stralsund mit dem Birgittenkloster eine Neugründung im 15. Jahrhundert aufwies, blieb es in Greifswald zunächst bei den Gründungen aus den vorigen Jahrhunderten. In der Mitte des Jahrhunderts kam es zu einem gemeinschaftlichen Gründungsunternehmen, das nicht nur die geistlichen Niederlassungen Greifswalds in dieser Sache zusammenbrachte, sondern auch die reichen Zisterzienserabteien Neuenkamp und Hiddensee, aber auch das große Kloster in Kolbatz (Kołbacz) einband (Abb. 8): In Greifswald sollte, nachdem die Stadt bereits in der ersten Hälfte des Jahrhunderts zeitweise die Rostocker Universität beherbergte, eine eigene Universität entstehen. Durch die Bestrebungen des Bürgermeisters und den Zuspruch der pommerschen Klöster und Stifte gelang das Vorhaben mit päpstlicher und kai-

Abb. 9: Greifswald, Giebel der Ostfassade des Doms St. Nikolai

serlicher Zustimmung im Jahr 1456. Eldena übertrug der jungen Universität unter ihrem ersten Rektor und Stifter, Heinrich Rubenow (*1400 – † 1462), die Patronate über die drei großen städtischen Pfarrkirchen. Die anderen geistlichen Institute übergaben ebenfalls wesentliche Stiftungen zur Realisierung. Die ehemalige Pfarrkirche St. Nikolai wurde dann in ein Säkularkanonikerstift umgewandelt (Abb. 9). Die Einrichtung des Stifts war eine lukrative Lösung zur Finanzierung der Universität und des Personals, denn hier sollten die Professoren Pfründen als Stiftsherren einnehmen. Die Seelsorge war ein Teil des Finanzierungsmodells der jungen Universität, deren frühe Geschichte somit eng mit der Kirchengeschichte verwoben war. Die Kanoniker waren nicht an eine der bereits genannten Ordensregeln gebunden, und durch ihre Ämter gehörten sie nicht automatisch einem Orden an, vielmehr bildeten die Stiftsherren eine eigene geistliche Gemeinschaft, der ein Propst vorstand und die eine Heiligung des Lebens zwischen Weltlichkeit und Geistlichkeit anstrebte.

Die Gründung eines geistlichen Instituts in Pommern geschah um 1480 in Stralsund. Neben den Beginen in der Stadt und den Birgitten vor den Stadttoren sollte ein unter der Augustinusregel lebender Frauenkonvent entstehen. Doch wurde kein Augustinerinnenkloster gegründet, sondern ein nichtmonastischer Konvent der Schwestern vom gemeinsamen Leben. Diese Laiengemeinschaft hatte ihre Wurzeln in den heutigen Niederlanden. Der Begründer der niederländischen Frömmigkeitsbewegung war Geert Groote (*1340–† 1384), der in Utrecht Kanoniker war, jedoch seine geistlichen Ämter aus christlicher Demut niederlegte. Fortan lebte er inspiriert durch den besonders streng lebenden Kartäuserorden als Eremit und Bußprediger. Groote initiierte eine Reformbewegung, die als *Devotio moderna* – also als ›moderne Frömmigkeit‹ – bezeichnet wird. So entstand die Gemeinschaft der Schwestern vom gemeinsamen Leben, die der Lebensweise Jesu nachstrebte, und sich insbesondere handwerklich, etwa in der Herstellung von Wolle, Seife sowie von Buchabschriften, betätigte. Das Wirken Grootes fiel im Augustiner-Chorherrenstift in Windesheim auf fruchtbaren Boden. Zusammen mit Emstein, Marienborn und Neulicht bildete sich so die Windesheimer Kongregation – eine gegen den innerkirchlichen religiösen Verfall gerichtete Reformbewegung des Ordens der Augustiner-Chorherrenstift, der sich am Ende des Mittelalters auch der Konvent in Jasenitz (Jasienica) anschloss. Die Ursprünge dieses ebenfalls nach der Augustinusregel lebenden Konventes lagen in Ueckermünde, wo die Ordensbrüder jedoch nur zwischen 1260 und 1276 blieben. Sie zogen weiter nach Osten und etablierten ihre Niederlassung letztlich in Jasenitz. Die gesellschaftlichen Entwicklungen des Spätmittelalters riefen somit nicht nur Neugründungen hervor, sondern führten mehrfach zu Anpassungen und Neuinterpretationen alter Gemeinschaften, wie in diesem Fall im Jahr 1511, als sich der Jasenitzer Konvent der Windesheimer Kongregation anschloss.

Auch wenn nach der Gründung des Frauenkonventes in Stralsund die Geschichte geistlicher Neugründungen nicht endet – über die Jahrhunderte sollte es auch nach der Reformation zahlreiche Formen neuen religiösen Zusammenlebens geben wie die evangelischen Damenstifte –, so ist er doch die letzte Gründung vor den großen Veränderungen der Reformationszeit. Die Vielfalt geistlichen Lebens im Untersuchungsraum reicht von der frühsten Gründung eines pommerschen Klosters in Stolpe an der Peene über die zisterziensischen Männer- und Frauenkonvente, die Bettelordensniederlassungen und Ritterorden bis hin zu den semireligiosen Formen geistlichen Lebens in den Städten wie bei den Schwestern vom gemeinsamen Leben. Glaube, Alltag und Gelehrsamkeit waren in Pommern wie überall stark miteinander verwoben. Das Interesse an den Leistungen der Klöster, Stifte und Kommenden, die sich immer wieder an ihre Umwelt anpassten und auf neue Entwicklungen reagierten, wurde an vielen Beispielen veranschaulicht. Strukturen, die bis heute fest verankert sind, wie die Universität in Greifswald, haben ihren Ursprung in der Kirchen- und Ordensgeschichte und prägen nach wie vor das gesellschaftliche und öffentliche Leben in Pommern.

KATJA HILLEBRAND

BILDERWELTEN DES GLAUBENS

Die Ausstattung der Klöster und Stifte

Bereits mit dem Bau der ersten Klosterkirche in Stolpe an der Peene und der Errichtung der Stiftskirche in Grobe erhielten diese eine reiche Ausstattung, zu der als erstes und wichtigstes Stück der Altar gehörte. Unabdingbar für den liturgischen Gebrauch waren die sogenannten *Vasa sacra*, die Geräte, die der gottesdienstlichen Nutzung dienten, wie Messkelche oder Monstranzen, Schaugefäße, in denen das heilige Sakrament oder Reliquien den Gläubigen präsentiert wurden. Diese Stücke wurden in der Frühzeit der Christianisierung in Vorpommern von den hierher berufenen Mönchen, Stiftsherren und Nonnen mitgebracht. Im Laufe der Zeit erhielten die Kirchenräume einen reichen Bildschmuck in Form von Heiligenfiguren, Tafelmalereien mit der Darstellung von Heiligenviten und Szenen aus dem Neuen Testament. Besonders reich gestaltet wurden die Holzretabel, die auf dem Altar ihre Aufstellung fanden. Ab dem 14. Jahrhundert wurde das sogenannte Flügelretabel im Ostseeraum gebräuchlich. Dabei handelte es sich um einen Holzschrein, der wie ein Schrank durch Flügel geöffnet und geschlossen werden konnte. Geöffnet zeigte er zumeist Szenen aus dem Leben der Jungfrau Maria oder der Passion Christi. Geschlossen waren auf den nun den Gläubigen zugewandten Flügelaußenseiten Malereien mit Heiligenfiguren zu sehen. Diese Ausstattungsgegenstände wurden von heimischen Werkmeistern insbesondere aus der Hansestadt Stralsund gefertigt. Daneben lieferten aber auch die großen Lübecker Werkstätten an die Klöster und Stifte in

Vorpommern. Zu den weiteren wichtigen Ausstattungsstücken gehörten die Paramente. Hierbei handelte es sich um Textilien, die im Gottesdienst Verwendung fanden, wie Kaseln, den Obergewändern des Priesters bei der Messfeier. Bestickte Tücher aus Seide oder Damast, zumeist in Italien und Flandern produziert, oder aber in den hiesigen Frauenklöstern selbst kunstvoll gefertigt, wurden als Antependien genutzt. Sie sollten den Unterbau des Altartischs frontal verdecken. Diese Vielzahl an Ausstattungsstücken, die die Konvente in der Liturgie aber auch im Alltag nutzten, machten die Klöster und Stifte zu wichtigen Auftraggebern der sich in den Hansestädten etablierenden Werkstätten. Als solche förderten sie den Ausbau regionaler Kunstzentren, als Importeure überregionaler Stücke bereicherten sie den heimischen Kunstmarkt und setzten wichtige Impulse künstlerischer Entwicklung hier im Ostseeraum.

Der große Verlust: die Reformation und der Dreißigjährige Krieg

Dieser vormals reiche Schatz an Inventargegenständen aus den Kirchen- und Klausurräumen ist in Vorpommern aber nahezu verloren gegangen. Die Reformation brachte einen grundlegenden Wandel in der Liturgie. Die Kirchen der aufgelösten Klöster und Stifte wurden mehrheitlich evangelische Pfarrkirchen, und die Ausstattung wurde den neuen gottesdienstlichen Erfordernissen angepasst. Im Zuge der Reformation ließen die pommerschen Herzöge als Landesherren die Klöster und Stifte visitieren. Hierbei wurden sogenannte Visitationsprotokolle von den landesherrlichen Beamten erstellt, die u.a. Inventarlisten enthielten. Darin wurden alle beweglichen Gegenstände einer Niederlassung aufgeführt. Diese teils noch erhaltenen Listen verdeutlichen, wie umfangreich und vielfältig die einstige Ausstattung war. Zum Inventar des Zisterzienserklosters auf Hiddensee gehörten beispielsweise: ein Marienbild, eine große silberne Schale, elf vergoldete Kelche mit Patenen, eine vergoldete Monstranz, ein vergoldetes kleines Kreuz, ein Bildnis des hl. Nikolaus und eines der hl. Katharina, ein silbernes Kreuz mit etlichen Edelsteinen, ein Kelch für die Konversen genannten Laienbrüder, drei kleine silberne Becher, ein Abtsstab aus Elfenbein mit Silber beschlagen, ein vergoldeter silberner Abtsstab, des Weiteren über 20 Kaseln aus Seide oder Damast, zumeist reich bestickt und mit Goldfäden durchwirkt, sowie mehrere Messgewänder mit silbernen Knöpfen oder goldenen Spangen. Auch andere Klöster und Stifte besaßen diese Vielzahl an Ausstattungsstücken, wie weitere Inventarlisten belegen. Ein großer Teil der Gegenstände ging in den herzoglichen Besitz über. In den Städten sammelte der Rat die meisten der Ausstattungsstücke ein. Einige dieser Stücke wurden entsprechend ihrem Materialwert verkauft. In Stralsund kam es im Frühjahr 1525 zum sogenannten »Stralsunder Kirchenbrechen«, bei dem der Großteil der Ausstattungen wie Retabel, Heiligenfiguren und -bildnisse sowie Reliquienbehältnisse, Kelche und Monstranzen zerstört oder geraubt wurde. Auslöser für diesen Überfall auf die Kirchen und Stadtklöster war die allgemeine Unzufriedenheit mit den kirchlichen Praktiken wie dem Ablasshandel und der Ämterhäufung einiger Kirchenmänner, gepaart mit wirtschaftlichen und sozialen Konflikten innerhalb der hierarchisch geordneten Stadtgesellschaft. Zwar wurden einige der geraubten Gegenstände wieder zurückgebracht, doch der Großteil der ehemaligen klösterlichen Ausstattungen in Stralsund war verloren.

Die Zeit des Dreißigjährigen Krieges führte durch Raub und Zerstörung nochmals zu einem hohen Verlust. Nur wenige Gegenstände, die auch innerhalb des evangelischen Gottesdienstes ihre Verwendung fanden, haben überdauert. Und so gehören wenigstens in einigen Kirchenräumen mittelalterliche Stücke auch heute noch zum genutzten Ausstattungsgut. Vereinzelt haben auch Heiligenfiguren auf den Kirchendachböden überdauert, wo sie nach der Einführung der Reformation eingelagert worden waren und erst in jüngster Zeit wieder ihren Weg in den Kirchenraum gefunden haben. Einzelne Stücke sind durch Übergabe oder Ankauf in Museumsbestände aufgenommen worden und geben heute einen Einblick in die einst vielfältige kultische und künstlerische Ausgestaltung der Klöster und Stifte in Vorpommern.

Abb. 1: Bergen, Messkelch, wohl um 1250

Die *Vasa Sacra*: die Geräte der Eucharistiefeier

Die *Vasa Sacra* gehörten zu den wichtigsten kultischen Gegenständen in den Klöstern und Stiften. Von zentraler Bedeutung für die Messe war der Messkelch. Er nahm den konsekrierten Wein auf, d. h. den durch die Einsetzungsworte des Priesters gewandelten Wein zum Blut Christi. Erhalten haben sich in Vorpommern zwei besonders aufwendig gestaltete Kelche. Der aus der Zeit um 1250 stammende Messkelch des ehemaligen Nonnenkonvents in Bergen auf Rügen aus vergoldetem Silber zeigt eine

Abb. 2: Krummin, Messkelch, um 1500

kostbare und künstlerisch ausgereifte Verzierung (Abb. 1). Sowohl die Kelchschale, die *Cuppa*, als auch der Kelchschaft mit seinem mittigen Knauf, dem *Nodus*, und der Kelchfuß sind mit einem filigranen Dekor aus aufgelegtem Silberdraht verziert. In das Geflecht aus Spiralranken sind Perlen und Halbedelsteine eingepasst. Ausgespart von dieser Zier ist der obere Rand der *Cuppa*. Sie blieb, wie allgemein üblich, glatt, damit hier in den Vertiefungen kein konsekrierter Wein unbeachtet haften blieb. Das Stück wird einer Lübecker Werkstatt zugeschrieben.

Ein weiterer Messkelch mit ebenfalls reichem Filigrandekor in Form von floralem Rankenwerk aus aufgelegten Silberdrähten stammt aus dem Besitz des Nonnenkonvents in Krummin (Abb. 2). Das heute im Pommerschen Landesmuseum in Greifswald ausgestellte Stück datiert in die Zeit um 1500. Auch dieser Kelch ist aus vergoldetem Silber mit Edelsteinintarsien und Emaillearbeiten, die kunstvoll in das Rankenwerk eingefügt sind. Stilistisch wird der Kelch einer Werkstatt aus dem südlichen Europa – vielleicht in Ungarn ansässig – zugeschrieben. Diese aufwendigen Goldschmiedearbeiten zeugen von dem regen Austausch der mittelalterlichen Klöster in Vorpommern mit überregional angesehenen Kunstzentren.

Das Altarretabel: die Verbildlichung der Evangelien

Zu einem wichtigen Ausstattungsstück im Kirchenraum zählte das Altarretabel. Hierbei handelt es sich um einen hölzernen Aufsatz, der ursprünglich verhindern sollte, dass die auf der Altarplatte, der *Mensa*, aufgestellten Leuchter und Kreuze herunterfielen. Die zunächst einfach ausgeführten Werke, gestalteten sich im Laufe des 14. und schließlich 15. Jahrhunderts zu immer aufwendigeren Werken mit einem reichhaltigen Figurenprogramm aus geschnitzten Heiligendarstellungen oder biblischen Szenen aus dem Neuen Testament. Von diesen einst in großer Anzahl in den Klosterkirchen vorkommenden Werkstücken überdauerte nur eine äußerst geringe Zahl in Vorpommern. In der ehemaligen Klosterkirche der Benediktinerinnen in Verchen ist ein Teil eines Retabels erhalten, das noch heute den Altar ziert (Abb. 3). Die in einem erneuerten Schrein befindlichen Schnitzfiguren wurden um 1420 in einer Lübecker Werkstatt geschaffen. Bei der dargestellten Szene handelt es sich um die Marienverkündigung. Über der Jungfrau Maria und dem Erzengel Gabriel thront Gottvater mit dem Christuskind. Überfangen werden die Figuren von filigran ausgearbeiteten Maßwerkbaldachinen. Den Hintergrund bilden musizierende Engel, die auf die Rückbretter aufgemalt wurden. Ebenfalls zur Ausstattung der ehemaligen Kloster-

Abb. 3: Verchen, Retabel mit der Verkündigung Mariens, um 1420

kirche gehörte ein weiteres Holzretabel mit der Darstellung der Anna Selbdritt, einer Figurengruppe bestehend aus der hl. Jungfrau Maria mit dem Jesuskind und ihrer Mutter, der hl. Anna (Abb. 4). In Verchen wird die Gruppe durch eine weitere Heilige ergänzt. Die Szene bildete einst das Hauptbild eines kleinen Flügelretabels, in dessen Flügeln ein heiliger Bischof und die hl. Margareta standen. Es kann angenommen werden, dass dieses Retabel auf der Nonnenempore stand und hier den Nonnen als Andachtsbild diente.

In der ehemaligen Klosterkirche der Zisterzienserinnen von Krummin befindet sich oberhalb des Altars ein hölzernes Kruzifix, das in die

Abb. 4: Verchen, Retabel mit der Figurengruppe der Anna Selbdritt und einer weiteren Heiligen, um 1500

Abb. 5: Krummin, Kruzifix, um 1480

Zeit um 1480 datiert wird (Abb. 5). Es gehörte wohl einst zu einem Retabel, dessen zentrale Szene die Kreuzigung Christi auf dem Berg Golgatha darstellte. Die äußerst qualitätvolle Arbeit wurde wohl in einer Stralsunder Werkstatt gefertigt. Sie belegt, von welcher hohen handwerklichen Präzision die Stücke waren, mit denen ab der Mitte des 15. Jahrhunderts die regionalen Werkmeister den Kunstmarkt belieferten.

Die Holzskulpturen: Bildwerke des Glaubens

Zu den wichtigen Skulpturen, die ihren festen Platz in den klösterlichen und stiftischen Kirchenräumen fanden, gehörte das Triumphkreuz. In Verchen befindet sich auf dem sogenannten Triumphbalken, dem Querbalken oberhalb des Chors, eine lebensgroße Christusfigur aus der Zeit um 1460. Das hölzerne Kreuz ist neueren Datums (Abb. 6). Christus ist im Moment des Todes wiedergegeben. Seine Augen sind halb geöffnet und sein Kopf ist leicht zur rechten Seite geneigt. Die ursprüngliche Intention dieses Bildwerks, die Versinnbildlichung des Sieges Christi über den Tod, wandelte sich im Laufe des 14. Jahrhunderts und schließlich im 15. Jahrhundert grundlegend. Der ausgemergelte Körper des lebensgroßen Christus verdeutlichte nun all die erlittenen Qualen, die er für die Gläubigen auf sich genommen hat. Dieses Bild der tiefen Trauer wurde nochmals verstärkt durch die dem Gekreuzigten beigegebenen Assistenzfiguren, die trauernde Maria und den trauernden Jünger Johannes. Erhalten haben sich diese Figuren zusammen mit dem Fragment des gekreuzigten Jesus ebenfalls in der Kirche von Verchen (Abb. 7). Sie haben, von der Zeit stark gezeichnet, eingelagert überdauert und werden heute wieder im Langhaus der Pfarrkirche präsentiert. Es handelt sich wohl um das Werk einer regionalen Werkstatt, die um 1500 diese besonders ausdrucksstarken Figuren schuf.

Die Textilien: Stickereien auf kostbaren Stoffen

Von der Vielzahl an liturgischen Gewändern, die reich verziert und aus kostbaren Stoffen gefertigt waren und die so zahlreich in den erwähnten Inventarlisten aufgeführt wurden, hat sich nur noch wenig erhalten. Sie wurden im Zuge der Reformation zumeist verkauft, da man diese Messgewänder für den evangelischen Ritus nicht mehr benötigte. Einzelne kunstvoll mit Seiden-, Gold- und Silberfäden bestickte Mess-

Abb. 6: Verchen, Triumphkreuz, um 1460

Abb. 7: Verchen, Fragmente einer Triumphkreuzgruppe mit der hl. Maria, Christus und dem hl. Johannes, um 1500

gewänder werden im »Stralsund Museum« ausgestellt, darunter auch ein aufwendig besticktes Tuch aus feinem, braunem Samt (Abb. 8). Beheimatet war dieses kostbare Stück einst im Kloster Mariakron, der Birgittenniederlassung bei Stralsund. Ursprünglich diente das Tuch als Antependium. Zentral ist Christus unter einem Baldachin zu erkennen. In seiner rechten Hand trägt er das Buch der Belohnung, in seiner linken Hand hält er die Siegesfahne. Am oberen Rand steht in gotischen Majuskeln O Q(uam) METVENDVS EST LOCVS ISTE (oh wie ist dieser Ort zu fürchten). Die Worte deuten auf die *Dedicatio ecclesiae*, die Weihe einer Kirche, hin. An den zu diesem Fest gesungenen Texten wird die Kirche als ein ehrfurchtgebietender Ort umschrieben, das Haus Gottes als Pforte zum Himmel, der man als sündiger Mensch mit furchtvollem Herz begegnen soll. So könnte das Antependium im Zusammenhang mit der Weihe der Klosterkirche stehen, die 1470 durch den Bischof von Schwerin erfolgte. Zu diesem Anlass bestickten die Nonnen das Tuch mit Gold- und Seidenfäden. Neben Christus sind es florale Motive und Wappenschilde, vielleicht die Wappen der Wohltäter des Klosters, die die Nonnen in Plattstich auf den Stoff applizierten.

Ein weiteres mit Leinen- und Seidenfäden besticktes Tuch aus klösterlichem Bestand hat sich in Bergen auf Rügen erhalten und datiert in die Zeit um 1330 (Abb. 9). Heute befindet es sich im Stadtmuseum von Bergen. Im Gegensatz zum Antependium aus dem Birgittenkloster zeigt dieses Tuch aus Leinen weltliche Motive. Ritter mit Knappen auf Pferden, Jagdszenen und höfisch gekleidete Damen deuten auf die vorklösterliche Lebenswelt der Nonnen hin, die aus dem Landadel und den ratsfähigen Familien der Hansestädte kamen. In welchem Zusammenhang dieses Tuch im ehemaligen Zisterzienserinnenkloster genutzt und wo es von den Nonnen verwahrt wurde, ist nicht mehr zu klären. Auch

Abb. 8: Stralsund, besticktes Antependium aus dem Birgittenkloster Mariakron bei Stralsund, um 1470

Abb. 9: Bergen auf Rügen, besticktes Leinentuch, um 1330

kann nicht mit Sicherheit gesagt werden, ob die Nonnen das Tuch selbst bestickten oder ob es als Schenkung in das Kloster gelangte.

Deutlich wird an diesem sehr qualitätvollen Textil, dass in den Klöstern und Stiften neben den für den Mess- und Chordienst wichtigen Stücken auch Gegenstände zur Ausstattung gehörten, die einem profanen Gebrauch dienten und als Zier und Ausschmückung die Klosterräumlichkeiten bereicherten.

Trotz des hohen Verlustes an der früheren Ausstattung geben die wenigen erhaltenen Objekte einen tiefen Einblick in den liturgischen Alltag innerhalb der Klöster und Stifte mit seinen den Tagesablauf so nachhaltig bestimmenden Chordiensten, Gebeten und Messen. Deutlich wird, mit welchem hohen Anspruch in Bezug auf die künstlerische Qualität die Gegenstände in Auftrag gegeben und ausgesucht wurden. Das Lob

Gottes setzte für die Konventsmitglieder ein hohes Maß an handwerklicher Präzision bei der Erstellung der Objekte voraus. Aber auch im Bereich der stillen Einkehr und der Ausgestaltung der klösterlichen bzw. stiftischen Räumlichkeiten waren die Forderungen nach herausragender Güte hoch, verdeutlichte man doch somit nicht nur die besondere Stellung dieses bewusst gewählten Lebenswegs innerhalb der Gesellschaft, sondern auch dessen Exklusivität.

In diebus dominicis ad matutinas
inuitatorium· Adoremus dominū
Qui fecit nos· Venite· a· Seruite· ps
Beatus vir q
non abijt in
consilio ĩpio
rum et ĩ via
pctōrum nō
stetit: et in
cathedra pes
tilencie nō sedit Sed in lege dñi vo
luntas eius: et in lege eius medita
bitur die ac nocte Et erit tamq̃
lignū qd plantatū ē secus decur
sus aquar: qd fructū suū dabit ĩ
tpe suo Et foliū eius nō defluet:
et oīa quecūq; faciet prospera
bitur Non sic impij nō sic sed tam
qm puluis quē proicit ventus a fa
cie terre Ideo nō resurgūt impij

ROBERT HARLASS

DER STURM VOR DEM ORKAN?

Reformen am Ende des Mittelalters

Am Ende des Mittelalters war die Geistlichkeit zahlreichen Veränderungen bis hin zum Auflösungsprozess nahezu aller geistlicher Institute im südlichen Ostseeraum während der Reformationszeit unterworfen. Obwohl es über das gesamte Mittelalter Kritik an den Lebensweisen der Mönche und Nonnen, Ritterbrüder oder Stiftsherren gab, war das Ausmaß des Wandels, der insbesondere von dem Theologen und ehemaligen Augustiner-Eremiten Martin Luther (*1483–†1546) in Wittenberg 1517 initiiert wurde, wohl nicht vorauszusehen. Innere und äußere Einflüsse drängten die religiosen und semireligiosen Gemeinschaften immer wieder zur Anpassung an ihr Umfeld – Reformen waren die Antwort der Geistlichkeit. Diese Anpassungen waren ein Teil des Erfolgsrezeptes, das den Niederlassungen und den Institutionen zu einer jahrhundertelangen, teils bis ins 20. Jahrhundert hinein bestehenden Existenz verholfen hat.

Weltliche und geistliche Reformen im Herzogtum

Im 15. Jahrhundert wurde der Ruf nach Reformen lauter. Auch in Pommern gab es große Reformsynoden, in denen kirchliche Strukturen besprochen wurden. Diese brachten jedoch keine grundsätzlichen Veränderungen. Die Zusammenkünfte der Geistlichen des Bistums 1492 in Stargard (Stargard) oder 1500 in Stettin (Szczecin) gingen auf die vorherrschenden Zustände der Geistlichkeit im Bistum, aber auch in den

Abb. 1: Bogislaw X., Gemälde von Cornelius Krommeny, 1598

Klöstern ein und kritisierten die Verletzung zahlreicher Normen scharf. Kritikpunkte waren unter anderen die Nichteinhaltung des Zölibats, die Anhäufung von Pfründen oder die Teilnahme der Geistlichen an Wettspielen. Das Ergebnis war die Verabschiedung von neuen Synodalstatuten, durch die zahlreiche Verbote eingeführt wurden.

Doch wurden nicht nur im geistlichen Bereich Reformen realisiert, sondern ebenso im weltlichen. So führte der fast ein halbes Jahrhundert lang regierende Herzog Bogislaw X. (*1454–†1523) (Abb. 1) zahlreiche Neuerungen in Pommern ein: der Anfang einer ausgefeilten territorialpolitischen Verwaltungsstruktur, die letztlich auch dazu verhalf, die in der Reformation aufgelösten und verwaisten Klöster zu übernehmen und sie als herzogliche Ämter weiterzuführen. Die Übernahme des 1521 verwaisten Stifts in Belbuck (Białoboki) und dessen Umwandlung in ein herzogliches Amt bildete – im Übrigen reichsweit – das maßgebende Exempel für den weiteren Umgang bei der Säkularisation der Institute, mehrere Jahre vor der offiziellen Einführung der Reformation. Dabei stand in Bogislaws Vorgehen wohl nicht reformatorisches Handeln im Vordergrund, sondern die Aussicht auf Einnahmen aus den Besitzungen des alten Stifts: Bogislaw X. hatte einen stets leeren Geldbeutel.

Der Herzog von Pommern verstand sich als Schirmherr der pommerschen Christenheit. Die Verbindung zu den geistlichen Instituten, vor allem zu den Orten der herzoglichen Memoria wie etwa zur Abtei in Eldena, begleitete wie selbstverständlich das herzogliche Leben. Die Kirchenpolitik Bogislaws zielte auch in diesem Sinne auf einen zunehmenden Einfluss auf die Kirche ab. Seine Reise ins Heilige Land im Jahr 1496 führte zum Beispiel dazu, dass er auf dem Rückweg von Papst Alexander VI. (amt. 1492–1503) u. a. das Privileg erhielt, einmalig die Besetzung der Propsteien in seinem Herzogtum vornehmen zu dürfen – ein wesentlicher Eingriff in die kirchliche Autonomie, um Günstlinge unterzubringen und Zugriff auf wirtschaftliche Mittel zu erhalten. Bereits seit der Mitte des 15. Jahrhunderts schafften es die pommerschen Herzöge darüber hinaus immer wieder, Untergebene aus ihrem engsten Kreis als Bischöfe von Cammin einzusetzen. Auch die letzten mittelalterlichen Bischöfe, Martin Karith († 1521), der Bogislaw nach Jerusalem und Rom begleitete, und Erasmus von Manteuffel (*1475 – †1544) standen vor Antritt ihres Bischofsamtes im Dienst des Herzogs.

Die Grundlagen der geistlichen Gemeinschaften

Neue Ideen des geistlichen Zusammenlebens brachten neue Gemeinschaften hervor oder verhalfen älteren zu neuem Zuspruch. In Bogislaws Regierungszeit fällt die Reform zahlreicher klösterlicher und stiftischer Niederlassungen Pommerns, aber auch des Bistums. Hier drängt sich die Frage auf, was überhaupt Ziel der Reformen in den Klöstern und Stiften sein sollte. Neben wirtschaftlichen Anpassungen wurde auch das konkrete Miteinander diskutiert. Die meisten geistlichen Gemeinschaften bauten auf eine aufgeschriebene, die Zeit überdauernde Lebensanweisung – meist eine der großen Ordensregeln, wie die Benedikts- und die Augustinusregel (Abb. 2 und 3). Sie sollten zum richtigen Verhalten

Benedictus ein abt

Benedictus d' abbt ein walch vñ vater aller closterleüte hat zů diser zeit die zerstrőten closterleüt zůsamen gesamelt vñ inen auß erleüchtung des heiligen gaists ein ordenlichs leben gesetzt. Diser Benedictus ist geporen auß edelm geschlächt in dē land der stat nursie die dañ an freyheyt vñ zůuoran vō disem geyligen Benedicto. hochberůmbt vñ namhaftig ist. daselbst hat er sein leben in gůtten sitten schickende sein gemůte zů

Abb. 2: Benedikt von Nursia, Illustration aus der Schedelschen Weltchronik, 1496

Abb. 3: Der hl. Augustinus und der hl. Miletus, Illustration aus der Schedelschen Weltchronik, 1496

in allen Lebensbereichen anleiten und gleichzeitig in spiritueller Art und Weise das Innere des Geistlichen ansprechen.

Darüber hinaus wurden im Konsens der Gemeinschaft weitere normative Texte wie Statuten formuliert, um etwa die Regeln auszulegen und zu erklären. Sie konnten auch Buß- und Strafmaßnahmen für Vergehen beinhalten. Viele Orden hatten darüber hinaus sogenannte *Consuetudines*, die niedergeschriebenen Gewohnheiten der Gemeinschaft. In ihnen wurde die bereits gelebte Praxis verzeichnet wie etwa die Art und Weise des gemeinsamen Gebets, des gemeinschaftlichen Mahls, oder auch die Hierarchie und Aufgaben der einzelnen Ämter im Orden.

Diese drei Formen geschriebener Normen bildeten für die meisten geistlichen Orden das Fundament des Zusammenlebens. Nicht alle Gemeinschaften hatten dabei alle drei Formen, sondern nur eine Auswahl daraus. Die Dominikaner hatten etwa keine Ordensregel, dafür aber ihre *Constitutiones*, die dominikanischen Statutentexte, die das geistliche Leben regelten. Die Reformen im Spätmittelalter betrafen nicht die

Augustinus vnd Miletus closter leüte

AVgustinus Miletus vnd Johānes vn ettlich and closterleüt bewertes vn̄ erbers lebens wardē diser zeit durch Gregorium den babste in engelland geschicket vō den die englischen erstliche die ler vnsers glaubens gētzlich empfāgen vn̄ bey den selben englischen dise heylige mañ selige ende genomē haben.

Ordensregeln, denn sie waren nicht mehr veränderbar, sondern nur neu interpretier- und kommentierbar. Gewohnheiten und Bräuche wurden abhängig von inneren und äußeren Einflüssen von den bestimmenden Organen der Orden angepasst. Ebenso konnten die Statuten von den Instanzen, die sie bestimmt hatten, verändert werden. In den meisten Orden, wie bei den Dominikanern oder den Kartäusern, wurden in den Generalkapiteln neue Satzungen verabschiedet und in den Niederlassungen verbreitet. Die Orden waren so im Rahmen ihrer unveränderlichen Basistexte langfristig anpassungsfähig.

Aber auch die Häuser und Gemeinschaften, die keinem zentralisierten Orden angehörten, wie die meisten pommerschen Frauenklöster, passten sich letztlich flexibel an die Gegebenheiten an. Reformen begleiteten somit die Klöster und Stifte, Kommenden und Konvente über das ganze Mittelalter. Wie weit diese führten, ist dabei stets unterschiedlich. Sie konnten von einer scheinbar marginalen Änderung der Fastenzeiten bis zur Aufspaltung von Ordensstrukturen bei fundamentalen Auseinandersetzungen reichen. Ein essenzielles Motiv von Reformbewegungen war die Forderung nach einer strengeren Regelbefolgung.

Die Rückkehr zu den Anfängen der Gemeinschaft, häufig gleichbedeutend mit der Einhaltung der normativen Grundsätze der Ordensgründer, sollte zu neuem Aufschwung verhelfen. Dieser Vorgang lässt sich etwa bei den Franziskanern beobachten, die sich sogar im Streit um die Auslegung des Armutsideals im 15. Jahrhundert in zwei Ordenszweige aufteilten, die letztlich 1517 ganz voneinander getrennt wurden: in die sogenannten Konventualen und die strengeren Observanten. Die Observanten wollten im Kontrast zum Wohlstand, der durch die städtische Seelsorge entstand, das Ideal der Armut und die Vorgaben ihres Ordensgründers Franziskus streng einhalten. Nicht alle Brüder des Ordens waren aber bereit, sich der Reformbewegung anzuschließen, sodass es vermehrt zu Auseinandersetzungen kam. Papst Martin V. (amt. 1417–1431) versuchte mit einem Kompromissvorschlag den Orden, der auseinanderzufallen drohte, zu befrieden. Zur Vermittlung zwischen beiden Parteien wurde der berühmte Franziskanerobservant Johannes von Capestrano (*1386–†1456) (Abb. 4) vom Papst eingesetzt. Die Martinianische Konstitution war das Ergebnis der Bemühungen – ein Entwurf, der Zugeständnisse auf beiden Seiten forderte. Die Konventualen etwa sollten auf den Besitz von Liegenschaften verzichten, während die Observanten Rückschläge in der Ausbildung eigener institutioneller Strukturen im Orden hinnehmen sollten. Der Orden wurde so allerdings nicht geeint, sondern letztlich verschärften sich die Probleme, da sich neben den Konventualen und Observanten die Martinianer als Ordenszweig herausbildeten. Die Niederlassungen der sächsischen Provinz der Franziskaner, zu der auch die Niederlassungen in Stralsund und in Greifswald gehörten, nahmen bis zum Ende des 15. Jahrhunderts die Martinianische Konstitution an. Erst nach der Einführung der Reformation, als fast alle Niederlassungen in Pommern bereits aufgelöst wurden, schloss sich die 1480 martinianisch gewordene Niederlassung in Greifswald im

schen irn kindernn. Johānes capistrā9
Johānes capistrāus aus
apzucio dē stetlein nit ver
vō d statt aquila glegē pür-
tig sant Frācisce ordess ist
diser zelt ei ernstlich vñ für
pündiger prediger der cristē
lichē glaubēs gewesē vnd
auß bebstlichē befelh i teüt
sche lād gezogē vnd durch
kertē vñ steyr i österreich kōen vñ vō d briester
schafft mit heilthūb vñ allē volck entgegē ge-
end als ei legat des bebstlichē stūls vñ ei sende-
bot gots ēpfāgē wordē. jm ward vil krāck mē

Abb. 4: Johannes von Capestrano, Illustration aus der Schedelschen Weltchronik, 1496

Jahr 1550 der Observanz an – ein letzter Versuch der Existenzsicherung, der letztlich nicht mehr glückte.

Der Wunsch der strengeren Regelbefolgung in der Observanzbewegung erfasste nicht nur den Franziskanerorden, sondern auch andere geistliche Gemeinschaften. So gab es auch observante Zisterzienser, die vor allem in den Niederlanden verbreitet waren. Die Bindung der Abteien mit dem Ordenszentrum in Cîteaux wurde im Spätmittelalter vermehrt schwächer. Immer weniger Äbte nahmen am Generalkapitel teil, und eine Individualisierung der Klöster setzte ein. Zum Beispiel hatten sich in der pommerschen Abtei Kolbatz (Kołbacz) um 1508 Gewohnheiten durchgesetzt, die die Fastenvorschriften lockerten. Die Äbte von Marienwalde (Bierzwnik) und Buckow (Bukowo Morskie) wurden vom Generalkapitel beauftragt, die Einhaltung der Ordensnormen in Kolbatz zu kontrollieren.

Wenig später sind Ansätze von Reform und Observanz in Kolbatz erkennbar: Der Abt von Kolbatz visitierte 1513 die Tochtergründungen in Himmelstädt (Mironice), wo er nach seiner Visitation zahlreiche Verbesserungen anordnete. So forderte er eine Instandsetzung von Gebäuden der teils baufälligen Abteigebäude. Auch die Art und Weise des gemeinschaftlichen, regulierten Lebens in vielen Bereichen wie Gottesdienst und Tagesablauf wurde bemängelt. Dabei verwies der Abt auf die streng nach den Normen des Ordens bestehende Lebensweise in Kolbatz – ein Hinweis auf die wohl geglückten Reformen des Ordens.

Wie auch bei den Zisterziensern und Franziskanern gab es bei den Augustiner-Eremiten und Dominikanern eine Observanzbewegung. Die Augustiner-Eremiten befürchteten ebenfalls eine Spaltung des Ordens, denn die frühen Klöster, die sich der Observanz anschlossen wie die Konvente in Waldheim, Dresden oder Magdeburg erwirkten beim Papst die Erlaubnis, ein eigenes Kapitel abzuhalten. Obwohl diese Erlaubnis bald zurückgenommen wurde, breitete sich die Observanzbewegung der Augustiner-Eremiten von der sächsischen Provinz immer weiter aus und konnte sich schließlich im Orden fest etablieren. Auch die Niederlassung in Anklam schloss sich am Anfang des 16. Jahrhunderts dieser Kongregation an.

Die Dominikaner sahen bereits seit deren Generalkapitel von 1388 vor, dass in den einzelnen Ordensprovinzen jeweils mindestens in einer Niederlassung streng nach den normativen Vorgaben gelebt werden sollte. So wurden observante Zentren geschaffen, die die absolute persönliche Armut, die Askese in der Gemeinschaft und die Fokussierung auf das Studium als zentrale Motive der dominikanischen Observanzbewegung vertraten. Über die Provinzgrenzen hinausgehend schlossen sich die observanten Häuser der Dominikaner zur sogenannten Holländischen Kongregation mit der Bestrebung, selbständig agieren und ein eigenes Generalkapitel abhalten zu können, zusammen. Auch die Konvente in Vorpommern gehörten ab dem letzten Drittel des 15. Jahrhunderts der *Hollandica* an.

Die Gegensätze zwischen den Konventualen und Observanten führten in den einzelnen Orden vermehrt zu Zerwürfnissen – ein Aspekt, der die Handlungsfähigkeit der Gemeinschaften gegen äußere Einflüsse sicherlich schwächte. Die Observanzbewegung fruchtete in Vorpommern besonders stark. Sie fand in den meisten geistlichen Häusern Anhänger. Doch über die unmittelbaren Ergebnisse ihrer Bemühungen lässt sich streiten. Deutlich ist, dass die geistlichen Niederlassungen trotz der Reformbestrebungen um 1500 der Reformation schließlich zum Opfer fielen.

KATJA HILLEBRAND

BAUWERKE DES GLAUBENS

Die Architektur der Klöster und Stifte

Die noch heute erhaltenen Bauwerke der Klöster und Stifte in Vorpommern gehören zu den wichtigsten Zeugnissen mittelalterlicher Architektur im Land. So zeugt die malerische Ruine in Eldena bei Greifswald, die 1827 in eine Parklandschaft eingebettet wurde und die durch die Gemälde des Malers Caspar David Friedrich (*1774 – †1840) weit über die Grenzen Vorpommerns einen hohen Bekanntheitsgrad genießt, von dem Bauwesen der Zisterzienser. Die romanische Baukunst ist durch die Klosterkirche in Bergen mit ihrer einzigartigen Ausmalung aus der Zeit um 1200 vertreten, und die Landkirchen der einstigen Nonnenkonvente in Verchen und Krummin zeigen die Anfänge des gotischen Bauwesens. In Stralsund hat sich mit dem Dominikanerkloster die besterhaltene Klausuranlage eines Stadtklosters im Ostseeraum erhalten. Und auch die Klausurbauten der Franziskaner in der Stadt geben noch heute einen wunderbaren Einblick in das klösterliche Leben. Darüber hinaus sind deren Klosterkirchen mit ihren vielfältigen Baudetails, den facettenreichen Ausformungen und Maßwerkformen typische Vertreter der Backsteingotik.

Die ersten Kloster- und Stiftsbauten

Als Teil der historischen Landschaft Pommerns wurde die heutige Region Vorpommern erst spät christianisiert. Um 1000 erfolgte ein erster Versuch, das Gebiet in eine kirchenpolitische Struktur einzubinden.

Hierzu richtete Papst Silvester II. (*um 950–†1003) auf Betreiben von Kaiser Otto III. (*980–†1002) das Erzbistum Gnesen ein. Diesem wurden mit Breslau (Wrocław), Krakau (Kraków) und Kolberg (Kołobrzeg) drei Suffraganbistümer zugeordnet. Mit Letzterem wurde das Ostseegebiet zugleich dem polnischen Herzog Bolesław I. (*965/67–†1025) unterstellt. Über diesen Bischofssitz und den Bischof Reinbern von Kolberg (†1013/15) schreibt einzig Thietmar von Merseburg (*975/76–†1018) in seiner Chronik. Zum geistlichen Leben und dem Fortbestand des Bistums sind keine weiteren schriftlichen Hinweise bekannt. Auch sakrale Bauten aus dieser Zeit sind nicht nachweisbar. Es ist anzunehmen, dass im Zuge eines nur wenige Jahre später stattfindenden Aufstands der hier ansässigen slawischen Bevölkerung gegen den Piasten Bolesław das Bistum wieder einging.

Rund 120 Jahre später wird mit der ersten Missionsreise des Bamberger Bischofs Otto (*um 1060–†1139) von 1124/25 die systematische Missionierung Pommerns quellenkundlich greifbar. Eingeladen von dem polnischen Herzog Bolesław III. (*1085–†1138), der den Landstrich an der Ostsee 1121/22 unterworfen hatte, kam Otto in ein Gebiet, das geprägt war von den paganen Heiligtümern der slawischen Bevölkerung. Nach ersten erfolgreichen Bekehrungen bei den Pomoranen folgte auf Initiative König Lothars III. (*vor 1075–†1137) und des ersten pommerschen Herzogs Wartislaw I. (*um 1100–†1148) 1128 eine zweite Missionsreise Ottos zu den westlich der Oder siedelnden Lutizen. Auf einer vom Herzog einberufenen Versammlung der Edlen im heutigen Usedom nahmen diese im Beisein Ottos von Bamberg zu Pfingsten 1128 den christlichen Glauben an. Bereits während Ottos Reisen entstanden erste Kirchenbauten in Cammin (Kamień Pomorski) und Stettin (Szczecin) sowie weitere kleine Pfarrkirchen. Diese frühen, noch in Holz errichteten Bauten lassen sich einzig über die schriftliche Überlieferung nachweisen.

Der erste steinerne Kirchenbau in Pommern war eine Klosterkirche und entstand ab 1153 in Stolpe an der Peene (Abb. 1). Zum Gedenken an

Abb. 1: Stolpe an der Peene, Ruine des Westwerks der Benediktinerabtei von ca. 1153 mit Rundbogendurchgang zum ehemaligen Mittelschiff

seinen Bruder Wartislaw, der hier angeblich von einem sich der Christianisierung widersetzenden Edlen erschlagen worden war, ließen Wartislaws Bruder, Herzog Ratibor (†1156) und Wartislaws Söhne am Ufer der Peene ein Benediktinerkloster errichten. Die Mönche des Gründungskonvents kamen aus Berge bei Magdeburg. Die noch heute bestehende Ruine des Westwerks mit seinem Gewölbe lässt die mit dem Bau der Klosterkirche ersonnenen Dimensionen erahnen. In einem Landesteil, in dem steinerne Gewölbebauten nicht der architektonischen Traditionen entsprachen, werden die Baumeister ebenfalls aus dem Umkreis des Klosters Berge gekommen sein. Die Architektur und Größe der Klosterkirche zeigt, dass diese nicht nur ein Ort der Predigt und des Chorgebets gewesen ist, sondern auch als Zeichen des neuen Glaubens weithin sichtbar sein sollte. Am Ufer der viel befahrenen Peene und in direkter Lage zu einem wichtigen Handelsweg, der hier den Fluss querte, wurde die Klosterkirche somit zum vielbeachteten Bauwerk.

Noch vor 1155 gründete genannter Ratibor zusammen mit seiner Gemahlin Pribislawa (†nach 1156) das Prämonstratenserstift Grobe, das nahe der Burg und Siedlung *Uznam*, dem heutigen Usedom, errichtet wurde. Die ersten Stiftsherren kamen wiederum aus Magdeburg, aus dem Stift »Unser Lieben Frauen«, und sollten den priesterlichen Nachwuchs für die entstehenden Pfarrgemeinden ausbilden. Mit seinem Engagement versuchte sich das Erzstift Magdeburg, in dem noch neu christianisierten Pommern kirchenpolitisch gegenüber dem Erzbistum Gnesen durchzusetzen. Bereits zu diesem Zeitpunkt war es die Absicht des Magdeburger Erzbischofs, hier eigene Suffraganbistümer zu errichten. Die Stiftsgemeinschaft in Grobe scheint sich jedoch in dieser Anfangszeit wieder aufgelöst zu haben. 1177/78 besiedelte Herzog Bogislaw I. (*um 1130–†1187), Sohn von Wartislaw I., das Stift erneut mit Chorherren, nun aus Havelberg. Von den ersten Bauten der Stiftsanlage in Grobe haben sich keine aufragenden Reste erhalten. Die Anlage ist einzig archäologisch noch nachweisbar.

Die Bauten der Nonnen und Beginen

Parallel zum ersten Aufbau kirchlicher Strukturen durch die pommerschen Herzöge begann auch Fürst Jaromar I. (*vor 1141–† 1218) in seinem Herrschaftsterritorium auf Rügen mit der Etablierung des christlichen Glaubens. Als Lehnsmann des dänischen Königs Waldemar I. (*1131–†1182), der die Insel 1168 erobert hatte, berief er Geistliche aus dem Bistum Roskilde, das die kirchliche Oberaufsicht über Rügen besaß. In enger architektonischer Anlehnung an die ab 1170 errichtete

Abb. 2: Bergen auf Rügen, ehemalige Klosterkirche, Baubeginn ab ca. 1180

Grabes- und Krönungskirche des dänischen Königshauses in Ringsted auf Seeland (Sjælland) ließ Jaromar in unmittelbarer Nähe seines Herrschaftszentrums, der Wallburg »Rugard«, eine Kirche im aufstrebenden Siedlungsort Bergen errichten (Abb. 2). Wie bei der Kirche in Ringsted handelte es sich um eine dreischiffige Basilika mit Querschiff und einem quadratischen Chorjoch, das im Osten mit einer Halbrundapsis schloss. Auch die Querschiffarme besaßen jeweils eine kleine Halbrundapsis für Nebenaltäre. Errichtet wurde diese große Kirchenanlage von Bauleuten, die wohl an der Bauhütte in Ringsted tätig waren. Das lassen einzelne Baudetails wie die in der dänischen Architektur sich durchsetzenden Kelchkapitelle im Vierungsbereich vermuten (Abb. 3). Vorbild für Ringsted war wiederum ein Architekturtypus, der im Ostseeraum erstmals mit den Dombauten von Heinrich dem Löwen (*um 1129/30 o. 1133/35–†1195) in Ratzeburg und Lübeck Einzug hielt.

Abb. 3: Bergen auf Rügen, Kelchkapitelle am Vierungspfeiler

Als Modell für die Bauten Heinrichs fungierte der Kaiserdom in Königslutter, den sein Großvater Kaiser Lothar III. hatte errichten lassen. Die Architekturform einer dreischiffigen Basilika mit Querschiff, quadratischem Chorjoch und Halbrundapsis sowie den halbrunden Apsiden am Querschiff wurde dem neuen Baumaterial Backstein angepasst. Die offenkundige Symbolik dieser kaiserlichen Architektur verlieh den Bischofskirchen in Ratzeburg und Lübeck hohe Strahlkraft. Und auch Waldemar bediente sich dieser bedeutungsvollen Architektursprache, indem er, entsprechend seiner dynastischen Ansprüche, eine Kirche errichtete, deren bauliches Vorbild nur zwei Generationen zuvor kaiserlicher Repräsentation gedient hatte. Fürst Jaromar sah sich mit dem Bau der Kirche in Bergen ganz in der Tradition dieser hochherrschaftlich ge-

Abb. 4: Bergen auf Rügen, Langhaus der ehemaligen Abteikirche, Blick nach Osten

dachten Bauvorhaben. Die Errichtung eines imposanten Westwerks, das Platz für eine Fürstenloge bot, ähnlich wie es bereits Heinrich der Löwe für sich und seine Familie im Dom von Lübeck veranlasst hatte, unterstrich nochmals die herrschaftlichen Anforderungen, die Jaromar an diesen Kirchenbau in Bergen stellte. Spätestens 1193 übergab er die Kirche an Nonnen, die aus Roskilde kamen und hier einen Konvent einrichteten. Damit fiel dem fürstlich gedachten Bau eine neue Funktion zu: Er wurde eine Klosterkirche. Die Kirche blieb jedoch in dieser Zeit in weiten Teilen noch unvollendet. Das Langhaus im Anschluss an Chor, Vierung und Querhaus scheint für mindestens sechs Generationen ein Provisorium geblieben zu sein, und erst mit dem wirtschaftlichen Erstarken des Konvents im 14. Jahrhundert wurde das Langhaus als Stufenhalle weitergeführt (Abb. 4). Gemeinhin werden die Jahre zwischen 1380 und 1400/1420 als die Zeit der endgültigen Einwölbung angesetzt.

Von Seiten der Landesherrschaft scheint es nach dem Tod Jaromars 1218 zu einem schwindenden Interesse an der fürstlichen Kirche gekommen zu sein. Der Konvent, der Heimat für viele Töchter aus den sich etablierenden Adelsfamilien wurde, trug jetzt aus eigener finanzieller Kraft einen Großteil der Arbeiten am Kirchenschiff. Neue Stifter und Förderer aus dem Landadel ermöglichten den Weiterbau an der Klosterkirche in Bergen, der sich anfangs noch an den romanischen Vorgaben orientierte. Man entschied sich, die herrschaftliche Gründungsgeschichte herauszustellen, und so wurden bestehende Architekturteile beim Weiterbau übernommen. Der ökonomische Aufschwung, den das Kloster in Bergen im 14. Jahrhundert erlebte, machte es möglich, genau diese Vergangenheit baulich sichtbar zu halten. Das blockhafte Westwerk mit seiner romanischen Gewölbeanlage und die kreuzförmigen Vierungspfeiler mit kräftigen Halbrundsäulen sowie das massive Querschiff wurden übernommen. Auch die um 1200 von dänischen Meistern geschaffene Ausmalung mit biblischen Szenen und Heiligenbildern (Abb. 5) wurde in den ab der Mitte des 14. Jahrhunderts und bis ins 15. Jahrhundert hinein fortlaufenden Weiterbau des Kirchenschiffs

Abb. 5: Bergen auf Rügen, Malereien im Kirchenschiff, um 1200

integriert. Die halbrunde Chorapsis, die dem romanischen, kubischen Aufbau folgte, wurde hingegen den neuen gotischen Formen angepasst und durch einen reich durchfensterten Chorschluss ersetzt (siehe Abb. 4). Dabei nehmen die Spitzbogenfenster fast die gesamte Wandbreite und -höhe ein und lassen das Sanktuarium in einem hellen Licht erstrahlen. Und auch das Gewölbe folgte dem neuen gotischen Gedanken. Hoch aufgebläht, bildet es einen leicht wirkenden Baldachin über dem Hauptaltar. Das Langhaus wurde als Stufenhalle ausgeführt und die Arkadenpfeiler orientierten sich nun an dem im Stadtpfarrkirchenbau des späten 14. Jahrhunderts favorisierten Pfeilertyp, des schlichten Achteckpfeilers. Das Gewölbe im Langhaus blieb nun, der Spätgotik folgend, in der Ausführung einheitlich (Abb. 6). Keine schweren Gurtbögen trennen die einzelnen Joche optisch, und der Blick streift ungestört über das einheitlich geformte Kreuzrippengewölbe zum Altar im Osten.

Abb. 6: Bergen auf Rügen, Gewölbe im Langhaus

Damit folgten die Werkmeister in Bergen den zu diesem Zeitpunkt vielfältigen Ausformungen der Backsteingotik und kombinierten diese mit den bereits bestehenden romanischen Bauteilen zu einem äußerst einheitlichen Raumgefüge. Von den ehemaligen Klausurbauten, die sich südlich der Klosterkirche anschlossen, haben sich nur noch wenige Reste des südlichen Klausurbereichs im heutigen Pförtnerhaus erhalten. Nach schweren Zerstörungen im Dreißigjährigen Krieg wurden die Bauten ab 1660 abgetragen. Erhalten blieben am Querschiff die Anschlagspuren des Satteldachs vom Ostflügel, die einen Eindruck von der Größe der Bauten geben.

Die Klosterkirche in Bergen war die größte Abteikirche eines Frauenkonvents in Vorpommern und nahm, wie beschrieben, eine ausdrückliche Sonderstellung ein. Die weiteren Klosterkirchen der sich in Vorpommern ansiedelnden Benediktinerinnen und Zisterzienserinnen wurden hingegen als einfache Saalkirchen errichtet.

In der Zeit um 1200 gründeten die Söhne des Lutizenfürsten Rannus, Heinrich und Bortz (sämtl. Lebensdaten unbek.), ein Benediktinerinnenkloster. Erhöht gelegen auf einem Hügel über dem Siedlungsplatz Altentreptow, auf dem heutigen Klosterberg, war das Kloster ein Zeichen des neuen Glaubens. Die einstige Anlage ist nur noch durch archäologische Grabungen bekannt, oberirdisch hat sich nichts erhalten. 1239 wurde der Konvent nach Klatzow an der Tollense verlegt. Aber auch hier blieben die Nonnen nur wenige Jahre, und sie zogen weiter nach Marienwerder an der Peene, um schließlich 1269 in das nahe Verchen umzusiedeln, wo schon 1265 die Bauarbeiten an der Klosteranlage begonnen hatten. In Verchen bestand bereits eine Pfarrkirche, die der hl. Katharina geweiht war. Um 1245/50 besaß der Propst des Nonnenklosters die Obhut über diese Pfarrkirche, und mit dem endgültigen Umzug der Benediktinerinnen wurde sie auch Klosterkirche und zu-

Abb. 7: Verchen, die ehemalige Klosterkirche von Norden

Abb. 8: Verchen, Wandmalerei im Bereich der ehemaligen Nonnenempore, Christus am Kreuz mit der trauernden Maria und dem trauernden Johannes

Abb. 9: Verchen, Langhaus der ehemaligen Klosterkirche, Blick zum Chor

sätzlich der hl. Jungfrau Maria geweiht (Abb. 7). Der erhaltene Außenbau ist noch größtenteils ursprünglich und weist mit seinen schlanken Spitzbogenfenstern in die Frühgotik. Die flachgedeckte Saalkirche wurde entsprechend der neuen Nutzung im Inneren umgebaut. So vergrößerte man den Kirchenbau nach Westen und schuf für die Nonnen eine heute nicht mehr existierende hölzerne Empore im Kirchenschiff. Zugänglich war diese einzig über eine Stiege oder Wendeltreppe, die sich im Westflügel der im Süden der Kirche angebauten Klausurbauten befand. Entsprechend den ordensrechtlichen Vorgaben für Frauengemeinschaften sollten die Nonnen den Blicken des Priesters und der Gemeinde verborgen bleiben. Der Frauenkonvent traf sich mehrfach am Tag und in der Nacht auf dieser Empore zum Chorgebet. Die Lage der ehemaligen Empore lässt sich in Verchen noch gut an den im westlichen Langhausabschnitt wieder aufgedeckten Wandmalereien nachvollziehen. In klar voneinander getrennten kleinteiligen, nahezu quadratischen Bildfeldern werden biblische Szenen und Ereignisse aus dem Leben der Hei-

ligen wiedergegeben (Abb. 8). Die sehr qualitätvoll ausgeführten Malereien mit den für damalige Verhältnisse kostspieligen Farbpigmenten Azurit, Malachit und Zinnober dienten der Erbauung der Nonnen, aber auch der Belehrung der Novizinnen zu biblischen Themen und Heiligenviten. In der zweiten Hälfte des 15. Jahrhunderts ließ der Konvent den ehemaligen Chorbereich abbrechen und stattdessen einen Chor mit einem 3/6 Schluss errichten, der ein aufwendiges Sterngewölbe erhielt (Abb. 9). Im Gewölbe haben sich aus der Erbauungszeit Malereien erhalten, die neben floralem Rankenwerk ausdruckstarke menschliche Fratzen zeigen, denen Spruchbänder zugeordnet sind. Mit dem Chorneubau wurden für die Kirche 1461 auch farbige Bleifenster mit Heiligendarstellungen geschaffen (Abb. 10). Sie gehören heute zu den ältesten Glasmalereien in Mecklenburg-Vorpommern. Das Ostfenster erhielt die liturgisch wichtigste Darstellung: Christus am Kreuz mit der trauernden Maria und dem ebenfalls trauernden Jünger Johannes zu seinen Füßen. Die Wappen unterhalb der Figuren weisen auf die adeligen Stifter, de-

Abb. 10: Verchen, Glasmalereien im Chor der ehemaligen Klosterkirche, hl. Johannes der Täufer, hl. Maria mit dem Kind, hl. Christophorus mit dem Christuskind auf der Schulter (von links)

ren Töchter Mitglieder des Konvents waren. Zeitgleich mit dem Chorneubau wurde auch der Nordturm mit seinen Blendnischen geschaffen. Von den ehemaligen Klausurbauten hat sich nichts erhalten, sie wurden durch ein Feuer in den Jahren zwischen 1560 und 1575 zerstört.

Ca. 50 Jahre nach dem Einzug der Benediktinerinnen in Verchen gründete sich auf Wunsch von Herzog Bogislaw IV. (*vor 1278–†1309) im Jahr 1303 ein weiterer Frauenkonvent im heutigen Vorpommern. In Krummin auf Usedom ließen sich Zisterziensernonnen nieder, die aus Wollin (Wolin) kamen. Die erste Äbtissin der Niederlassung war eine Tochter des Herzogs. Als Klosterkirche diente auch hier wieder eine bereits bestehende Pfarrkirche, die als Saalkirche um 1250 errichtet und im unteren Wandbereich aus Feldstein, im oberen Bereich in Backstein ausgeführt worden war (Abb. 11). Auch hier wird wie in Verchen eine Nonnenempore für den Frauenkonvent errichtet worden sein, um den Zisterzienserinnen, blickfern von der Laiengemeinde, das Chorgebet zu ermöglichen. Von dieser Empore hat sich nichts erhalten. Nur noch wenig erinnert überhaupt an die klösterliche Zeit. Überdauert hat der Chor, der gegen Mitte des 15. Jahrhunderts errichtet wurde (Abb. 12). Bereits wenige Jahre nach dessen Bau wurden die Strebepfeiler besonders breit verstärkt, da man wohl den Gewölbeschub falsch berechnet hatte und der Chor einzustürzen drohte. Die Klausurbauten, die südlich der Kirche lagen, haben sich auch hier nicht erhalten. Im Jahr 1857 wurden im Auftrag des preußischen Königs Friedrich Wilhelm IV. (*1795–†1861) der Turm und die verputzten Anbauten geschaffen.

Neben den Landesherrschaften förderten ab dem 15. Jahrhundert auch die städtischen Eliten Klostergründungen. 1421 wurde auf Betreiben des Rats von Stralsund ein Birgittenkloster vor den Stadttoren gegründet. Von der Anlage hat sich nichts erhalten. Sie wurde bereits 1525

Abb. 11: Krummin, ehemalige Klosterkirche von Nordosten

Abb. 12: Krummin, Langhaus der ehemaligen Klosterkirche, Blick in den Chor

zerstört. Die heutige Mariakronstraße nimmt mit ihrem Namen Bezug auf die Niederlassung, die der hl. Maria und der hl. Birgitta geweiht war. Im unmittelbaren Stadtgebiet entstanden in Greifswald und Stralsund zudem Beginenkonvente, die durch bürgerliche Stiftungen und Zuwendungen unterstützt wurden. Die Gebäude der Beginen, deren Konvente im Zuge der Reformation ebenfalls aufgelöst wurden, wichen in beiden Städten im Laufe der Jahrhunderte neuen Bebauungen. Bei dem ehemaligen Kloster St. Annen und Birgitten in Stralsund handelte es sich um die Zusammenlegung des Konvents der Schwestern vom gemeinsamen Leben St. Anna und des Konvents der Birgitten, der nach 1525 hierher umzog. Ab 1560 wurde ein Armen- und Altenstift in den ehemaligen Konventshäusern eingerichtet. 1863 erfolgten große Umbaumaßnahmen, und nur noch wenige Fundamentbereiche an dem heute als Hochzeitskapelle genutzten Bau in der Schillstraße zeugen vom mittelalterlichen Bestand.

Die Bauten der Mönche, Stifts- und Chorherren

Anders als die Zisterzienserinnen in Krummin, die Anfang des 14. Jahrhunderts ihren Konvent gründeten, siedelte der männliche Zweig des Ordens bereits mit den Anfängen der Christianisierung Pommerns im Land. Auf Initiative der slawischen Edlen und Brüder Chotimar, Miregrav und Monic (sämtl. Lebensdaten unbek.) kamen 1172 Mönche aus dem dänischen Zisterzienserkloster Esrom (Esrum) ins Land und gründeten nahe einer slawischen Burganlage das Kloster Dargun. Die zuvor getauften Fürstenbrüder setzten mit dieser Gründung ein Zeichen der politischen Verbundenheit zum dänischen König Waldemar I., der in dieser Zeit weite Bereiche des slawischen Siedlungsgebiets der Zirzipanen beherrschte. Doch kriegerische Auseinandersetzungen insbesondere mit dem südlich ansässigen brandenburgischen Markgrafen führten zu einer Verlegung des Klosters an die Ostsee, an die Mündung des Ryck, nach Eldena. Hier übergab Fürst Jaromar I. von Rügen den ankommenden Mönchen um 1199 ein Stück Land, auf dem die Klosteranlage in Backstein in idealtypischer Weise errichtet wurde (siehe Abb. 15 Artikel Klosterarchäologie). Die große Klosterkirche bildete den nördlichen Flügel der Gesamtanlage, die sich heute als malerische Ruine zeigt (Abb. 13). Im Süden der Kirche entstanden, gruppiert um einen nahezu quadratischen Innenhof, die Klausurbauten. Im Ostflügel befanden sich die Sakristei, mit einem direkten Zugang zum Kirchenchor, der Kapitelsaal und das Parlatorium, der Besprechungsraum der Mönche. Im Südflügel lagen die Küche, Vorratsräume und das Refektorium, der Speisesaal der Mönche. Im Westflügel schließlich waren die Räumlichkeiten für die Konversen, wie Arbeitsräume, Speisesaal und weitere Vorratsräume, untergebracht. Ein Kreuzgang verband alle Räumlichkeiten des Klosters untereinander. Der Schlafraum der Mönche befand sich im Obergeschoss des Ostflügels, derjenige der Konversen im Obergeschoss des Westflügels untergebracht. Damit folgte die Klausuranlage einem klassischen Aufbau, der prinzipiell für alle Zisterzienserklöster bindend war. Die architektonischen Vorbilder der einzelnen Ordenskir-

Abb. 13: Eldena, Ruine der ehemaligen Zisterzienserabtei

chen variierten jedoch, je nachdem welcher Filiation das Kloster angehörte, d. h. welches Mutterkloster für die Neusiedlung verantwortlich zeichnete. In Eldena war es wie bereits für Dargun das vom dänischen Königshaus besonders geförderte Kloster Esrom auf der Insel Seeland. Dieses Kloster war eine Tochtergründung der sogenannten Primarabtei Clairvaux in Burgund. 1151/52 kamen französische Mönche nach Esrom. Bauleute aus Burgund errichteten eine Klosterkirche, die sich im Grundriss wohl eng an dem ersten Kirchenbau von Clairvaux, einer dreischiffigen Basilika mit Querschiff, flach schließendem Chorschluss und quadratischen Ostkapellen an den Querschiffsarmen, orientierte. Heute ist die Klosterkirche in Esrom nicht mehr erhalten. Rückschlüsse auf deren Aussehen lassen sich aber anhand der noch bestehenden Kirche der frühen, ebenfalls auf Seeland liegenden Tochtergründung Esroms in Sorø ziehen. Ab 1161 wurde mit Bauleuten aus Esrom hier eine dreischiffige Basilika mit Querschiff errichtet. Sie erhielt nach Osten ein flach schließendes Chorhaupt und Chorseitenkapellen, die über die Querschiffsarme zugänglich waren (Abb. 14). Im Grundriss orientierten sich die Mönche streng am burgundischen Mutterkloster Clairvaux, in der Ausführung von Detailformen an den Pfeilern und Kapitellen hingegen begann man, backsteinspezifische Zierformen zu entwickeln.

Abb. 14: Grundrisse der Zisterzienserkirchen Clairvaux im Burgund (Rekonstruktion), Sorø auf Seeland und Eldena

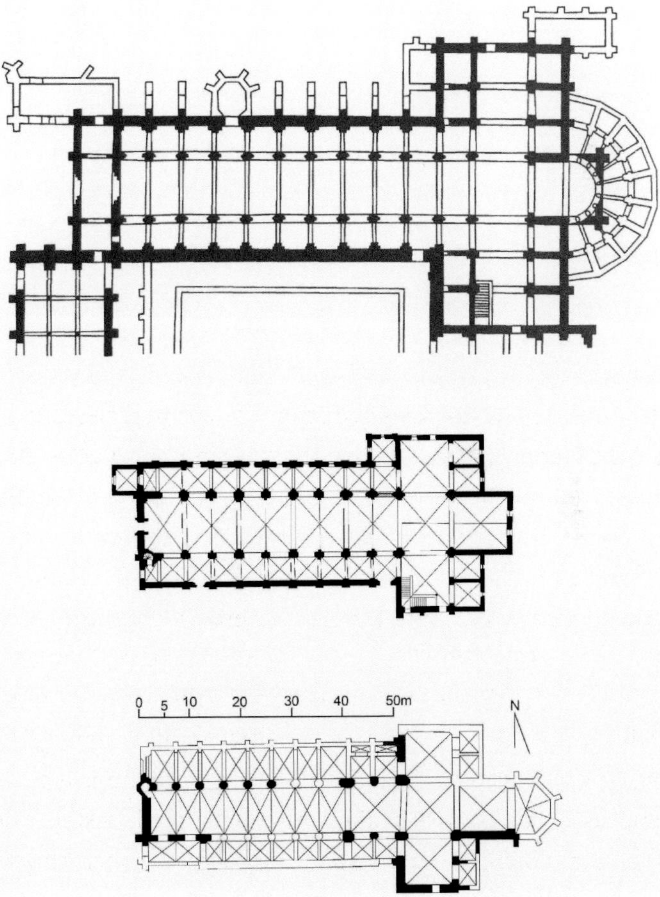

Angeregt durch die zeitparallele Großbaustelle in Ringsted, wo, wie schon gesagt, die Krönungs- und Grabeskirche der dänischen Könige entstand, kamen auch in den Zisterzienserkirchen auf Seeland neue Baudetails zum Einsatz. Kapitelle mit sogenannten Schaftringen, Ringwulsten unterhalb des Kapitells als Abgrenzung zum Säulenschaft, wie sie in Ringsted Verwendung fanden, wurden auch in Sorø ein wichtiges Stilmittel. Die in Sorø vorkommenden gepaarten Halbsäulenvorlagen an den Pfeilern und einfache Trapezkapitelle fanden ebenso ihr Äquivalent in Ringsted. Ab 1170 entstanden mit dem Baubeginn der Dom-

Abb. 15: Eldena, Vorlagen mit Schaftringen in den Arkadenbögen des Langhauses

Abb. 16: Dargun, Langhaus der ehemaligen Klosterkirche

kirche in Roskilde weitere Einflüsse und Austauschbeziehungen zwischen den großen Bauhütten auf Seeland. Als weitere Tochtergründung von Esrom partizipierte die Klosterkirche in Eldena an den sich neu entwickelnden Architekturausformungen. Baumeister aus Seeland errichteten in Eldena eine Klosterkirche, die entsprechend der Filiation aus Clairvaux dem Grundriss von Sorø weitgehend ähnelte. Die vielen Details der Bauausführung wie die hohen Pfeilersockel, die Halbsäulenvorlagen und schließlich Säulenbündel in der Art der Ausführungen aus dem Vierungsbereich des Doms von Roskilde zeigen, dass die Bauleute in Eldena in einem regen Austausch mit den Großbaustellen auf Seeland standen (Abb. 15). Erfahrungen mit dem neuen Baumaterial Backstein wurden weitergegeben und spezifische Baudetails vermittelt, die damit auch weit über den regionalen Raum von Seeland Verbreitung fanden. Die teils wörtlichen Architekturzitate belegen den engen Austausch zwischen den Klöstern. Grundrisse wurden als Pläne von Kloster zu Kloster weitergegeben, und die einmal gewählten Ausformungen der Baudetails bildeten in kleinen Abwandlungen ein immer wiederkehrendes Motiv. In Gegenden ohne eine länger bestehende Bautradition wie im Gebiet des heutigen Vorpommerns konnten die Zisterzienserkirchen so auf ein Formenrepertoire zurückgreifen, das von Bau zu Bau weitergereicht wurde. Auch in Dargun begann man, nachdem sich die politische Lage stabilisiert hatte, mit der erneuten Errichtung der Zisterzienserabtei (Abb. 16). Die Klosterstelle bei Dargun wurde 1209 wieder neu besetzt, jetzt jedoch mit Mönchen aus Doberan, die auf Anraten der pommerschen Fürsten durch den Schweriner Bischof hierher berufen wurden. Doberan gehörte der Filiationslinie Morimond-Kamp-Amelungsborn an. So schied das Kloster Dargun aus der Filiationslinie von Esrom aus. Und doch blieb man in der Bauausführung der Klosterkirche, die ab 1240 errichtet wurde, den dänischen Klosterbauten in einer Vielzahl an Details wie den Halbsäulenvorlagen im Langhaus mit kelchförmigen Trapezkapitellen treu.

Eine weitere Niederlassung der Zisterzienser mit Namen Neuenkamp entstand im heutigen Franzburg (Abb. 17). 1231 gründete Fürst Wizlaw I. (*um 1180–†1249), Sohn von Jaromar I., die Abtei. Neuenkamp war eine Tochtergründung des niederrheinischen Klosters Kamp, das wiederum über die französische Primärabtei Morimond besiedelt worden war. Damit gehörte Neuenkamp wie Dargun der Filiation Morimond an. Dieser Umstand schlug sich in Neuenkamp auch im Grundriss der Klosterkirche nieder (siehe Abb. 15 Artikel Klosterarchäologie). Der Kirchenbau wurde ab den 1280er Jahren errichtet, nachdem der Konvent von seinem ersten Siedlungsplatz nur wenige hundert Meter vom heutigen Standort entfernt hierher gezogen war. Entsprechend dem Kirchenbau in Kamp, der dem von Morimond folgte –, beide Grundrisse sind heute durch Grabungen belegt – gestaltete sich der Grundriss in Neuenkamp als eine dreischiffige Basilika mit Querhaus sowie dreischiffigen, flach schließendem Chorbereich. Im Gegensatz zu der ebenfalls flach schließenden Chorendung in Eldena bot jedoch die Mehrschiffigkeit des Chors in Neuenkamp die Möglichkeit, im Chorraum Kapellen einzurichten, entsprechend der Anordnung in Morimond und Kamp. Den Plan für diesen Kirchenbau werden wieder Mönche des Mutterklosters in Kamp mitgebracht haben.

Abb. 17: Neuenkamp, erhaltenes Kirchenquerschiff der ehemaligen Zisterzienserabtei

In der Durchführung der Einzeldetails wie den Bündelpfeilern oder den hohen, mehrfach abgetreppten Pfeilersockeln, die durch glasierte Backsteine eine besondere Betonung erhielten (Abb. 18), griff der Konvent jedoch auch auf bereits geschulte Baumeister der Umgebung zurück. In der nahen Hansestadt Stralsund kamen zeitgleich an den Bauhütten der großen Pfarrkirchen die fähigsten Baumeister zusammen. Sie setzten Architekturimpulse aus ganz Europa und im Besonderen aus der französischen Gotik mit dem neuen Baumaterial Backstein um.

Abb. 18: Neuenkamp, Reste der ehemaligen Pfeilersockel mit glasierten Backsteinen

1296 wurde von Neuenkamp aus eine Tochterniederlassung auf Hiddensee gegründet. Von der einstigen Anlage, die sich architektonisch wohl eng an der Mutterabtei Neuenkamp orientierte, sind heute keine Bauwerke mehr erhalten. Einzig archäologische Grabungen konnten den Standort und die bauliche Struktur dieses Zisterzienserklosters nachweisen. Es ist davon auszugehen, dass Baumeister aus der Bauhütte des Mutterklosters Neuenkamp und Werkleute aus dem nahen Stralsund eine Klosterkirche errichteten, die den Architekturausformungen der Zeit folgte und Anleihen aus den Bauhütten der großen Bauprojekte der Hansestädte aufnahm.

Ab der zweiten Hälfte des 14. Jahrhunderts begann man auch in Eldena, sich an der Pfarrkirchenarchitektur der aufstrebenden Hansestädte zu orientieren. So wurde das Langhaus verlängert und schließlich der flach schließende Chor abgerissen und durch einen polygonalen Chorschluss, ganz in der Tradition der Stadtpfarrkirchen, ersetzt (siehe Abb.

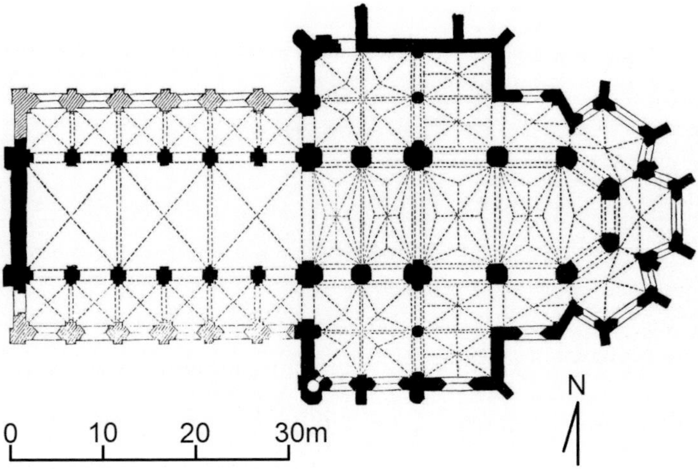

Abb. 19: Dargun, Grundriss der Klosterkirche

15 Artikel Klosterarchäologie). In Dargun wurden ab 1464 an der bestehenden Abteikirche ein neues Querschiff und ein Umgangschor mit drei polygonal vorspringenden Kapellen errichtet, nachdem man die älteren Bauteile abgerissen hatte (Abb. 19). Die Querschiffsjoche und der Binnenchor wurden mit Sterngewölben überfangen, analog zum Muster der Mutterabtei Doberan, wo Ende des 13. Jahrhunderts mit dem Bau eines Chors mit einem Kranz niedriger, ebenfalls polygonaler Kapellen begonnen wurde. Modell zu diesen für Zisterzienserkirchen ungewöhnlich aufwendigen Architekturbereichen war das ambitionierte Großbauprojekt am Chor der Lübecker Pfarrkirche St. Marien. Hier wurde unter dem Einfluss der französischen Kathedralgotik ein hoher, polygonaler Chorneubau errichtet, dessen Wände reich durchfenstert waren. Erstmals wurde auch das aufwendige Strebebogensystem der hochgotischen Vorbilder in den Backsteinbau übertragen. Diesem Beispiel folgend, entstanden an den Klosterkirchen Baubereiche, die von Werkleuten der

regionalen Bauhütten errichtet wurden und deren Architekturausführungen anderen Vorbildern verpflichtet waren. Die Bautraditionen der Zisterzienser und die vom Orden entwickelten Architekturkonzepte im Ostseeraum traten nun zugunsten einer sich außerhalb des Ordens vielfältig ausbildenden regionalen Stilentfaltung zurück.

Die treibende Kraft dieser facettenreichen Baukunst waren die wohlhabenden Kaufleute und Handwerker in den Städten. Sie hatten die ökonomischen Mittel, die Bauhütten an den großen Pfarrkirchen zu finanzieren. Es wurden Baumeister eingestellt, die die Wünsche nach repräsentativen und innovativen Architekturausführungen mit hoher technischer Präzision umsetzen konnten. Neben den Pfarrkirchen und den profanen Stadtbauten wie den Rathäusern kam mit den Bettelordenskirchen in der zweiten Hälfte des 13. Jahrhunderts ein weiterer Baubereich im städtischen Raum hinzu. 1251 trafen die Dominikaner auf Gründungsinitiative von Fürst Jaromar II. (*um 1218–†1260) in Stralsund ein, und drei Jahre später holte er auch die Franziskaner in die Stadt. Im selben Jahr 1254 siedelten die Dominikaner auf Betreiben des Herzogs Wartislaw III. (*um 1210–†1264) gleichfalls in Greifswald. 1262 kamen schließlich auch die Franziskaner nach Greifswald, nachdem die Mönche eine Hausstelle vom Grafen Jaczo II. von Gützkow (*1244–†1303) erhalten hatten. Standen die Gründungen dieser Niederlassungen noch unter landesherrlicher Förderung, so erhielten die Bettelorden binnen weniger Jahre einen regen Zuspruch von Seiten der wachsenden städtischen Bevölkerung, deren Eliten bald schon über größere fiskalische Mittel verfügten als der Landadel. Die Stiftungen, Spenden und testamentarischen Überschreibungen insbesondere der ratsfähigen Familien bildeten die ökonomische Basis der Konvente. Von den ehemaligen Klosteranlagen der beiden Bettelorden in Greifswald hat sich nur noch der ehemalige Bibliotheksbau der Franziskaner erhalten. Er war Teil des südlichen Konventsflügels. Um 1500 wurde dieses dreigeschossige Gebäude an der Stelle eines Vorgängerbaus errichtet (Abb. 20). Ebenfalls überdauert haben Terrakottafiguren, die Heilige darstellen (Abb. 21).

Abb. 20 Greifswald, ehemaliger
Bibliotheksbau der Franziskaner

Abb. 21: Greifswald, einstiger
Fassadenschmuck der Franziskanerklosteranlage in Form einer
Terrakottafigur in Mönchskutte

Abb. 22: Greifswald, ehemaliges Dominikanerkloster auf der Stadtansicht von Matthaeus Merian, 1652

Sie sind heute im Treppenhaus des Klosterbaus aufgestellt. Ursprünglich werden sie wohl eine der Fassaden des Klosters geschmückt haben. Diese eigentlich nicht regelkonforme Schmuckform für die Außenwand hat sich aufgrund der reformatorischen Ereignisse äußerst selten erhalten, sodass der Bestand in Greifswald zu den wirklich außerordentlich seltenen Zeugnissen mittelalterlicher Bauzier gehört. Vom Dominikanerkloster der Stadt zeugen nur noch wenige archäologische Reste. Bereits gegen Ende des 16. Jahrhunderts begann der Abriss der baufälligen Klosterkirche. Im 18. und 19. Jahrhundert wichen dann auch die Klausurbauten neuen Universitätsgebäuden. Eine Stadtansicht von 1652 zeigt noch die an der Stadtmauer errichtete Gesamtanlage mit der Klosterkirche, erkenntlich an ihrem Dachreiter, und den Klostergebäuden, die sich um einen quadratischen Innenhof gruppierten (Abb. 22).

Anders als in Greifswald haben die Klosteranlagen der Dominikaner und Franziskaner in Stralsund fasst vollständig die Zeiten überdauert. Einzig die Franziskanerkirche prägt als Ruine das heutige Stadtbild. Das ehemalige Dominikanerkloster ist eine der am besten erhaltenen monastischen Anlagen im Ostseeraum überhaupt und beherbergt in seinen Räumlichkeiten heute das »Deutsche Meeresmuseum« und das »Stralsund Museum«. Ab 1261 wurde die Anlage am südwestlichen Rand der Altstadt errichtet (Abb. 23). 1287 erfolgte die Weihe des Kirchen-

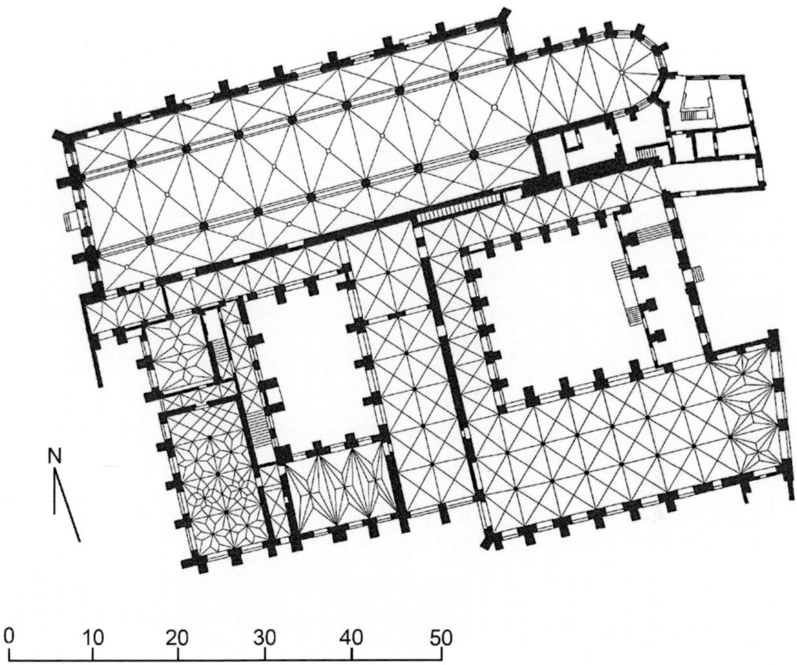

Abb. 23: Stralsund, Grundriss des Dominikanerklosters

chors sowie des östlichen Langhausbereichs der Hallenkirche durch den Bischof von Schwerin. Zu diesem Zeitpunkt waren auch Teile der sich südlich anschließenden Klausur errichtet. Bis 1317 erfolgte die Fertigstellung des Kirchenbaus. Um die Mitte des 15. Jahrhunderts erhielt die schlicht gehaltene Kirche nach Osten einen neuen Giebel mit einer dekorativen Gliederung durch fein gearbeitete, spitzbogige Blenden (Abb. 24). Diese Gestaltung stand im direkten Bezug zum Turm der St. Jakobikirche mit seinen maßwerkgeschmückten Blenden. In Sichtachse zueinander setzten beide Bauwerke einen besonderen städtebaulichen Akzent. Im Inneren der Klosterkirche wurden schlichte Achteckpfeiler errichtet, die im Gegensatz zu den reich strukturierten Bündelpfei-

Modernisierung
MEERESMUSEUM
ES WIRD

Abb. 25: Stralsund, Blick in das Langhausgewölbe

Abb. 26: Stralsund, Kapitelle im Chor der Dominikanerkirche

Abb. 24: Stralsund, Dominikanerkirche von Osten

lern der Pfarrkirchen betont zurückhaltend blieben (Abb. 25). Auch das Gewölbe ließ man von schlichten Konsolen abfangen. Nur im Chorbereich, der einzig den Mönchen vorbehalten war, wurden an den Konsolen einfache Blattornamente aufgelegt (Abb. 26). Der zweijochige Chor mit seinem polygonalen Schluss, den hochaufsteigenden Spitzbogenfenstern, die fast die gesamte Wandfläche einnehmen, folgte den zu diesem Zeitpunkt vielfältig entwickelten Ausformungen der Backsteingotik.

Nach Süden schließt sich an das Kirchenschiff die Klausuranlage an, die aus zwei Innenhöfen besteht (siehe Abb. 23). Der östliche Klausurbereich war den Mönchen vorbehalten. Der Kreuzgang und die weiteren Räumlichkeiten erhielten hier ein einheitliches einfaches Kreuzrippengewölbe. Der westliche Klausurbereich hingegen wurde vom städtischen Rat und den Vereinigungen der Kaufleute und Handwerker genutzt. Sie hielten hier Versammlungen ab und tätigten Rechtsgeschäfte. Entsprechend dieser öffentlichen und repräsentativen Nutzung waren die Räume mit schmuckreichen Gewölben überfangen. Wie im Kircheninnenraum, wo die städtischen Gruppen ihre Nebenaltäre mit eigenem Chorgestühl und Begräbnisplätzen in den Seitenschiffen platzierten und diese Raumbereiche schmuckreich ausgestalteten, nahmen sie auch großen Einfluss auf die architektonische Bauausführung im Klausurbereich. Und so entstanden trotz des Ordensanspruchs auf Armut und Demut aufwendige und variantenreiche Baulösungen innerhalb der Klosteranlage. Um 1500 wurde der große, dreischiffige Saal im Mönchsbereich nach Osten erweitert (Abb. 27). Diese Raumverlängerung um ein Joch mit ihrem Sterngewölbe stand wohl im Zusammenhang mit der Einberufung eines Provinzkapitels der Dominikaner im Jahr 1519 nach Stralsund. Dieses Großereignis wurde auch von den städtischen Institutionen wie dem Rat als Projektionsfläche für kommunale Repräsentation genutzt, und man stattete den ohnehin durch seine Größe architektonisch beeindruckenden Saal mit einem zusätzlichen Schmuckdetail aus.

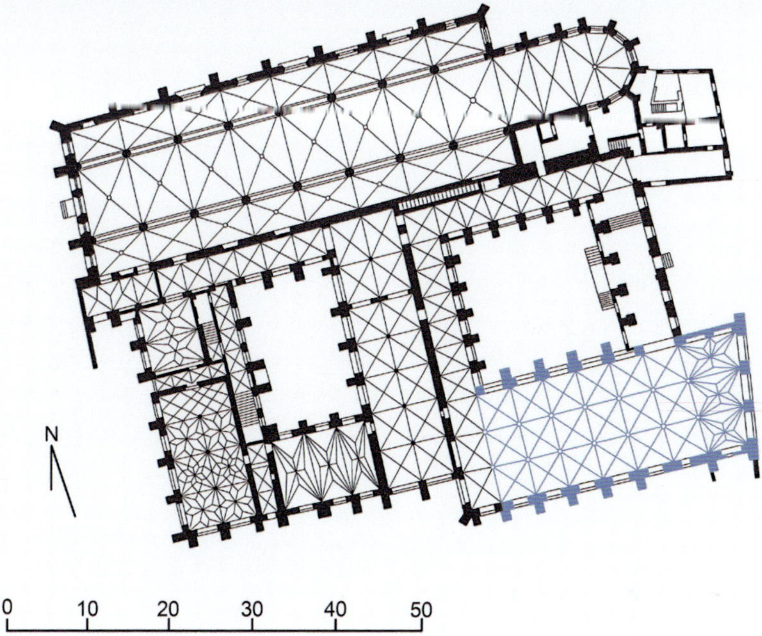

Abb. 27: Stralsund, großer Saal im Südflügel des Dominikanerklosters (blau)

Auch das Franziskanerkloster der Stadt genoss innerhalb der städtischen Bevölkerung ein hohes Ansehen. Die Klosterkirche diente neben der Predigt ebenfalls als vielgenutzter Begräbnisort. Ab 1250 erfolgten die Bauarbeiten. In der ersten Hälfte des 14. Jahrhunderts war der Kirchenbau wohl vollendet. In der Bauausführung folgte sie der Dominikanerkirche. Wie diese bildete sie eine dreischiffige Backsteinhalle mit einem einschiffigen, dreijochigen Chor, der ebenfalls einen polygonalen Schluss besaß (Abb. 28). Auch hier belichteten hoch aufgeführte Spitzbogenfenster den Innenraum (Abb. 29). Ein besonderes Schmuckdetail im Chor bildete das Spitzbogenportal zur Sakristei. Das reich gegliederte Gewände wurde mit glasierten Formsteinen besonders betont (Abb. 30). Bereits bei einem Brand 1624 wurde die Kirche aber schwer beschädigt. Der Chorbereich wurde wieder aufgebaut und als Pfarrkirche genutzt. Diese wurde jedoch im Zweiten Weltkrieg wiederum zerstört.

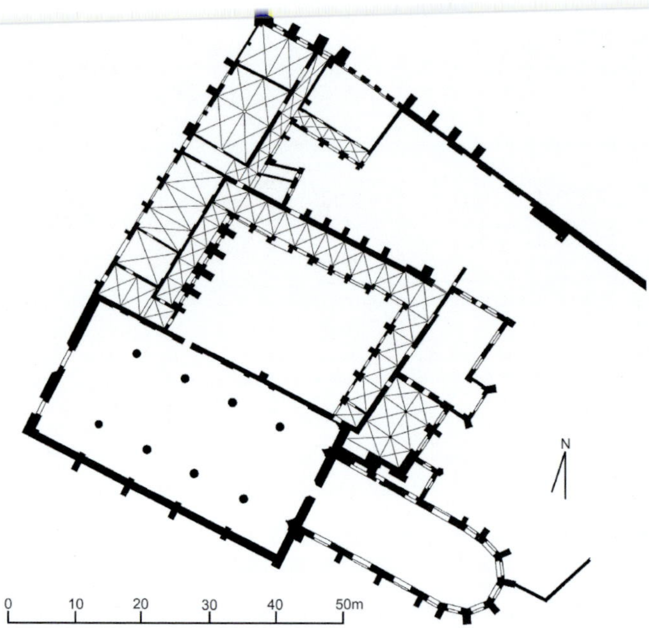

Abb. 28: Stralsund, Grundriss des Franziskanerklosters

Abb. 29: Stralsund, Ruine des Chors der Franziskanerkirche

Abb. 30: Stralsund, Portal im ehemaligen Chor der Franziskanerkirche zur Sakristei

Abb. 31: Stralsund, Kreuzganginnenhof des ehemaligen Franziskanerklosters

Vom Langhaus erhalten haben sich einzig die unteren Wandpartien der Umfassungsmauern. Im Gegensatz zur Kirche haben von der Klausuranlage, die mit der Kirche zusammen errichtet und bis zur Reformation 1525 immer wieder erweitert wurde, große Bereiche überdauert. Ein kreuzrippengewölbter Kreuzgang fasst den Innenhof auf drei Seiten ein (Abb. 31). Der Südflügel ging ebenfalls beim Brand 1624 verloren. Im Ostflügel befand sich direkt im Anschluss an den Chor die Sakristei (Abb. 32). Das mit floralem Rankenwerk bemalte Gewölbe ruht auf achteckigen Kalksteinsäulen. Die Wände waren einstmals reich bemalt. Erhalten haben sich eine Kreuzigungsszene mit den trauernden Figuren der hl. Maria und dem hl. Johannes sowie eine Darstellung der Stig-

Abb. 32: Stralsund, ehemalige Sakristei des Franziskanerklosters

Abb. 33: Stralsund, Franziskanerkloster, Portalsituation des ehemaligen Kapitelsaals

matisierung des hl. Franz von Assisi vom Anfang des 15. Jahrhunderts. Nach Norden folgte im Ostflügel der Kapitelsaal. Betreten wurde dieser über ein reich profiliertes Spitzbogenportal, das von zwei Fenstern begleitet wurde (Abb. 33). Im Westflügel, der bis an die Stadtmauer reicht, haben sich weitere gewölbte Räumlichkeiten erhalten. Er wurde wohl in Teilen auch von der städtischen Bevölkerung für Versammlungszwecke in Anspruch genommen, ähnlich der Raumnutzung der westlichen Klausurbauten im Dominikanerkloster. Im nördlichen Bereich des Flügels befindet sich ein gewölbter Saal, der sich ursprünglich über drei Joche erstreckte und eine aufwendige Ausgestaltung mit feingearbeiteten Kalksteinsäulen und Gewölbemalereien erhielt (Abb. 34).

Im Jahr 1272 gründeten die Dominikaner in Pasewalk eine weitere Niederlassung im Gebiet des heutigen Vorpommerns. Architektonisch ist von dieser Anlage oberirdisch nichts erhalten. Die Bezeichnung Klos-

Abb. 34: Stralsund, nördlicher Raum im westlichen Klausurflügel des ehemaligen Franziskanerklosters

terstraße gibt den ehemaligen Standort des Klosters an, und umfangreiche Grabungen brachten einen Teil der Fundamente der ehemaligen Klausurbauten ans Tageslicht.

Ebenfalls zu den Bettelorden gehörte der Orden der Augustiner-Eremiten, die ab 1304 im Stadtbereich von Anklam eine Niederlassung besaßen. Von den Bauten, die ab 1561 schrittweise abgebrochen wurden, ist ebenfalls nichts überliefert. Einzig die heutigen Straßenbezeichnungen Brüder- und Klosterstraße deuten die einstige Lage des Klosters im Stadtbild an. Ähnlich gibt auch die Straßennennung Große Mönchenstraße in Gartz an der Oder den Standort eines weiteren Augustiner-Eremitenklosters an.

Zeitparallel zu den Stiftungen der Bettelordensklöster in den Städten um die Mitte des 13. Jahrhunderts erfolgte durch Herzog Barnim I. (*um 1210/1218–†1278) 1260 die Gründung eines Augustiner-Chorherrenstifts vor den Toren Ueckermündes. Die Stiftsherren kamen aus dem Stift St. Victor in Paris, einem der wichtigsten spirituellen Zentren der damaligen Zeit. Von den Stiftsgebäuden in Ueckermünde hat sich nichts erhalten. Außerhalb der städtischen Kommunen erfolgte mit der Errichtung des Prämonstratenserstifts in Pudagla auf Usedom ein weiterer Großbau im 14. Jahrhundert. 1308 wurde das Stift von Grobe hierher verlegt, an den Ort, wo die Stiftsherren bereits umfangreichen Landbesitz besaßen. Von der Stiftsanlage haben bis heute nur wenige Reste vom Mauerwerk im heutigen Schlosskeller die Zeiten überdauert. Über das Aussehen dieser Niederlassung, in der zeitweise 14 Priester und fünf Konversen lebten, ist nichts weiter bekannt. Das Schloss selber wurde 1574 als Witwensitz aus den Steinen der ehemaligen Stiftskirche und den Klausurbauten errichtet.

In den Jahren 1456/57 erfolgte in Greifswald die Einrichtung eines Kollegiatstifts. Es handelt sich um die letzte Etablierung einer stiftischen Gemeinschaft vor der Reformation im heutigen Vorpommern. Im Zusammenhang mit der Gründung der Universität in Greifswald wurde die bereits bestehende Nikolaikirche zu einer Kollegiatskirche

Abb. 35: Greifswald, Langhaus im Dom St. Nikolai mit Blick nach Osten

erhoben. Bauliche Maßnahmen an der St. Nikolaikirche wurden im Zuge dieser Erhebung zur Kollegiatskirche nicht vorgenommen. Die urkundlich 1280 als Patronatskirche des Klosters Eldena genannte Kirche wurde gegen Ende des 13. Jahrhunderts als dreischiffige Hallenkirche vollendet. Zwischen 1380 und 1420 erfolgte der Umbau zu einer Basilika (Abb. 35). Der Chor wurde ausgebaut, und entlang des Langhauses entstanden gewölbte Kapellen für die zahlreichen Nebenaltäre, die mit reichen Wandmalereien geschmückt wurden (Abb. 36). Die in ihrer räumlichen Anordnung als Stadtpfarrkirche konzipierte Kirche nahm im Chorbereich das Chorgestühl der Stiftsherren auf, die hier zu festgelegten Tageszeiten das Chorgebet begingen und wo Festlichkeiten im Rahmen von offiziellen Veranstaltungen der Universität ausgerichtet wurden.

Abb. 36: Greifswald, Wandmalerei im Dom St. Nikolai, Pieta-Darstellung, Mutter Maria hält den Toten Christus in den Armen, die sieben Schwerter symbolisieren die sieben Schmerzen der hl. Jungfrau Maria, um 1480

Die Bauwerke der geistlichen Gemeinschaften prägten in vielfältiger Form die Architekturlandschaft im heutigen Vorpommern. Mit der Ansiedlung der Benediktiner und Zisterzienser kamen Bauleute ins Land, deren Großbauten den großen Vorbildern im Reich, in Frankreich und schließlich Dänemark folgten. So entstanden Kirchen, die trotz einer fehlenden regionalen Bautradition als bereits reife Architekturleistungen auf die folgende Bauentwicklung einwirkten und damit die regionale Architektur nachhaltig beeinflussten. Ordensbautraditionen, insbesondere die der Bettelorden, wirkten auf die zeitparallelen Bauvorhaben der großen Hansestädte im Bereich des Pfarrkirchenbaus und führten zu einer immer differenzierten Formensprache, die die Vielfalt der Backsteinarchitektur ausmachte.

ANDREAS KIESELER

WEIT MEHR ALS NUR MAUERN UND GRÄBER …

Klosterarchäologie in Vorpommern

Von den zahlreichen Klöstern, die in der historischen Region Pommern zwischen der Mitte des 12. Jahrhunderts und dem 15. Jahrhundert gegründet wurden, haben sich bis in unsere Zeit nur wenige erhalten. Einige Klosterbauten sind bereits im Mittelalter wieder untergegangen, da man die Konvente – wie jene der Benediktinerinnen von Altentreptow oder der Augustiner-Chorherren von Ueckermünde – an andere Orte verlegte und die ursprünglichen Gebäude abgetragen wurden oder einfach verfielen. Der eigentliche Niedergang der Klosterbauten setzte aber erst im fortgeschrittenen 16. Jahrhundert ein, nachdem man im Zuge der Reformation, die das Land an der Ostsee in den 20er und 30er Jahren jenes Jahrhunderts erreichte, sämtliche Klöster aufgelöst hatte.

In den meisten Fällen wurden die Klosteranlagen hernach zerstört. Am schlimmsten traf es zunächst die Klöster, die man teilweise oder gänzlich abtrug, um Baumaterial für die Errichtung herzoglicher Schlösser zu gewinnen, wie dies schon wenige Jahre nach der Reformation in Neuenkamp, heute Franzburg bei Stralsund, und in Pudagla auf Usedom geschah. Andere Klöster blieben zunächst erhalten und wurden – unter herzogliche oder städtische Verwaltung gestellt – in den folgenden Jahrzehnten und Jahrhunderten als Amtsgebäude, Armenhäuser, Schulen, Wohngebäude, Zeughäuser, Ställe, Scheunen und zu sonstigen profanen Zwecken genutzt, womit sich fast immer mehr oder minder umfangreiche Umbauten und Teilabrisse verbanden. Auch die Gebäude der

Nonnenklöster, für die man um die Mitte des 16. Jahrhunderts ein Weiterbestehen als evangelische Damenstifte beschlossen hatte, blieben nicht von Zerstörungen verschont. So fielen die Klausurtrakte des ehemaligen Zisterzienserinnenkonvents in Bergen auf Rügen durch die finanzielle Not des Stifts zunächst dem allmählichen Verfall anheim, um dann im 18. Jahrhundert durch neue Gebäude ersetzt zu werden. Andere Klosterkomplexe wurden keiner kontinuierlichen Nachnutzung zugeführt, verfielen allmählich und wurden im 18. oder 19. Jahrhundert dem Erdboden gleichgemacht. Das gilt z. B. für die beiden Dominikanerklöster in Greifswald und Pasewalk, die der Errichtung von Universitätsgebäuden bzw. einer preußischen Kavalleriekaserne im Wege gestanden hatten. Schwere Schäden entstanden auch durch Feuersbrünste, durch den Dreißigjährigen Krieg und im Zuge des Zweiten Weltkriegs, was natürlich nicht nur Klöster, sondern städtische Gebäude im Allgemeinen betraf. Zuweilen kam es in Pommern auch noch in jüngster Zeit zu Zerstörungen: So wurde ein mittelalterliches Gebäude des ehemaligen Prämonstratenserstifts in Pudagla erst in den 1980er Jahren abgerissen. Alles in allem ergibt sich für die pommerschen Klöster ein erheblicher Verlust an mittelalterlicher Bausubstanz, der sich für den hier zu betrachtenden vorpommerschen Raum (ohne Polen) in Zahlen, wie folgt, ausdrückt: Von den 17 großen, am Ausgang des Mittelalters noch erhaltenen Klosteranlagen hat sich nur eine – das Katharinenkloster der Dominikaner in Stralsund – mehr oder weniger vollständig erhalten, während acht nur teilweise bewahrt blieben (häufig die Kirchen) und acht Anlagen vollständig von der Erdoberfläche verschwunden sind (Abb. 1).

Durch die vergleichsweise starken Zerstörungen, die die in Vorpommern gelegenen Klöster im Laufe der letzten 500 Jahren erlitten, ist die Archäologie zu einer der wichtigsten Disziplinen bei der Erforschung der hiesigen »Klosterwelt« geworden. Abgesehen von kleineren Ausgrabungen der Vorkriegszeit und einigen Kampagnen der 1960er und 1970er Jahre hat die archäologische Klosterforschung besonders in den letzten drei Jahrzehnten an Intensität und Bedeutung gewonnen. Einer-

Abb. 1: Die zur Zeit der Reformation bestehenden Klosteranlagen im westodrischen Pommern (ohne Polen) und ihr heutiger Erhaltungszustand. Schwarz – annähernd vollständig erhalten; quer gestreift – teilweise erhalten; weiß – oberirdisch nicht erhalten; rote Umrandung – archäologisch erforscht

seits führten die nach der politischen Wende von 1989/90 einsetzenden Altstadtsanierungen und die verstärkte Bautätigkeit in den Städten zu zahlreichen archäologischen und bauhistorischen Untersuchungen der »Stadtklöster«, was insbesondere für die Bettelordensklöster in Stralsund, Greifswald und Pasewalk gilt. Andererseits gerieten in den letzten

Abb. 2: Grobe im Süden der Stadt Usedom, Ausgrabungen auf der Landzunge »Priesterkamp«, dem Standort des Prämonstratenserstifts

Jahren auch die »Feldklöster«, also jene Anlagen, die nicht in den mittelalterlichen Städten gegründet worden waren, in den Fokus der regionalen Klosterarchäologie, so z. B. die zisterziensischen Abteien von Eldena bei Greifswald und auf der Insel Hiddensee sowie das prämonstratensische Stift in Grobe auf Usedom (Abb. 2). So gibt es in Vorpommern mittlerweile eine bedeutende Anzahl an archäologischen Ausgrabungen, die nicht nur zur Lage, Größe und Architektur der untergegangenen Klosteranlagen Auskunft geben, sondern auch zur materiellen Ausstattung und dem Lebensalltag ihrer Bewohner, zu Bestattungsformen, zu den wirtschaftlichen Grundlagen, zur Religiosität und anderem mehr. Dabei spielen bei der Auswertung der Grabungsergebnisse häufig auch andere Forschungsdisziplinen eine wichtige Rolle, z. B. die Numismatik (Münzkunde) oder anthropologische Untersuchungen an den Skeletten der im Klosterareal Bestatteten.

Archäologische Standortsuche

Besonders wichtig sind archäologische Forschungen natürlich dort, wo von den Klöstern oberirdisch nichts mehr vorhanden ist und wir heute nicht einmal mehr wissen, wo genau sie eigentlich gestanden haben. Denn selbst wenn Schriftquellen über die Geschichte eines verschwundenen Klosters und etwa auch davon berichten, dass dieses z.B. an der Stadtmauer lag, ist dessen Lokalisierung ohne oberirdische Baureste nicht sicher möglich. Auch mithilfe neuzeitlicher Stadtansichten, auf denen die Klostergebäude eingezeichnet sind, oder auf Grundlage von heutigen Flur- und Straßennamen wie »Klosterberg«, »Mönchsstraße« oder »Brüdergasse« lässt sich die Lage einer verschollenen Klosterstätte zumeist nur ungefähr bestimmen.

Dies war bis vor Kurzem für das 1272 in Pasewalk gegründete Dominikanerkloster St. Peter und Paul der Fall, das bei Einführung der Reformation in Pommern aufgelöst worden und schon zu Beginn des 18. Jahrhunderts nur noch eine Ruine war, die dann im 19. Jahrhun-

Abb. 3: Stadtansicht von Pasewalk auf der Lubinschen Karte, hervorgehoben ist das Dominikanerkloster

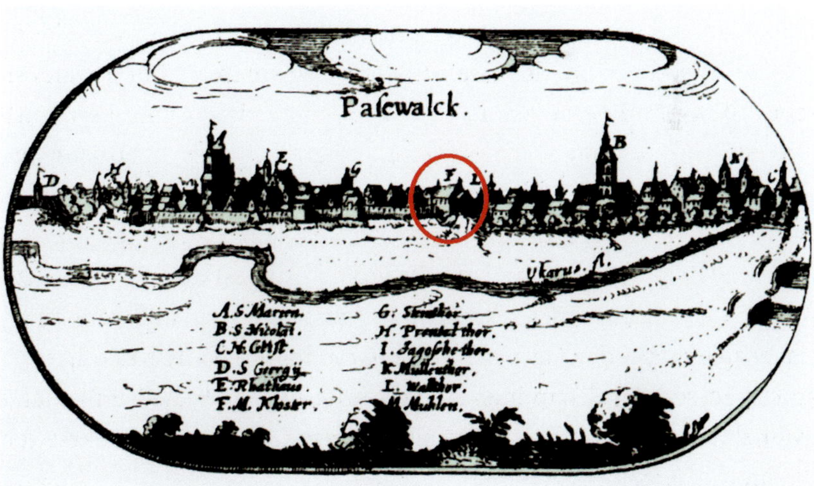

dert bei der Errichtung eines preußischen Exerzierplatzes gänzlich verschwand. Zwar ist das Kloster in der Pasewalker Stadtansicht auf der zwischen 1610 und 1618 angefertigten »Lubinschen Karte« noch zu sehen (Abb. 3), doch gaben nur der im Westen der Stadt gelegene »Klosterplatz« und die heute quer durch Pasewalk verlaufende »Klosterstraße« einen ungefähren Anhaltspunkt zu seiner Lage. Zur Wiederentdeckung des Klosters kam es dann bei archäologischen Ausgrabungen im Vorfeld des Umbaus des Amtsgerichts in den frühen 2000er Jahren. Dabei stieß man u. a. auf zahlreiche mittelalterliche Bestattungen, die offenbar im Verlauf eines viereckigen Rings und somit im Kreuzgang eines Klosters angelegt worden waren, sowie auf eine für mittelalterliche Klöster ebenso charakteristische Warmluftheizung aus Back- und Feldsteinen, die zur Beheizung eines Raums im Westflügel der Klausur gedient hatte (Abb. 4).

Abb. 4: Pasewalk, bei den Ausgrabungen am Amtsgericht freigelegte Befunde des Klosters

Abb. 5: Altentreptow, bei den Ausgrabungen von 2009 freigelegte Feldsteine und Ausbruchgruben des Fundaments der Apsis der ehemaligen Klosterkirche auf dem »Klosterberg«

Ein ganz ähnliches Beispiel liegt mit dem Altentreptower »Klosterberg« vor, einer markanten Anhöhe im Norden der heutigen Altstadt. Der Flurname und einige an der Kante des Hügels hervortretende, als Fundamentreste eines massiven Gebäudes angesprochene Feldsteine hatten schon seit Langem Anlass zu der Vermutung gegeben, dass sich hier das schon am Ende des 12. Jahrhunderts von zwei slawischen Adeligen gestiftete Marienkloster der Benediktinerinnen erhoben habe, bevor es dann aus uns unbekannten Gründen nach wenigen Jahren an einen anderen Ort verlegt wurde. Ein sicherer Nachweis hierfür ließ sich dann im Jahre 2009 erbringen, als man bei einer kleinen Ausgrabung den östlichen Teil des Grundrisses einer einfachen Feld- und Backsteinkirche freilegen konnte (Abb. 5), die den Nonnen als Klosterkirche gedient hatte.

In manchen Fällen lassen sich archäologische Hinweise auf ehemalige Klosterstandorte auch ohne den Einsatz von Spaten und Schaufel gewinnen. Eine Möglichkeit stellen sogenannte Flurbegehungen oder Oberflächensurveys dar, bei denen man ein bestimmtes Gelände – im Idealfall brachliegende Felder und andere vegetationsfreie Flächen –

Abb. 6: Franzburg, die heutige Pfarrkirche ist das südliche Querhaus der ehemaligen Zisterzienserkirche von Neuenkamp, von Nordosten

systematisch abschreitet, die an der Oberfläche liegenden Funde aufsammelt und deren Lage einmisst, wobei bei diesen Suchaktionen heutzutage fast immer auch Metalldetektoren zum Einsatz kommen. Lässt sich dabei in einem kleineren Areal eine größere Zahl an Fundstücken derselben Zeitstellung ermitteln, kann diese Fundkonzentration Hinweis auf einen archäologischen Fundplatz, also z. B. eine Siedlung, ein Gräberfeld oder eben auch ein verschollenes Kloster sein. Auf diese Weise ließ sich vor einigen Jahren eine ältere Theorie zum ursprünglichen Standort des Zisterzienserklosters Neuenkamp untermauern. Denn das 1231 gegründete Kloster wurde erst im späten 13. Jahrhundert an die Stelle verlegt, wo am Ausgang des 16. Jahrhunderts die Stadt Franzburg entstand und sich noch heute ein Querhaus der Klosterkir-

Abb. 7: Facharchäologen und ehrenamtliche Denkmalpfleger bei der Suche nach Oberflächenfunden auf einem Acker in der Nähe von Franzburg

che erhebt (Abb. 6). Nach der erwähnten Theorie, die im Wesentlichen auf der Auswertung von historischen Quellen, einigen Flurnamen und Funden mittelalterlicher Feld- und Ziegelsteine basierte, lag der Ursprungsbau der Zisterzienser knapp 2 km nordöstlich von Franzburg auf einer flachen Kuppe im Osten des Richtenberger Sees. Bei den vom Landesamt für Kultur und Bodendenkmalpflege Mecklenburg-Vorpommern von 2016 bis 2018 durchgeführten Feldbegehungen (Abb. 7) fanden sich dann im Bereich des mutmaßlichen Klosterstandorts die erhofften Spuren – und zwar nicht nur in Form einer größeren Menge an Backsteinbruch und zahlreichen Fragmenten von Glasfenstern, die ja nicht unbedingt von einem Kloster stammen müssen, sondern in Gestalt durchaus »klosterspezifischer« Kleinfunde. Zu diesen gehören ei-

Abb. 8: Neuenkamp I, das bei Prospektionen auf einem Acker östlich des Richtenberger Sees, dem ersten Standort des Zisterzienserklosters Neuenkamp, gefundene Papstsiegel (Breite: 36 mm)

nige metallene Verschlüsse und Beschläge von Büchern, die mit hoher Wahrscheinlichkeit mit der klösterlichen Bibliothek in Verbindung zu bringen sind, sowie zwei Fragmente eines päpstlichen Bleisiegels mit der Aufschrift »BONI FATIUS PP VIII« (Abb. 8), also von Papst Bonifatius VIII. (amt. 1294–1303). Mit dieser Fundkonzentration und den besonderen Kleinfunden liegt also ein starkes Indiz dafür vor, dass die ältere Theorie richtig ist und sich der erste Klosterbau der Zisterzienser, Neuenkamp I, an dieser heute unscheinbaren Stelle befand.

Eine andere Möglichkeit der »nicht-invasiven«, also ohne Eingriffe in den Boden durchgeführten Untersuchung bilden geophysikalische Prospektionen, bei denen man mithilfe eines mobilen Messgeräts, das über die zu untersuchende Fläche getragen oder gezogen wird, das örtliche Magnetfeld (Geomagnetik) oder den elektrischen Widerstand des Bodens (Geoelektrik) misst, um Grundrisse und andere Strukturen von ehedem gegebenenfalls vorhandenen Gebäuden und anderen massiven Baubefunden in einem Messbild sichtbar zu machen. Erfolgreich zur Anwendung kamen diese Methoden z. B. bei der Suche nach dem Standort des um 1155 gestifteten Prämonstratenserstifts Grobe auf Usedom, das neben dem Kloster von Stolpe an der Peene das älteste monastische Institut Pommerns war. Die Lage des Stifts, das man schon zu Beginn des

Abb. 9: Grobe im Süden der Stadt Usedom, Geomagnetikplan von der Flur »Priesterkamp«, in welchem die vermutlichen Fundamente (rot) und Gräben (blau) eingezeichnet sind. Im Osten der untersuchten Fläche ist das Geviert aus der Stiftskirche im Süden und den drei anschließenden Klausurtrakten im Norden gut zu erkennen

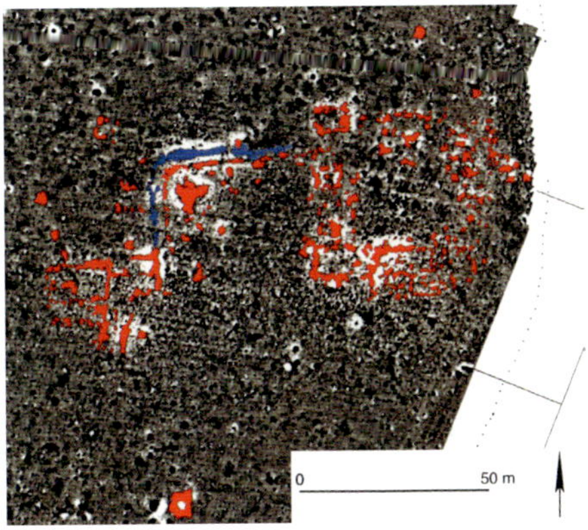

14. Jahrhunderts nach Pudagla verlegt hatte, war lange unbekannt und wurde vor allem im Umfeld der slawischen Burg von Usedom gesucht, die im 11. und 12. Jahrhundert ein bedeutendes politisches und wirtschaftliches Zentrum im Odermündungsraum bildete. Schon der Pommernmissionar Bischof Otto von Bamberg (*um 1160–†1139) hatte in Usedom eine erste Kirche gegründet. Nachdem man 1997 bei Ausgrabungen auf der etwa 1 km südlich des Burgwalls »Bauhof« gelegenen Flur »Priesterkamp« auf Feldsteinmauern und Gräber gestoßen war, wurde die Fundstelle 2001 großflächig geomagnetisch prospektiert. In dem Geomagnetikplan (Abb. 9) zeichneten sich deutliche Strukturen ab, die als ein klosterartiger Grundriss mit schmaler Saalkirche und im Norden anschließender Klausur sowie mehreren Nebengebäuden im Westen und Südwesten zu interpretieren waren. Dass man hier auf das Stift der Prämonstratenser gestoßen war, bestätigte sich dann bei einer größeren Ausgrabungskampagne, bei der die Fundamente der geomagnetisch erfassten Kirche und zahlreiche Gräber des späteren 12. und 13. Jahrhunderts erfasst werden konnten (Abb. 10) – der Standort der Niederlassung war damit wiederentdeckt.

Solche archäologischen Erfolgsgeschichten ließen sich in Zukunft sicher auch noch über andere pommersche Klosterstandorte schreiben,

Abb. 10: Grobe im Süden der Stadt Usedom, bei den Ausgrabungen 2010 freigelegtes Steinfundament der in der zweiten Hälfte des 12 Jhs. errichteten Kirche sowie mehrere Bestattungen des 12. bis 14./15. Jhs.

etwa über das 1310 in Anklam errichtete Kloster der Augustiner-Eremiten, das 1530 durch Blitzschlag beschädigt wurde und dessen Steine schon in den Jahren darauf für den Bau von Universitätsgebäuden nach Greifswald transportiert worden sein sollen. Auf der Lubinschen Stadtansicht von 1618 bereits nicht mehr zu sehen (Abb. 11), soll es nach älteren Informationen an der Stadtmauer gelegen haben, im Verlauf der noch heute bestehenden Brüderstraße; doch wo genau, ist nach wie vor unbekannt. Noch schwieriger zu finden dürften die beiden »Etappenstandorte« des insgesamt dreimal verlegten Benediktinerinnenklosters von Altentreptow sein. Das um 1200 gegründete Kloster wurde noch vor 1239 nach »*Cladessowe*«, also in das nördlich von Altentreptow gelegene Dorf Klatzow verlegt, zog dann schon 1245 auf die »*insula Sancte Marii*« bei Verchen um, bei welcher es sich vermutlich um eine inselartige Erhebung im Tal der Peene handelte, und wurde schließlich 1269 nach Verchen verlegt, wo es bis zu seiner Auflösung im Jahre 1534 Bestand haben sollte. Trotz der nur kurzen Aufenthalte der Nonnen in

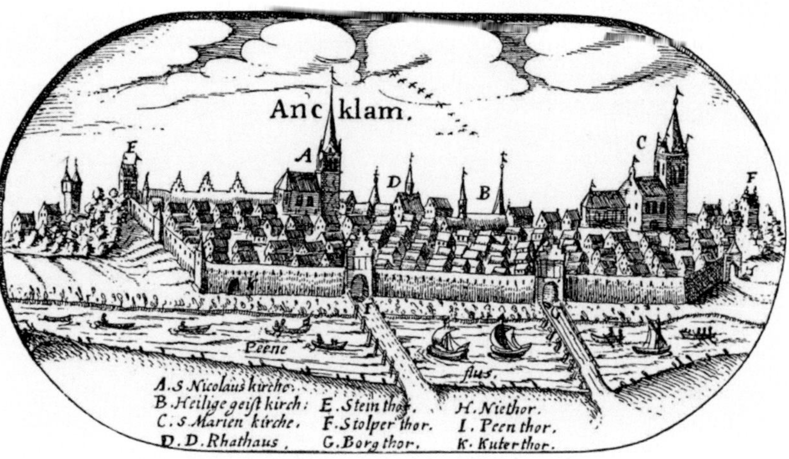

Abb. 11: Stadtansicht von Anklam auf der Lubinschen Karte. Das Kloster der Augustiner-Eremiten ist hier nicht mehr zu sehen

Klatzow und auf dem »Marienwerder« könnten sich von den dort errichteten Klostergebäuden durchaus Spuren im Boden erhalten haben, die mit archäologischen Methoden aufzuspüren sind. Dass gerade in den heute eng bebauten Städten auch kleinflächige Ausgrabungen zum Auffinden der Klöster führen können, zeigen das genannte Pasewalker Beispiel und die in den 1990er Jahren in Gartz an der Oder (Brandenburg) durchgeführten Grabungen, bei denen man wahrscheinlich auf die Überbleibsel eines Klosters – in Gestalt von Mauerfundamenten und einigen Gräbern – gestoßen ist. Ob es sich bei diesen jedoch um Gebäudereste der Augustiner-Eremiten oder eines in Gartz ebenfalls ansässigen Nonnenklosters handelt, ist bislang nicht sicher zu entscheiden (Abb. 12). Ebenso spannend sind vor Kurzem durchgeführte Rettungsgrabungen in der Tribseer Vorstadt in Stralsund, wo von 1421 bis zur Reformation das Birgittenkloster Mariakron bestand. Mittelalterliche Mauerreste, die womöglich zu dem am Beginn des 17. Jahrhunderts völlig abgetragenen Klosters gehörten, waren dort schon um 1900 bei Bau-

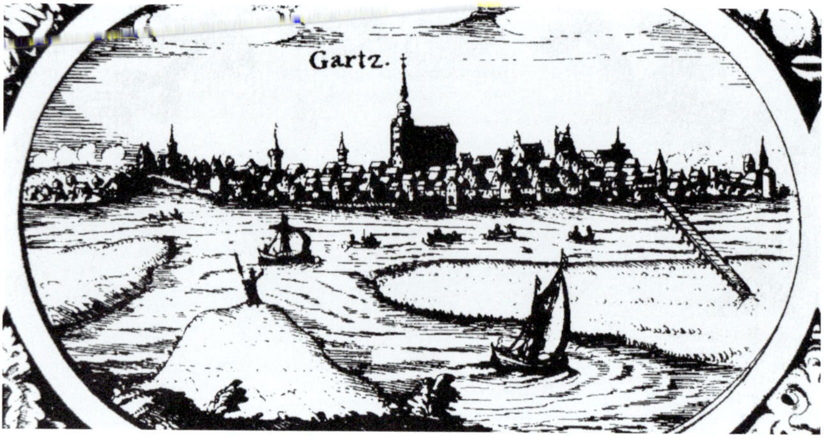

Abb. 12: Stadtansicht von Gartz an der Oder auf der Lubinschen Karte. Die Lage der beiden städtischen Klöster lässt sich auf Grundlage dieser Ansicht nicht sicher bestimmen

arbeiten gefunden worden. Einen weiteren wichtigen Hinweis auf den Standort des Klosters in diesem Bereich lieferten nun Ausgrabungen, bei denen der Ausschnitt eines dicht belegten Friedhofs der Kloster- und Nachklosterzeit mit über 700 Gräbern freigelegt wurde (Abb. 13). Dieser dürfte sich direkt bei der Klosterkirche befunden haben.

Aufbau eines Zisterzienserklosters

Besonders interessante Ergebnisse zum Aufbau und zur Anlageform untergegangener pommerscher Klöster erbrachten archäologische Forschungen zu den Niederlassungen der Zisterzienser. Für die Mitglieder des an der Wende vom 11. zum 12. Jahrhundert in Burgund aus dem Orden der Benediktiner hervorgegangenen Reformordens, der zu den ursprünglichen Idealen klösterlichen Lebens nach den Regeln des hl. Benedikts (*480–†547) zurückkehren wollte, war ein abgeschiedenes Gemeinschaftsleben nach dem Grundsatz »*ora et labora*« – bete und arbeite – verpflichtend. Der rasch im gesamten westlichen Europa an enormer Popularität gewinnende Orden wurde ab der zweiten Hälfte

Abb. 13: Stralsund, Ausgrabungen auf einem in der Tribseer Vorstadt entdeckten mittelalterlich-neuzeitlichen Friedhof, bei denen in einem kleinen Ausschnitt etwa 700 Gräber freigelegt wurden. Der Friedhof gehörte zeitweise zum Birgittenkloster Mariakron

des 12. Jahrhunderts auch von den pommerschen Herzögen und den Rügenfürsten ins Land gerufen. Dies geschah weniger mit dem Ziel der – gerade erst begonnenen – Christianisierung ihrer Herrschaftsgebiete als vielmehr im Rahmen des von ihnen betriebenen Landesausbaus, der vor allem durch den Zuzug deutscher Siedler zur Erschließung und Kultivierung und somit zu einem wirtschaftlichen und kulturellen Gedeihen ihrer Länder führen sollte. Gerade die straff organisierten und wirtschaftlich fortschrittlichen Zisterzienser waren hierfür hervorragend geeignet, da diese im großen Umfang Wälder rodeten, Einöden in landwirtschaftliche Nutzflächen umwandelten und mit der Gründung von Dörfern die Aufsiedlung karger Landstriche vorantrieben. Die erste Zisterzienserabtei im heutigen Vorpommern entstand 1199 in Eldena und wurde mit Mönchen aus dem an der mecklenburgisch-pommerschen Grenze gelegenen Kloster Dargun – eine Tochter der dänischen Abtei Esrom (Esrum) – besetzt, die von dort hatten fliehen müssen. Die zweite Gründung war das 1231 im Süden Richtenbergs errichtete Kloster Neuenkamp, dessen Konvent aus dem am Niederrhein gelegenen Kloster Kamp zuzog.

Das dritte Kloster war eine Tochtergründung Neuenkamps, die 1296 auf der kleinen Insel Hiddensee entstand. Alle drei Anlagen waren Gründungen der drei Rügenfürsten Jaromar I. (*vor 1141–†vor 1218), Wizlaw I. (*um 1180–†1249) und Wizlaw II. (*um 1240–†1302).

Wie bei fast allen Zisterzienserabteien erfolgte auch die Anlage der drei genannten Klöster streng nach den Ordensstatuten. Eine der Grundbedingungen – das Kloster war an einem abgeschiedenen Ort zu gründen – war in dem im 13. Jahrhundert nur dünn besiedelten Fürstentum Rügen leicht umzusetzen, insbesondere auf der kargen, wohl nur von einigen Fischern bewohnten Insel Hiddensee. Aber auch die Abteien von Eldena und Neuenkamp wurden in siedlungsarmen Gegenden errichtet, letztere allerdings in der Nähe einer Saline, die von den einheimischen Slawen wohl schon des Längeren zur Salzgewinnung genutzt wurde. Großen Wert legte man bei der Platzwahl außerdem auf die Nähe eines Wasserlaufs – eine Voraussetzung, die im Falle Eldenas mit dem nahen Ryck, in Neuenkamp II mit der Blinden Trebel und womöglich auch in Neuenkamp I mit dem Schleusengraben gegeben war. Ob es zur Gründungszeit des Klosters auf Hiddensee auch dort einen kleinen Bach gab, ist nicht bekannt.

Aufbau und Anlageform der Zisterzienserklöster waren sehr einheitlich und erfolgten nach einem »zisterziensischen Idealplan«, mit dem man sich an ein älteres Klosterbauschema der Benediktiner anlehnte. Nach diesem Plan hatten die zentralen Klosterbauten aus einer schlichten, dreischiffigen, turmlosen Kirche mit Querhaus und einer sich nach Möglichkeit im Süden anschließenden Klausur zu bestehen, deren drei länglich-schmale Gebäude einen rechteckigen Hof mit Kreuzgängen umschlossen. Oberirdisch erhaltene Gebäudeteile, bauhistorische Untersuchungen, geophysikalische Prospektionen und archäologische Befunde – vor allem Steinfundamente (Abb. 14), ausgenommene Fundamentgräben und Bodenpflasterungen aus Backsteinen und Fliesen – lassen erkennen, dass diesem Grundprinzip entsprechend auch die Zisterzen im Fürstentum Rügen errichtet wurden: In Eldena war im

Abb. 14: Hiddensee, die massiven Feldsteinfundamente der Klosterkirche

13. und 14. Jahrhundert in mehreren Bauphasen ein beeindruckender, aus Feld- und rot leuchtenden Backsteinen errichteter Gebäudekomplex entstanden, zu dem eine ca. 80 m lange Kirche mit einem 32 m langen Querschiff und polygonal abschließendem Chor sowie eine südlich anschließende rechteckige Klausur von 60 x 50 m Ausdehnung gehörten (Abb. 15a). Noch gewaltiger dürfte das Kloster Neuenkamp im heutigen Franzburg gewesen sein, von dem sich heute nur noch der südliche Querarm der zwischen 1280 und 1340 errichteten Kirche erhalten hat. Hier stand ursprünglich ein gewaltiger kreuzförmiger Bau von insgesamt 90 m Länge und 50 m Breite (Querhaus), an den sich im Süden eine große Klausur von vermutlich etwa 80 x 60 m Gesamtfläche anschloss

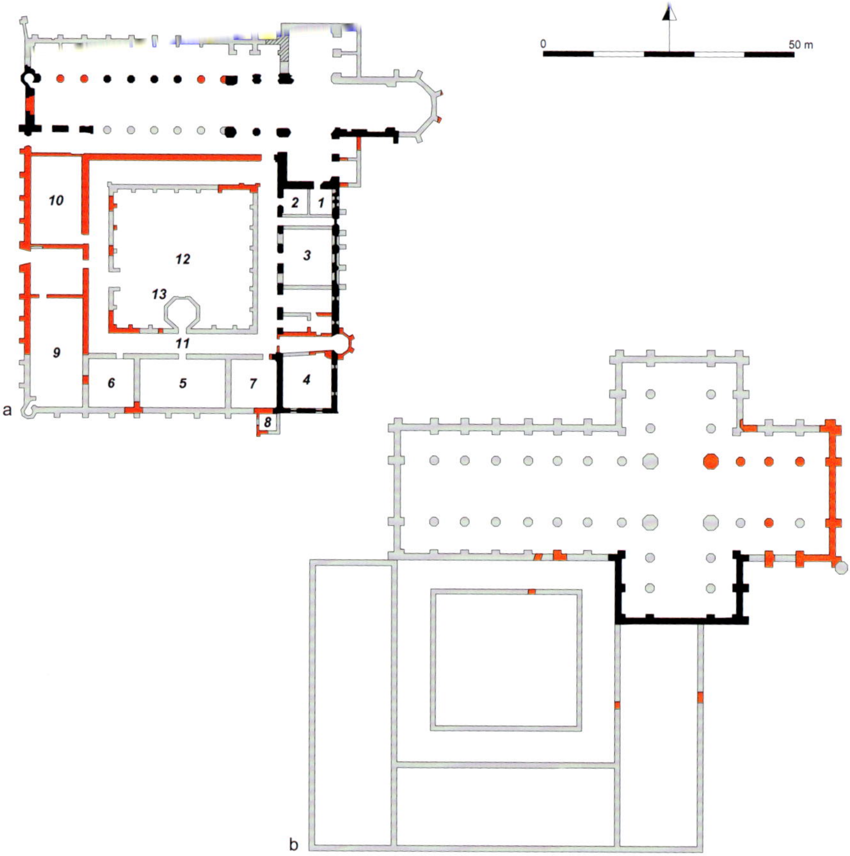

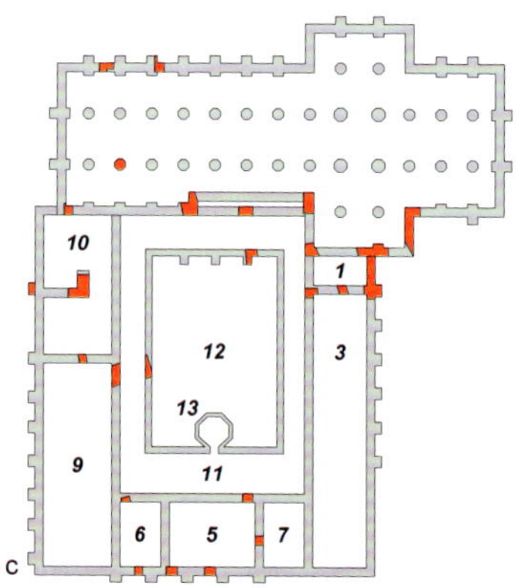

Abb. 15: Die auf Grundlage archäologischer Untersuchungen rekonstruierten Grundrisse (grau) der Zisterzienserklöster Eldena (a), Neuenkamp II in Franzburg (b) und Kloster auf Hiddensee (c) mit den nachgewiesenen Mauern und Fundamenten (rot), den heute noch erhaltenen aufgehenden Gebäudeteilen (schwarz), den in den 1920er Jahren in Eldena oberirdisch noch bewahrten Bauresten (Schrägraster) sowie der Markierung der einzelnen Klausurbereiche (1–13, Erklärung im Text)

(Abb. 15b). Mit nur etwa 50 m Länge und 30 m Breite (Querhaus) war die ab 1296 errichtete Klosterkirche auf Hiddensee wesentlich kleiner als die in Neuenkamp, und auch der dortige Klausurbereich mit Kreuzgang und Kreuzgarten fiel etwas bescheidener aus (Abb. 15c), worin die größere Bedeutung des Mutterklosters Neuenkamp gegenüber der Tochtergründung auf der abgelegenen Insel deutlich wird.

Soweit es die archäologisch erforschten Bereiche dieser Anlagen zeigen, scheint auch die funktionale Aufteilung der Klosterbauten im Wesentlichen den allgemein üblichen Standards des Ordens entsprochen zu haben. Im Erdgeschoss des Ostflügels, dem eigentlichen Mönchshaus, befand sich ganz im Norden – in direkter Nachbarschaft zur Kirche und mit dieser durch einen Durchgang verbunden – für gewöhnlich die Sakristei (Abb. 15.1), in der das liturgische Gerät für die Messen aufbewahrt wurde. Auf Hiddensee zeigte sich im nördlichen Teil des Osttrakts eine quer verlaufende Trennwand, die die dortige Sakristei vom restlichen Flügel abtrennte. In Eldena bestand dieser Bereich aus zwei etwa gleich großen Räumen: der von der Kirche aus zu betretenden Sakristei und dem vom Kreuzgang aus erreichbaren Armarium (Abb. 15.2; heute zugemauert), in dem die Bücher aufbewahrt wurden. Südlich davon folgte der wichtigste Raum der Klausur – der Kapitelsaal (Abb. 15.3), in dem die Versammlungen des Konvents stattfanden. In Eldena lag dieser 10 x 10 m große Saal südlich eines schmalen Durchgangs. Er war durch ein kleines Portal auf der Westseite zu betreten, das – wie bei Kapitelsälen im Allgemeinen üblich – von zwei großen Fenstern flankiert wurde. Von der Ausstattung des Versammlungssaals haben sich steinerne Sitzbänke erhalten, die man umlaufend an die Wände gesetzt hatte. Während auf Hiddensee der südliche Teil des Ostflügels nicht untersucht wurde, gaben sich in Eldena noch weitere Räumlichkeiten zu erkennen, wobei der große Saal ganz im Süden des Trakts gegebenenfalls als Parlatorium (Abb. 15.4), also als Raum für Gespräche mit den Gästen des Klosters, genutzt wurde. Darüber hinaus befand sich im Obergeschoss des Ostflügels stets der Schlafsaal der Mönche (Dormitorium), in den man über eine Treppe direkt aus der Kirche oder aus dem Untergeschoss des Ostflügels gelangen konnte.

In dem sich anschließenden Südflügel befand sich für gewöhnlich das Refektorium (Abb. 15.5) – wie der Kapitelsaal ebenfalls ein großer, lichtdurchfluteter Raum, in welchem die Mönche gemeinsam ihre Mahlzeiten einnahmen. In vielen Zisterzienserklöstern war dieser längliche Saal quer in den Südflügel gesetzt worden, um mehr Platz für andere Räumlichkeiten zu haben, und womöglich auch, um bessere Lichtverhältnisse zu schaffen. Bei den hiesigen Zisterzen kam dieses Prinzip jedoch nicht zur Anwendung. Hier lagen die Speisesäle in der Längsflucht des Südflügels. Auf Hiddensee wurde wahrscheinlich die Ostwand des Refektoriums entdeckt, sodass sich hier – bei symmetrischer Raumanordnung – ein 11 m langer und 8,5 m breiter Saal rekonstruieren lässt. Im Südflügel, der teils unterkellert sein konnte, befanden sich auch die Küche (Abb. 15.6) und Vorratsräume, außerdem der Wärmeraum (Calefaktorium) (Abb. 15.7), der mittels einer Warmluftheizung erwärmt werden konnte.

Die Wärmestube war in der Regel der einzige beheizbare Raum eines Klosters und wurde u.a. zum Trocknen von Tinte und Kleidung, zum Einfetten von Schuhen und ähnlichen Tätigkeiten, aber auch als Aufenthaltsraum an kalten Tagen genutzt. Warmluftheizungen kamen in Norddeutschland ab dem 12. Jahrhundert auf und wurden vor allem in Klöstern und Spitälern, aber auch in Privathäusern wohlhabender Bürger installiert. Sie basierten auf dem Prinzip des Wärmetransports durch Luftströmung: In der sich unterhalb des zu beheizenden Raums befindlichen Brennkammer wurde ein Feuer entzündet, durch welches sich die darüber gestapelte Feldsteinpackung erhitzte. Nach Erlöschen des Feuers wurden die Brandreste aus der Kammer geräumt und die Kanäle geöffnet, die von der Heizkammer in den zu beheizenden Raum führten. Nun strömte frische Luft durch die Brennkammer, erwärmte sich an den heißen Steinen und stieg als rauchfreie Warmluft in den darüber liegenden Raum auf. Derartige Installationen sind in Vorpom-

Abb. 16: Pasewalk, im Westflügel des Dominikanerklosters befand sich eine Warmluftheizung. Rechts in dem schmalen Kellerschacht sind die Reste der länglichen, aus Backsteinen errichteten Brennkammer zu sehen

mern bislang nur von wenigen Klöstern bekannt, vor allem aus jenen der Stralsunder Bettelmönche. Eine gut erhaltene Heizanlage wurde 2003 auch unter dem Westflügel des Pasewalker Dominikanerklosters St. Peter und Paul entdeckt (Abb. 16). Aber auch in den Zisterzienserklöstern von Eldena und Hiddensee ist man bei Altgrabungen im Bereich der Südflügel auf verrußte Keller gestoßen, die sicherlich zu solchen Heizanlagen gehörten (Abb. 15.8).

Der im Westen gelegene Flügel war den Konversen oder Laienbrüdern vorbehalten. Diese waren – anders als die Mönche – nicht geweiht und im Wesentlichen für die körperlichen Arbeiten in den Werkstätten und auf den Klostergütern zuständig. Sie lebten getrennt von den Mönchen, hatten im Normalfall keinen Zugang zum Kreuzgang und nahmen auch nicht an den Versammlungen im Kapitelsaal teil. Auf Hiddensee und wohl auch in Eldena war ihr Flügel in mehrere Räume gegliedert.

Im Süden befanden sich wahrscheinlich der Speisesaal (Abb. 15.9), im Norden Arbeits- und im Keller Vorratsräume (*cellaria*) (Abb. 15.10).

Ein zentraler Bestandteil der Klausur war der den Klosterhof umgebende Kreuzgang (Abb. 15.11), der den Mönchen als Verbindungsweg zwischen Kirche und den einzelnen Klausurflügeln diente, aber auch zu Fußwaschungen (auf der Kirchenseite) und feierlichen Prozessionen genutzt wurde. Diese Galerien waren vom Klosterhof durch eine mit großen Fensterbögen durchbrochene Wand getrennt und mit einfachen Pultdächern überdeckt, wie dies auch Mauerbefunde an allen drei Standorten belegen. Bei einigen Klöstern – etwa in Hiddensee, aber auch bei den Zisterzienserinnen in Bergen auf Rügen (Abb. 17) – ließ sich nachweisen, dass der Kreuzgang mit sauber gesetzten Backsteinen befestigt war, sodass die Mönche und Nonnen stets trockenen Fußes von einem Raum in den nächsten gelangen konnten. In Neuenkamp II (Franzburg) fand sich eine Kreuzgangpflasterung aus quadratischen Backsteinfliesen (Abb. 18). Der Innenhof des Klosters (Abb. 15.12) war bepflanzt und sollte an den biblischen »Paradiesgarten« erinnern. Den üblichen Baustandards entsprach auch ein kleines, pavillonartiges Brunnenhaus (Abb. 15.13), das man am südlichen Kreuzgang, gegenüber vom Eingang zum Refektorium errichtete, damit sich die Mönche vor den Mahlzeiten die Hände waschen konnten. Im Kloster Hiddensee könnte mit diesem eine freigelegte kreisförmige Lage aus mittelgroßen Feldsteinen in Verbindung stehen, die allerdings bei der Errichtung des Fußwegs »Am Klostertor« südlich der heutigen Gärtnerei stark gestört worden war.

Nach dem Idealplan sollten sich die Aborte (*necessaria*) für Mönche und Konversen jeweils an den Südenden des Ost- und des Westflügels befinden, und zwar direkt über Gewässern, die die Abwässer wegspülten. Dies ließ sich aber nur selten umsetzen, und solche Wasserläufe gab es wohl weder in Eldena noch in Neuenkamp oder auf Hiddensee. So ist eher denkbar, dass sich die Aborte irgendwo jenseits der Klausuren befanden. Bei den Zisterzienserinnenklöstern Seehausen in der Ucker-

Abb. 17: Bergen auf Rügen, Pflasterung aus Backsteinen im nördlichen Kreuzgang des Zisterzienserinnenklosters

Abb. 18: Neuenkamp II (Franzburg), Fußboden aus Backsteinfliesen im östlichen Kreuzgang des Klosters

mark und Marienfließ (Marianowo) im westlichen Hinterpommern befanden sich die Toiletten in einiger Entfernung zur Klausur über einem See bzw. Bach, zu denen man vom Haupthaus über ein langes gangartiges Gebäude gelangte. Das Greifswalder Franziskanerkloster verfügte ebenfalls über einen separaten, im Verlauf der Stadtmauer errichteten Aborttturm (»*cloacarum loca*«), der wahrscheinlich über einen langen Hochgang direkt vom Schlafsaal der Mönche im Ostflügel zu erreichen war. Und auch die Stralsunder Dominikanermönche nutzten ein jenseits der Stadtmauer gelegenes Necessarium, zu dem ein aus dem nördlichen Kreuzgang hinauslaufender schmaler Gang führte. Insofern ist denkbar, dass vergleichbare Einrichtungen auch bei den Zisterziensern von Eldena, Neuenkamp und Hiddensee bestanden.

Zu den weiteren Baulichkeiten eines zisterziensischen Klosterkomplexes gehörten verschiedene Funktions- und Wirtschaftsgebäude. Auf Hiddensee fanden sich bei den Ausgrabungen südöstlich der Klausur, im Bereich des heutigen Hotels »Hitthim«, die Keller eines Gebäudes, das als Wohnhaus des Abtes gedeutet wird. Der Abt hatte das Privileg, abseits der Mönchsgemeinschaft in einem separaten und komfortableren Gebäude zu wohnen. Der gehobene Komfort dieses Gebäudes kommt vor allem darin zum Ausdruck, dass es wie der Südflügel der Klausur über eine Warmluftheizung verfügte, die im späten 15. oder frühen 16. Jahrhundert durch Kachelöfen ersetzt wurde, von denen zahlreiche, zumeist glasierte und prachtvoll verzierte Kacheln vorliegen (Abb. 19.a). Ebenso schöne Exemplare wurden bei Ausgrabungen im Stralsunder Franziskanerkloster gefunden (Abb. 19.b), die zeigen, dass auch die Bettelorden ab der zweiten Hälfte des 15. Jahrhunderts über diese exklusiven, in jener Zeit aufkommenden Heizeinrichtungen verfügten.

Das Hiddenseer Abtshaus war möglicherweise Teil eines größeren Gebäudekomplexes mit separatem kleinem Kreuzgang, zu dem auch eine Krankenstation (*infirmarium*) – aus infektionshygienischen Gründen wurden Kranke abseits des Konvents untergebracht – und ein Gäs-

a b

Abb. 19: Hiddensee und Stralsund, verzierte und grün glasierte Ofenkacheln des späteren 15. oder frühen 16. Jhs. aus der Zisterzienserabtei (a; Breite: ca. 10 cm) und dem Franziskanerkloster (b; Breite 16 cm)

tehaus gehörten, wie solche von anderen Zisterzienserklöstern bekannt sind. Von weiteren Gebäuden wurde nichts gefunden. Für das Kloster Eldena ist jedoch ein ganzer Wirtschaftshof schriftlich überliefert, zu dem das Rentamt (Finanzverwaltung), eine Bäckerei, eine Brauerei, ein Schlachthaus sowie mehrere Ställe und Scheunen gehörten. Von den Wirtschaftsgebäuden dieses Hofs hat sich bis heute nur die sogenannte »Klosterscheune« erhalten, deren Mauern teils noch auf das Ende des 13. Jahrhunderts zurückgehen (Abb. 20). Umgeben waren die Gebäude eines Zisterzienserklosters von einer Umfassungsmauer, zu der – wie im hinterpommerschen Kolbatz (Kołbacz) teils noch erhalten – auch wehrhafte Tortürme und Bastionen gehören konnten. Reste dieser Mauer sind in Eldena bei der »Klosterscheune« zu sehen; auf Hiddensee sind die sogenannte »Klostermauer« und das »Klostertor« hingegen Bauwerke jüngeren Datums, die mit der ursprünglichen Klostereinfriedung nichts zu tun haben.

Abb. 20: Eldena, die sogenannte »Klosterscheune« – ein bis heute erhaltenes Gebäude des ehemaligen klösterlichen Wirtschaftshofes mit mittelalterlichen Trauf- und spätneuzeitlichen Giebelwänden

Bestattungen im Klosterareal

Bestimmte Bereiche der Klosteranlagen wurden auch für Bestattungen genutzt. Den vornehmsten Begräbnisort bildete die Kirche. Neben hochrangigen Mitgliedern der Konvente wurde hier auch eine kleine Gruppe weltlicher Personen zur letzten Ruhe gebettet – zum einen die Klosterstifter, zum anderen Adelige und reiche Stadtbürger, die die Klöster zu ihren Lebzeiten mit umfangreichen Schenkungen bedacht und sich somit einen Begräbnisplatz im Haus Gottes »verdient« hatten. Zu Ersteren gehörte z. B. Euphemia von Pommerellen (*um 1225–†1270), die Frau des Rügenfürsten und Stifters des Stralsunder Johannisklosters, Jaromars II. (*um 1218–†1260), die im dortigen Kirchenchor begraben worden sein soll; zu Letzteren zählten auch verdienstvolle Personen, so der Gründer der Greifswalder Universität, Heinrich Rubenow (*um 1400–†1462), der Ratsmitglied, Bürgermeister und Prokurator (Vermögensverwalter) der Greifswalder Franziskaner war und nach seiner Ermordung

Abb. 21: Eldena, eine wohl um 1400 errichtete Backsteingruft im Chor der Klosterkirche

in deren Klosterkirche bestattet wurde. Dieser Personenkreis wurde zumeist an der prominentesten Stelle des Kirchenraums beerdigt – im Chor und in der Vierung, also in unmittelbarer Nähe zum Hauptaltar.

Archäologisch wurden solche Bestattungen in Vorpommern bisher nur selten erfasst. Während sich im Bereich der Hiddenseer Klosterkirche nur ein kleines, mit flachen Steinplatten errichtetes Grab fand, das vielleicht für einen der Hiddenseer Äbte angelegt worden war, konnte bei archäologischen Untersuchungen im Ostteil der Eldenaer Kirche neben zahlreichen einfachen Bestattungen auch eine 2,7 x 1,4 m große Backsteingruft freigelegt werden, die man um das Jahr 1400 vor dem Altar eingetieft hatte (Abb. 21). Obwohl heute leer, ist davon auszugehen, dass in ihr ein hoher geistlicher oder weltlicher Würdenträger bestattet worden war. Möglicherweise war dies sogar die Grablege eines Mitglieds des pommerschen Herzogshauses, für das das Eldenaer Kloster neben den Kirchen von St. Otten und St. Marien in Stettin (Szczecin) sowie St. Petri in Wolgast als eine zentrale Begräbnisstätte diente. So ist aus Schriftquellen bekannt, dass mehrere Mitglieder des Greifen-

geschlechts in Eldena bestattet wurden. Demnach könnten hier tatsächlich der 1393 verstorbene Herzog Bogislaw VI. (*um 1350) oder dessen im Jahr darauf verschiedener Bruder, Wartislaw VI. (*um 1345), zur letzten Ruhe gebettet worden sein. Von den sicher zahlreichen Kirchengräbern zeugt heute nur noch eine kleine Auswahl an erhaltenen Grabplatten, die im frühen 19. Jahrhundert in der Kirchenruine gefunden und von denen einige an dem erhaltenen Gemäuer aufgestellt wurden (Abb. 22).

Einen weiteren wichtigen Bestattungsraum bildete der Kreuzgang, der im Wesentlichen den Mönchen oder Nonnen vorbehalten war. Dass die schmalen Gänge zwischen den Klausurbauten und dem Klosterhof begehrte Begräbnisplätze waren, zeigen eindrucksvoll die archäologischen Untersuchungen im Bereich des ehemaligen Dominikanerklosters in Pasewalk. Dort waren im Laufe der Jahrhunderte Dutzende Gräber angelegt worden (siehe Abb. 4). Weitere Kreuzganggräber wurden im Zisterzienserkloster Hiddensee und im Prämonstratenserstift Grobe entdeckt. Bei Ersterem handelte es sich um eine Sargbestattung womöglich eines »einfachen« Mönchs (Abb. 23), bei Letzterem um eine Niederlegung in einer steinernen Gruft, die sicherlich für ein bedeutendes Mitglied des dortigen Chorherrenstifts errichtet worden war (Abb. 24), zumal sich das Grab direkt an der Kirchenmauer befand. Hochrangige Ordensmitglieder wurden zuweilen auch in den Kapitelsälen bestattet, wie dies zwei 1926 entdeckte Gräber im Ostflügel des Eldenaer Klosters belegen.

Den dritten und größten Begräbnisplatz bildete der eigentliche Friedhof des Klosters, auf dem Mönche und Laienbrüder, aber auch deren weltliche Verwandte und wohl auch die Bevölkerung aus dem Umfeld des Klosters beerdigt wurden. In den Städten standen die Friedhöfe

Abb. 22: Eldena, in die Wand der Klosterruine eingebrachte Grabplatte des Abts Johannes VII. (†1473). Der Abtsstab wies ursprünglich Metalleinlagen auf

Abb. 23: Hiddensee, Bestattung im westlichen Kreuzgang des Klosters

Abb. 24: Grobe im Süden der Stadt Usedom, teilweise erfasste steinerne Gruft mit Bestattetem im südlichen Kreuzgang des Prämonstratenserstifts

der dortigen Bettelordensklöster auch den Bürgern offen, wurden also in derselben Form genutzt wie die Friedhöfe an den städtischen Pfarrkirchen. In den Klöstern vor der Stadt, etwa auf dem Friedhof des Birgittenklosters Mariakron vor den Toren Stralsunds, wurden zumeist auch die ärmste Bevölkerung, Personen, die keine Bürgerrechte hatten, und Hingerichtete beerdigt.

In Vorpommern wurden bereits mehrere Klosterfriedhöfe archäologisch erforscht, vor allem jene in Eldena, auf Hiddensee und jüngst auch in Stralsund. Es handelte sich um weitläufige, über mehrere Jahrhunderte und auch nach der Auflösung der Klöster weiter genutzte Friedhöfe, die – in Eldena und auf Hiddensee nachgewiesen – unmittelbar nördlich der Klosterkirchen lagen. Hier wurden die Toten in der Regel nach christlichem Brauch niedergelegt: in Ost-West-Ausrichtung mit Blick nach Osten, in Rückenlage und teils mit auf dem Oberkörper

Abb. 25: Hiddensee, Ost-West ausgerichtete, beigabenlose Gräber des Klosterfriedhofs

gefalteten Händen (Abb. 25). Stärkere Abweichungen von der Ost-West-Ausrichtung und eine atypische Seitenlage der Toten, was vor allem auf dem Friedhof des Birgittenklosters vor Stralsund festgestellt werden konnte, könnten darauf hinweisen, dass man hier – auf dem auch der Unterschicht offenstehenden Friedhof – nicht besonders sorgfältig und rasch bestattete. In einigen Fällen ließen sich Spuren von Särgen nachweisen, doch waren die meisten Toten offenbar nur in heute vergangenen Leichentüchern bestattet worden. Funde waren in den Grable-

Abb. 26: Stralsund, Knochenkamm im Beckenbereich einer bestatteten Person auf dem Friedhof beim Kloster Mariakron

Abb. 27: Hiddensee, eine typische Anti-Vampirismus-Maßnahme – ein auf dem Klosterfriedhof bestatteter Mann war an der rechten Schulter mit einem Eisennagel am Sarg festgenagelt worden

gen in der Regel nicht enthalten, da Beigaben nach christlichem Brauch nicht gestattet waren. Es fanden sich aber zuweilen Gewandösen und Schnallen von Gürteln, die Teil der Totenbekleidung waren. In Ausnahmefällen liegen auch Gegenstände vor, die offenbar unter der Totenkleidung verborgen worden waren und somit unabsichtlich in das Grab gelangten, etwa ein Knochenkamm in einem Grab am Kloster Mariakron (Abb. 26) und mehrere Münzen in einer Grablege in Eldena.

Darüber hinaus finden sich auf den Kloster- und Kirchfriedhöfen immer wieder Gräber, die in der einen oder anderen Form von den christlichen Bestattungsvorschriften abweichen, wofür es je nach Art der Bestattung unterschiedliche Deutungsansätze gibt. So wurde in Eldena ein Grab entdeckt, das Nord-Süd ausgerichtet und in dem der Tote auf dem Bauch niedergelegt worden war. Bei dem Bestatteten handelte es sich nach der Interpretation des Ausgräbers vielleicht um eine Person, die ihr Recht auf eine christliche Bestattung durch ihren unchristlichen Lebenswandel verwirkt hatte. Möglich erscheint aber auch, dass man den Toten bäuchlings bestattet hatte, um diesem das Widerauferstehen zu erschweren. Spezielle Bestattungsformen, die mit der Angst vor Untoten bzw. Vampiren in Verbindung standen, wurden in Mittelalter und Neuzeit auf zahlreichen Friedhöfen praktiziert. Zu diesen zählten vor allem das Köpfen, das Beschweren mit Steinen oder das Festnageln des Leichnams im Sarg. Letzteres konnte auf dem Hiddenseer Klosterfriedhof nachgewiesen werden, wo sich ein männliches Skelett fand, in dessen Schulterbereich ein langer Eisennagel steckte (Abb. 27). Mit abergläubischen Vorstellungen verbunden waren offenbar auch einige Gegenstände, die man einem anderen Toten in Eldena mit in das Grab gegeben hatte. Neben einer kleinen runden Knochenscheibe mit kreuzförmigen Durchlochungen, die als ein mit christlichen Symbolen versehenes Zierstück in einer christlichen Bestattung nicht weiter auffällt, fanden sich ein Belemnit, ein Schweinezahn, ein Rohbernstein und ein unbestimmbares Eisenfragment. Der Hintergrund dieses Sammelsuriums ist nicht sicher zu klären. Der Zahn, der Bernstein und das Fossil, die der Bestattete zu Lebzeiten sicher in einem kleinen Lederbeutel am Gürtel getragen hatte, könnten jedoch als Talismane zur Abwehr böser Geister gedient haben. Dass sie mit dem Toten in das Grab gelangten, ist jedenfalls ungewöhnlich. Auf Hiddensee fanden sich in einigen Gräbern auch Schiffsniete, die mit dem zum Sargbau wiederverwendeten Holz von Schiffswracks in die Grabgruben gelangt sein könnten, bei denen es sich aber auch um Beigaben magischen Hintergrunds gehandelt haben könnte.

Die bisherigen archäologischen Untersuchungen auf den klösterlichen Friedhöfen Vorpommerns zeigen, dass hier Männer und Frauen aller Altersgruppen, zuweilen sogar Kinder begraben wurden. Bezüglich der Platzwahl ließen sich bislang keine besonderen Regelmäßigkeiten feststellen, nur dass verstorbene Kleinkinder – wie auf Hiddensee zweimal nachgewiesen – häufig direkt an der Kirche bestattet wurden. Diese »Traufgräber« legte man unterhalb der Dachkante an, damit das vom Kirchendach fließende und – so die Vorstellung – dadurch geweihte Regenwasser auf die Gräber der noch ungetauften Kinder tropfen konnte und diese somit nachträglich getauft wurden. Umfangreiche anthropologische Untersuchungen, die etwa zur Krankheitsbelastung, zur

Ernährung und den allgemeinen Lebensbedingungen der Bestatteten Auskunft geben, wurden an vorpommerschen Klöstern bislang nur in begrenztem Umfang durchgeführt, sodass verallgemeinernde Aussagen kaum möglich sind. Immerhin zeigen beispielsweise die wenigen Karieserkrankungen der auf Hiddensee Bestatteten, dass man sich – anders als die sich in der Regel von Getreideprodukten wie Brot und Brei ernährende ländliche Bevölkerung – dort eher von Fisch und Fleisch ernährte, was lediglich auf die Insellage zurückzuführen sein könnte, möglicherweise aber auch mit einer besseren Ernährungslage der monastischen Gemeinschaft in Verbindung steht.

Kleinfunde

Neben Baubefunden und Gräbern treten bei archäologischen Untersuchungen stets auch Funde zutage, die von den Gebäuden selbst stammen, aber auch von der Ausstattung der Klausuren und Kirchen sowie vom Lebensalltag der Klosterbewohner berichten. Allerdings sind Letztere in der Regel eher spärlich, da die Mönche und Nonnen in Armut lebten, die Wohn- und Arbeitsräume reingehalten und die wertvollen Gegenstände des Klosters zumeist im Zuge der Klosterauflösungen geplündert oder eingezogen wurden.

Je nachdem, wie stark ein Kloster nach dessen Auflösung zwecks Steingewinnung dem Raubbau anheimfiel, finden sich heute noch mehr oder weniger große Mengen des einstigen Baumaterials. Am häufigsten sind dabei Backsteinziegel, die in Nordostdeutschland in der zweiten Hälfte des 12. Jahrhunderts aufkamen und im späten Mittelalter den zentralen Baustoff im gesamten Ostseeküstengebiet bildeten. Mit den Ziegeln, die mit etwa 30 x 14 x 10 cm Kantenlänge etwas größer waren als heutige Backsteine, errichtete man vor allem Kirchen, Klöster, Rats- und Stadthäuser, aber auch Burgen, Stadtmauern, Wehrtürme und Wirtschaftsgebäude. Neben einfachen Mauersteinen gab es verschiedene Formsteine, die zur Gestaltung von Fassaden, Gewölben, Portalen und Fenstern dienten. Des Weiteren finden sich Bodenfliesen,

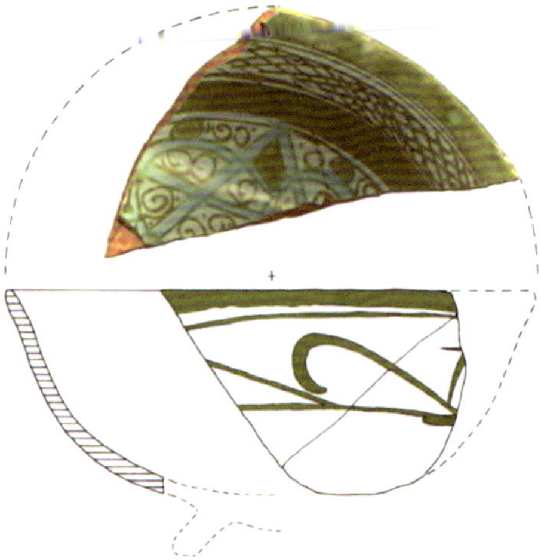

Abb. 28: Greifswald, Fragment einer spanischen Fayenceschüssel mit Lüsterbemalung aus dem Franziskanerkloster, die wahrscheinlich in der Mitte des 14. Jhs. nach Greifswald gelangte

eiserne Tür- und Fensterangeln, Scharniere und Nägel, die von Särgen, aber auch aus baulichen Zusammenhängen stammen können. Von den Glasfenstern zeugen nicht nur Scherben, sondern auch sogenannte Bleiruten, also stabförmige, biegsame Bauteile aus Blei, die als Einfassung der mittelalterlichen »Bleiglasfenster« dienten. Die häufig zu findenden H-förmigen Ruten weisen darauf hin, dass es sich um große, aus mehreren Glasplatten zusammengesetzte Fenster handelte, wie solche in den Kirchen und Klostergebäuden in großer Zahl vorhanden waren. Von der Innenausstattung der Klöster liegen meist nur noch kleine Metallteile, etwa Beschläge von Truhen und Kästchen, und die bereits erwähnten Kacheln von Öfen vor (siehe Abb. 19), die ab dem 15. Jahrhundert auch in den Klöstern errichtet wurden.

Unter den »Gebrauchsgegenständen« dominiert stets das einfache Geschirr in Form von Töpfen, Schalen und Bechern aus Irdenware. Es findet sich in den Klöstern aber auch regelmäßig Importkeramik, vor allem Steinzeugkannen, die aus Sachsen oder dem Rheinland an die südliche Ostseeküste gelangten. Aus dem Greifswalder Franziskanerkloster liegt mit dem Rest einer aus Spanien stammenden Fayenceschüssel

Abb. 29: Pasewalk, verschiedene aus Messing gearbeitete verzierte Buchverschlussteile des späteren 15. und frühen 16. Jhs., die wahrscheinlich von Büchern der Klosterbibliothek stammen

des 14. Jahrhunderts ein regelrechter Luxusartikel vor, bei dem es sich vielleicht um das Mitbringsel von einer Pilgerfahrt handelte (Abb. 28). Zum üblichen Fundgut gehören außerdem Messer, Löffel, Kämme und Schlösser, zuweilen auch Werkzeuge wie Hämmer und Meißel sowie Nähutensilien in Gestalt von Nadeln und Fingerhüten. Zu den besonderen Funden zählen sogenannte Petschafte – zumeist metallene Stempel mit bildlichen Darstellungen und Texten, mit denen man Urkunden beglaubigte. Im Stralsunder Johanniskloster fand sich auch eine gedrechselte Schachfigur, die zeigt, wie sich die dortigen Mönche die freie Zeit vertrieben. Charakteristische Klosterfunde stellen außerdem Schreibgriffel und Buchbeschläge bzw. -verschlüsse dar, die von der Gelehrsamkeit der Klostergemeinschaften künden. Die auf die Buchaußenseiten gesetzten Beschläge dienten der Zier und dem Schutz der wertvollen Bücher, die Verschlüsse verhinderten das unbeabsichtigte Aufklappen und ein Verziehen der Bindung. Hervorzuheben ist hierbei ein Fund von zahlreichen Buchbeschlägen und -verschlüssen des späteren 15. und frühen 16. Jahrhunderts, der in der um 1630 abgebrannten Sakristei der Pasewalker Marienkirche entdeckt wurde. Die Stücke stammen von etwa

30 bis 40 mittelalterlichen Bänden, die zu Teilen aus der Bibliothek des ehemaligen Dominikanerklosters kamen und nach dessen Auflösung 1562 in die Kirchenbibliothek transferiert worden waren (Abb. 29).

Bereits dieser Überblick zu den wichtigsten, aber bei Weitem nicht allen in den letzten Jahren durchgeführten Ausgrabungen lässt erkennen, dass sich zahlreiche Kapitel der mittelalterlichen Klostergeschichte Vorpommerns durch archäologische Untersuchungen in eindrucksvoller Weise beleuchten lassen. Insbesondere die Wiederentdeckungen lange Zeit »verschollener« Anlagen wie die der Pasewalker Dominikaner oder der Grober Prämonstratenser sowie die umfangreichen Ausgrabungen von Teilbereichen der Klosterkomplexe sind für die Erforschung der Klöster und Stifte Vorpommerns von herausragender Bedeutung. Aber auch die zahlreichen kleineren archäologisch-bauhistorischen Untersuchungen in den noch bestehenden Klosteranlagen, die im Rahmen von Gebäudesanierungen und -umbauten nach wie vor durchgeführt werden, bilden wichtige Bestandteile eines sich mehr und mehr zusammensetzenden »archäologischen Bildes« von der monastischen Kultur Pommerns, bei der von einer »gründlich ›verschüttete[n] Kultur‹« (M. Schneider), wie man noch 2001 konstatieren musste, heute keine Rede mehr sein kann.

ROBERT HARLASS

MEHR ALS EINE REFORM

Die Reformation und das Ende der Klöster

Schon der Gründungsvater des in Vorpommern nicht vertretenen monastischen Grandmontenser-Ordens, Stephan von Muret (*1044–†1124), meinte, dass das ideale Leben keine über das Evangelium hinausgehende Anleitung brauche – ein Gedanke, der über das Mittelalter wiederholt auftrat und seit der ersten Hälfte des 16. Jahrhunderts die theologische Basis der lutherischen Lehre bildete.

Ursprung und Kritik

Wie auch die meisten anderen Reformbewegungen entsprang die Reformation aus der Vielfalt des geistlichen Lebens. Martin Luther (*1483–†1546) etwa gehörte in seiner Zeit als Bettelmönch zwischen 1505 und 1511 der reformierten Niederlassung der observanten Kongregation der Augustiner-Eremiten in Erfurt an. Johannes Bugenhagen (*1485–†1558), der Reformator des Nordens, war Lektor im Prämonstratenserstift in Belbuck (Białoboki), und sowohl Johannes Boldewan (*1485–†1533) als auch Christian Ketelhot (*1492–†1546), beide Mitstreiter von Bugenhagen, wirkten in demselben Stift. Es verwundert also wenig, dass Belbuck das erste im Zuge der Reformation verwaiste Stift im Reich überhaupt war.

Ihren Anfang nahm die reformatorische Bewegung in Wittenberg. Die 1517 veröffentlichten 95 Thesen Martin Luthers erreichten rasch eine große Verbreitung und sorgten bald für rege Diskussionen in ganz

Mitteleuropa. Innerhalb der Theologie Luthers erfolgte die Vergebung der Sünden durch die Gnade Gottes – ganz im Glauben an das Evangelium – und nicht durch den Einsatz wirtschaftlicher Mittel. Aus Angst, durch eigens verübte Sünden lange Qualen im läuternden Fegefeuer ausstehen zu müssen, zahlten die Menschen im Mittelalter große Summen an die Kirche, die im Gegenzug eine verkürzte Dauer im Fegefeuer versprach. Zwar gab es auch andere Wege der Buße, um die Sündenlast abzubauen, wie etwa durch Pilgerreisen oder andere fromme Werke und Stiftungen, doch war der Ablasshandel wohl die bequemste Möglichkeit zur Erlangung des Seelenheils.

Die scharfe Kritik Luthers warf die Frage um die Wirkung der zahllosen kostspieligen Stiftungen auf, die im Namen von Heiligen eingerichtet wurden. Ländereien, Nutzungsrechte, Gärten und Häuser sowie einmalige Geldzahlungen oder regelmäßige Pachteinnahmen wurden vornehmlich deshalb an die Kirche übertragen, um die Geistlichen, unterhalten durch die Stiftungen, stellvertretend für die Seelen der Stifter bitten zu lassen – das Grundkonzept vieler geistlicher Gemeinschaften. So geriet auch die Heiligenverehrung in Kritik: Denn nur Christus als Mittler zwischen Mensch und Gott sollte Ziel der Fürbitte sein. Die Rolle der Heiligen beschränkte Luther somit auf ihre Vorbildfunktion, da sie zwar im christlichen Sinne vorbildhaft lebten, doch nicht mehr als Menschen waren und damit kein Ziel der Fürbitte sein konnten.

Die enge Verflechtung der Klöster und Stifte mit Heiligen- und Reliquienkulten sowie mit der zentralen Bedeutung vieler geistlicher Gemeinschaften als Seelsorgeinstitutionen brachte sie in eine offene, grundsätzliche Kritik. Was die theologischen Diskurse in der Reformation von den Reformbewegungen der Vorzeit somit unterschied, war die Infragestellung der Lebensweise und des Dienstes der Nonnen und Mönche an sich.

Trotz der zahlreichen Vorwürfe an die Geistlichkeit waren die Ausmaße der Entwicklungen der neuen Bewegung zunächst gewiss kaum abzusehen: Die Klöster und Stifte erhielten weiterhin zahlreiche Stiftungen, und viele Konvente schlossen sich, wie oben gezeigt, Reformbewegungen an. Die spätmittelalterliche Frömmigkeit und die Bereitschaft, große wirtschaftliche Mittel für die Dienste der Geistlichen aufzuwenden, war am Ende des Mittelalters ungebrochen. Das zeigen zahlreiche Beispiele wie etwa das Testament von Elisabeth († 1516), Tochter von Herzog Bogislaw X. (*1454–† 1523), die als Priorin des Klosters Verchen im Jahr 1516 demselben ihren kompletten Besitz vermachte. Weiterhin erhielten beispielsweise die Schwestern vom gemeinsamen Leben in Stralsund 1510 testamentarisch eine Bude in der Fischerstraße, nahe der Niederlassung der Schwestern. Die kleine Behausung erhielten sie von Matthias Darren, für dessen Seele im Gegenzug für immer gebetet werden sollte. Im Zisterzienserkloster auf Hiddensee bekamen die Mönche 1513 100 Mark von Heinrich und Metken Grubbe für eine ewige Messe in der Klosterkirche. Der Wunsch nach Fürbitte und die fortwährende Sorge um das Seelenheil blieben zentrale Bedürfnisse der mittelalterlichen Gesellschaft. In Bezug auf die pommerschen Klöster und Stifte sollte sich das allerdings nur wenige Jahre später ändern, auch wenn es im 16. Jahrhundert noch zahlreiche Befürworter der alten Lehre gab.

Dennoch fiel die Kritik in Pommern vielfach auf fruchtbaren Boden: Das zeigen die frühen reformatorischen Prediger, deren Wirken in Pommern seit den frühen 1520er Jahren nachweisbar ist. Zu nennen ist etwa Johannes Knipstro (*1497–† 1556), der als Franziskanermönch in Pyritz (Pyrzyce) das Evangelium in Luthers Sinne predigte. Er heiratete Anfang der 1520er Jahre die frühere Nonne des Pyritzer Augustiner-Chorfrauenstiftes Anna von Steinwehr und wirkte auch in Stargard oder Stralsund. In Treptow an der Rega (Trzebiatów) formte sich eine Keimzelle reformatorischen Wirkens, in der das nahe Prämonstratenserstift Belbuck eine wichtige Rolle spielte. Dazu kamen u. a. die Reformatoren Johannes Block, der in Barth predigte, und Paul von Rode (*1489–† 1563), der ab 1520 in Stettin (Szczecin) wirkte.

Später sollten einige der Genannten, wie etwa Paul von Rode oder der eingangs erwähnte Johannes Bugenhagen, im Dienst der pommerschen Herzöge stehen und die Vorbereitung und Durchführung der Reformation in Pommern maßgeblich beeinflussen.

Die Reformation in den Städten

Von den reformatorischen Keimzellen in Pommern ausgehend, griff die Reformation zunächst vor allem in den Städten. Hier war der Einfluss der pommerschen Herzöge, die das Wormser Edikt von 1521 und somit die Ächtung Luthers und seiner Lehre anerkannten, begrenzt.

In Stralsund waren die Ereignisse besonders gravierend: Das sogenannte »Kirchenbrechen« führte im Jahr 1525 zur Flucht der Dominikaner- und Franziskanerbrüder aus der Stadt. Bei diesem grundlegenden Ereignis in der Stralsunder und pommerschen Geschichte entluden sich bereits bestehende Spannungen, die nicht nur gegen die Geistlichkeit gerichtet waren, sondern auch gegen den städtischen Rat, der die reformatorischen Predigten zu unterbinden versuchte. Nicht nur die großen Bettelordensklöster in der Stadt wurden überfallen, sondern auch das Doppelkloster der Birgitten vor der Stadt. Deren Gebäude wurden so sehr in Mitleidenschaft gezogen, dass die Nonnen in das leerstehende Dominikanerkloster umgesiedelt werden mussten. Dort konnten die Frauen, die ein geistliches Leben weiterführen wollten, unter veränderten Bedingungen, nämlich an die neue Konfession geknüpft, bis an ihr Lebensende bleiben. Um 1560 wurden die Besitzungen der Birgitten dann schließlich mit denen der Schwestern vom gemeinsamen Leben zusammengelegt. Noch im Jahr 1525 wurde der Stralsunder Stadtrat neu aufgestellt und die reformatorische Lehre eingeführt. Über die beiden Beginenkonvente, die jeweils an die Dominikaner- und an die Franziskanerniederlassungen angebunden waren, ist leider sehr wenig bekannt. Es ist davon auszugehen, dass mindestens einer der beiden Beginenkonvente, wie wahrscheinlich auch die Greifswald Beginenhäuser, bis in die Mitte des 16. Jahrhunderts in angepasster, protestantischer Weise fortexistierte.

In Pasewalk kam es wenige Jahre später ebenfalls zu Unruhen.

Abb. 1: Auszug aus dem Inventar der Pasewalker Dominikanerbibliothek, 1562

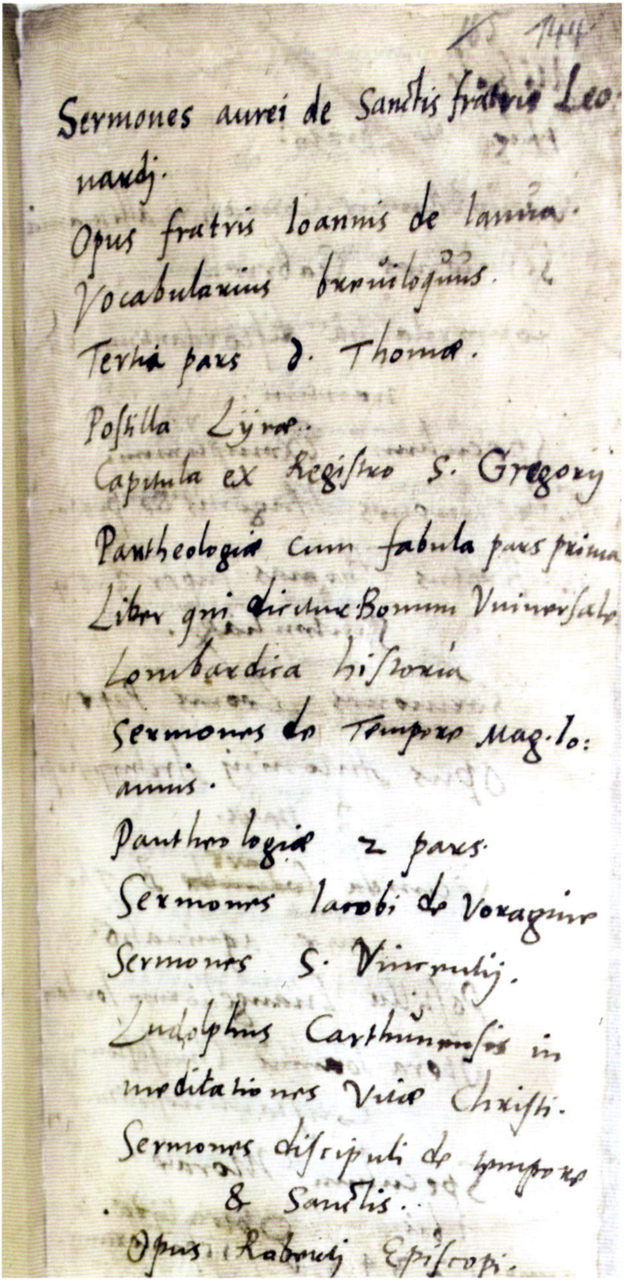
144

Sermones aurei de Sanctis fratris Leonardi.
Opus fratris Ioannis de Ianua.
Vocabularius breviloquus.
Tertia pars d. Thomae.
Postilla Lyrae.
Capitula ex Registro S. Gregorij
Pantheologia cum tabula pars prima
Liber qui dicitur Bonum Universale
Lombardica historia
Sermones de Tempore Mag. Io: annis.
Pantheologiae 2 pars.
Sermones Iacobi de Voragine
Sermones S. Vincentij.
Ludolphus Carthusiensis in meditationes Vitae Christi.
Sermones discipuli de tempore & Sanctis.
Opus Roberti Episcopi.

Zwar wurden die Pasewalker Dominikaner wahrscheinlich bedrängt und überfallen, doch zu einer unmittelbaren Auflösung kam es nicht. Diese erfolgte 1535 mit der ersten herzoglichen Visitation in Pasewalk nach der Einführung der reformatorischen Lehre in Pommern. Die Bibliothek der Dominikaner blieb zunächst bestehen. Ein Inventarprotokoll, das erst 1562 von herzoglichen Beamten erstellt wurde, listet die damals noch vorhandenen Bücher auf (Abb. 1). Die Bände wurden nach der Inventarisierung in die städtische Pfarrkirche gebracht – leider ist der Buchbestand über die Jahrhunderte von etwa 100 Exemplaren bis auf wenige Ausnahmen dann verloren gegangen.

Auch in Anklam blieb das Stadtkloster nicht verschont. Die Ordensbrüder der Anklamer Augustiner-Eremiten gerieten in Streit mit den Anhängern der reformatorischen Lehre und verließen wohl nach und nach das Kloster. Schon im Jahr 1530 hat die Geschichte der Niederlassung ein Ende: Die restlichen Brüder schlossen mit dem Rat der Stadt einen Vertrag zur Übergabe des Klosters und der dazugehörigen Privilegien. Die nun ehemaligen Bettelmönche sollten im Gegenzug dafür ihr Leben lang von der Stadt versorgt werden.

In Greifswald verlief die Reformation im Vergleich zu den bisherigen Beispielen wesentlich langsamer. Die Bettelordensniederlassungen wurden hier zunächst weiter geduldet, und die Brüder durften bis an ihr Lebensende im Kloster bleiben. Ihre Bibliotheken blieben unberührt und haben sich so bis heute fast vollständig erhalten. Hier wurde das Schicksal der Niederlassungen der Dominikaner 1534 und das der Franziskaner erst 1556 besiegelt. Der franziskanische Guardian übergab als Vorsteher des letzten verbliebenen Männerkonvents der Mendikanten in Pommern die fast 300 Jahre in franziskanischem Besitz befindlichen Gebäude in die Hände der städtischen Verwaltung.

Die Reformation in den Feldklöstern und Frauenklöstern

Von Stralsund und Stettin aus drohten die Unruhen sich weiter auf das Umland und vor allem auf die außerhalb der Städte liegenden Klöster und Stifte auszuweiten. Die Bilderstürme der reformatorischen Anhänger weiteten sich auf die Klöster in Bergen auf Rügen und Hiddensee aus. Schutzsuchend wandten sich die Zisterzienserinnen vor Stettin 1525 an die Landesherren. Diese wiederum fingen bereits an, die Niederlassungen visitieren zu lassen und die Kleinodien, also fast alle liturgisch wichtigen Geräte wie wertvolle Kelche und Monstranzen, etwa in Neuenkamp (heute Franzburg) und auf Hiddensee einzuziehen.

So verschafften sich die pommerschen Herzöge noch weit vor der Verabschiedung der Kirchenordnung von Johannes Bugenhagen im Jahr 1535 Zugriff auf umfangreiches geistliches Eigentum. Gelagert wurden die während der Visitationen gesammelten Kleinodien und Urkunden vorerst in den landesherrlichen Schlössern in Rügenwalde (Darłowo), Stettin und in Wolgast.

Ohne den Ausgang der reformatorischen Bewegung zu kennen, bzw. den Prozess wahrscheinlich auch unterschätzend, war das herzogliche Vorgehen wohl zunächst tatsächlich ein Versuch, geistliches Eigentum vor Zerstörung, Diebstahl oder Raub zu schützen. Der weitere Verlauf der Reformation zeigt aber deutlich, dass die landesherrlichen Interessen bald, insbesondere ab dem Landtag zu Treptow 1534, dem Zugriff auf die geistlichen Güter galten. Hier wurde die Einführung der Reformation, wenn auch nicht unter Zustimmung aller Anwesenden, beschlossen. Während die Zuständigkeiten für die städtischen geistlichen Niederlassungen nach den Landtagsakten weniger problematisch gewesen sein sollen, existierten Streitpunkte um die pommerschen Feldklöster, also allen voran die Zisterzienserklöster, die als große Wirtschaftsbetriebe mit zusammenhängendem Ländereibesitz von großer Bedeutung waren. Dabei ging es vornehmlich darum, ob sie komplett säkularisiert oder ob sie nicht als sogenannte Zuchtschulen erhalten bleiben sollten. Letztlich setzten sich in den meisten Fällen die pommerschen Herzöge,

Philipp I. (*1515–†1560) und Barnim XI. (*1501–†1573), durch. Alle Männerklöster wurden aufgehoben und unter herzogliche Verwaltung gebracht.

Spätestens nach der Veröffentlichung der von Johannes Bugenhagen erarbeiteten Kirchenordnung 1535 (Abb. 2) war der Weg für die abschließende Säkularisation der pommerschen Klöster weitgehend geebnet. Darin wurden die Visitationen in den Klöstern und Stiften festgelegt, bei denen sowohl Briefe, Urkunden und Geschäftsbücher als auch Kleinodien aus Edelmetallen an die herzoglichen Beamten ausgehändigt werden sollten. So wurde 1535 festgelegt, was zuvor bereits weitgehend durchgeführt wurde.

Häufig beteiligten sich an den ersten Visitationen nach der Veröffentlichung der Kirchenordnung protestantische Prediger wie Bugenhagen, herzogliche Räte und in manchen Fällen auch der Herzog persönlich. Zugleich wurde mit den jeweiligen geistlichen Vorstehern die Auflösung der jeweiligen Niederlassung vor Ort besprochen, reguliert und veranlasst. In den Protokollen, die während der Begehungen der Klöster entstanden sind, notierten die herzoglichen Beamten Inhalte wirtschaftlicher Bedeutung. Nicht nur die Anzahl und die Art wertvoller Kunstgegenstände aus Gold und Silber wurden aufgenommen, sondern auch wichtige Informationen zum Umfang der Einnahmen aus Pacht und Eigentum. Darüber hinaus war die Ausstattung der Räumlichkeiten mit Betten, Decken und anderen Alltagsgegenständen von Interesse (Abb. 3). Solche Auflistungen zu vorpommerschen Klöstern aus den 1530ern haben sich zum Beispiel zu den Niederlassungen Eldena, Hiddensee, Neuenkamp, Verchen und Pudagla in den Archiven erhalten; sie berichten noch heute über die einst reichen Konvente.

Obwohl bereits in den 1530ern alle großen Konvente außerhalb der Städte zwischen Ribnitz und Oder aufgelöst worden waren, wehrte sich etwa die Abtei Neuenkamp erbittert dagegen. Der letzte Abt, Johann Molner (†1540), bestätigte zwar den Vertrag zur Auflösung und Überlassung der Abtei an Herzog Philipp I., führte jedoch im Nachhinein gegen die

Kercken
Ordeninge des
gantzen Pamerlandes /
Dorch de Hochgebaren Försten vnd
Heren / Heren Barnym vnde Phi-
lips / beyde geuedderen / vp
dem landdage tho Trep-
tow / tho eeren dem
hilligen Eu-
angelio /
besla
ten.
Dorch Doc. Joannem Bugenhagen.
1535.

Abb. 2: Bugenhagens Kirchenordnung für Pommern, 1535

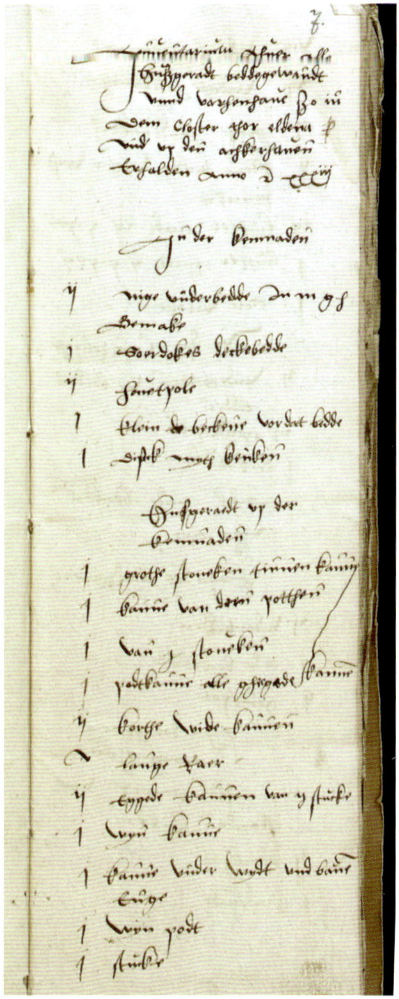

Abb. 3: Visitationsprotokoll des Klosters Eldena, 1533

Herzöge einen langen, doch letztlich im Sande verlaufenden Prozess vor dem Reichskammergericht. Der Herzog setzte noch im Jahr 1535 einen Amtmann zur Verwaltung der Güter in Neuenkamp ein. In ganz ähnlicher Weise wurde auch das Prämonstratenserstift in Pudagla 1535 aufgehoben, diesmal wahrscheinlich ohne große Gegenwehr. Die Zisterze

Abb. 4: Der berühmte 6,8 x 4,3 m große Croÿ-Teppich erinnert an die Reformation in Pommern und zeigt sowohl die Herzöge Georg I., Barnim X. und Auftraggeber Philipp I. als auch u.a. die Reformatoren Bugenhagen, Melanchton und Luther, 1554 von Peter Heymans angefertigt

IM·IAR·NACH·CHRISTI·GEBVRT·M·D·XXXV·
IST·IN·POMERLANDT·DAS·LEICHT·DER·GNA·
DE·DAS·GOTTLICH·WORT·AGEZVDT·VND·
DVRCH·D·IOHAN·BVGNHAGN·GEPREDICT·
GEFERTIGT 1554
ZU STETIN.
DER UNIVERSITAET
ZU GREIFSWALD
DURCH ERNST BOGISLAV
HERZOG VON CROY
DEN LETZTEN UNSERES
ALTEN FÜRSTENHAUSES
1684 HINTERLASSEN.
RESTAURIRT 1893.
ILLVSTRISSIMORVM·DVCVM·AC·PRINCIPVM·POMERANIAE·NOMINA
BARNIMVS· X·D·G·DVX· POMERANIÆ
PHILIPPVS I·D·G·DVX POMERA-
IOAN·FRI· PHILIPPI·FI· NAT9·1·5·42
BVGSLAV9 FIL·II·PHIL· NAT9·A°·44
ERST·LVD· PHIL·III·FIL· NAT9·A°·45
AMALIA· FILIA·PHI· NAT9·47
BARNIM· PHI·FIL·IIII9 NA·A°·49

auf Hiddensee folgte ein Jahr später, während die Abteien in Stolpe an der Peene und Eldena bereits zum Zeitpunkt der Einführung der neuen Lehre durch einen herzoglichen Amtmann besetzt waren.

Die Frauenklöster existierten häufig länger als die Männerklöster. Für manche der Niederlassungen folgten erst spät Regelungen, wie etwa bei den Krumminer Zisterzienserinnen, die 1563 reformiert wurden. Denkbar ist, dass der Widerstand des Landadels, hier vielleicht vom Geschlecht der von Lepel, die dem Kloster in Krummin viele Stiftungen gemacht hatten, die Aufhebung verzögerte. Letztlich setzten die Herzöge von Pommern, die Gründer des Klosters, die Auflösung durch. Unter der Voraussetzung, dass die Nonnen die protestantische Kirchenordnung befolgten, wurden manche Frauenklöster in evangelische Stifte umgewandelt und existierten dann bis ins 20. Jahrhundert. So wurde die ehemalige Zisterzienserinnenniederlassung in Bergen auf Rügen trotz heftigen Widerstands gegen die Einführung der neuen Lehre von den pommerschen Herzögen 1569 in ein solches Stift umgewandelt.

Die Veränderungen der Zeit um 1500 ebneten den Weg zur Reformation (Abb. 4). Nicht unwesentlich daran beteiligt war die Kirchenpolitik Herzog Bogislaws X., indem er vermehrten Zugriff auf die Besetzung bedeutender geistlicher Stellen gewann, aber auch wesentliche Reformen in seinem Herzogtum einführte. Die Vorsteherinnen und Vorsteher der Klöster und Stifte versuchten mit eigenen Reformen auf die sich verändernden Umstände und auf die in den Konventen vorherrschenden Probleme zu reagieren, konnten jedoch dem äußeren und inneren Druck nicht standhalten. Der frühe Einfluss der reformatorischen Bewegung führte zunächst in den Städten zur Einführung der neuen Lehre, während die Landesherren erst verhalten, dann aber bestimmt und auch aus ökonomischen Interessen insbesondere die großen Feldklöster säkularisierten. Lediglich das Frauenkloster in Bergen und das Annenstift in Stralsund konnten in Vorpommern unter veränderten Vorzeichen weiterbestehen. So verschwanden die altgläubigen Konvente am Ende des Mittelalters.

ANDREAS KIESELER

SCHULEN, SCHEUNEN, SCHLOSSKAPELLEN

Schicksale der Klosterbauten in Vorpommern nach der Reformation

Nachdem die neue Lehre Martin Luthers (*1483–†1546) Pommern zu Beginn der 1520er Jahre erreicht hatte und man in den meisten Städten und Gegenden des Landes bereits seit Längerem das Evangelium predigte, beschloss der Landtag zu Treptow an der Rega (Trzebiatów) am 13. Dezember des Jahres 1534 die Einführung der Reformation. Mit diesem Beschluss der pommerschen Landesversammlung wurde eine neue evangelische Landesordnung geschaffen. Nach den Reformatoren und dem Adel sollten die im Lande bestehenden altgläubigen Klöster in Bildungsstätten für junge protestantische Kleriker umgewandelt werden. Die pommerschen Herzöge strebten hingegen deren Auflösung an, da sie sich als rechtmäßige Besitznachfolger der einst von ihren Vorfahren gestifteten Klöster und Stifte sahen und die Auflösung der Klöster den Gewinn umfangreicher Klostergüter in Aussicht stellte. Letztlich setzten sich die Landesfürsten durch, und so fanden die Gebäude der Klöster, ihr Grundbesitz und anderes Eigentum, das man durch die u. a. von dem Reformator Johannes Bugenhagen (*1485–†1558) selbst durchgeführten Visitationen in den einzelnen Klöstern gewissenhaft registrierte, neue Eigentümer: Die sogenannten Feldklöster gingen zumeist in herzoglichen Besitz über, die städtischen Klöster wurden unter herzogliche oder städtische Verwaltung gestellt. Nur die pommerschen Frauenklöster blieben vorerst bestehen und sollten teils einen Sonderweg gehen.

Die Feldklöster

Durch die Einziehung der Feldklöster und deren zumeist umfangreicher Güter erweiterte sich der Grundbesitz der pommerschen Herzöge ganz erheblich. Im heutigen Vorpommern zählten hierzu insbesondere die Besitzungen der Klöster von Eldena, Hiddensee, Neuenkamp (Franzburg), Bergen, Krummin, Pudagla, Stolpe und Verchen, die nun dem Herzog von Pommern-Wolgast, Philipp I. (*1515–†1560), gehörten. In den neu eingerichteten herzoglichen Verwaltungseinheiten, den sogenannten Ämtern, dienten die verlassenen Klostergebäude als Sitze der Verwaltungsbeamten, denen die Bewirtschaftung und Administration der neu gewonnenen Güter oblag. In welcher Form die Amtsmänner die Gebäude nutzten und ob sich mit der neuen Funktion auch Umbauten verbanden, ist nur selten überliefert. Mit der Vielzahl an unterschiedlich großen, teilweise beheizbaren Räumlichkeiten in den zweigeschossigen und teilunterkellerten Klausurgebäuden, die mit Brunnen und Toiletten ausgestattet waren, boten die ehemaligen Klosterbauten jedenfalls vielfältige Nutzungsmöglichkeiten und wurden den an ein Amtshaus gestellten Anforderungen sicherlich mehr als gerecht.

Diese erste Nachnutzungsphase der Feldklöster als landesherrliche Verwaltungssitze, mit der hier und dort Umbauten und vielleicht schon Teilabrisse einzelner Klostergebäude verbunden waren, in der jenen grundsätzlich aber noch ein substanzieller Fortbestand beschieden war, hielt allerdings nicht lange an. So wurde das in den 1530er Jahren eingerichtete Rentamt auf Hiddensee schon 1570 aufgelöst und mit jenem in Bergen auf Rügen zusammengeführt. In der Folgezeit blieben die Hiddenseer Klostergebäude ungenutzt und verfielen zusehends, bis dann im Dreißigjährigen Krieg deren weitgehende Zerstörung erfolgte. Aus den verbliebenen Ruinen wurde später ein Gutshof errichtet, von dem sich heute nur noch das »Klostertor« (Abb. 1) und Reste der Umfassungsmauer erhalten haben.

Ähnlich rasch ging die Zerstörung des Hiddenseer Mutterklosters, der Abtei Neuenkamp, vonstatten, das nach der Reformation ebenfalls

Abb. 1: Hiddensee, das erst im 18. Jh. als Teil eines Gutes entstandene »Klostertor« steht im Bereich der Südwestecke der ehemaligen Klausur

in ein herzogliches Amt umgewandelt worden war und dessen wohl nur bereichsweise nachgenutzten Gebäude allmählich verfielen. Herzog Bogislaw XIII. (*1544–†1606), Mitregent seines älteren Bruders Johann Friedrich (*1542–†1600) im Herzogtum Pommern-Wolgast, hatte 1569 im Erbvertrag von Jasenitz (Jasienica) auf alle Ansprüche auf das Herzogtum verzichtet und war mit den Ämtern Barth und Neuenkamp abgefunden worden. Ab 1579 ließ er sich an der Stelle der ehemaligen Zisterzienserabtei eine prunkvolle Residenz errichten und gründete 1587 neben dieser eine Handwerkersiedlung, die er nach seinem Schwiegervater, Herzog Franz von Braunschweig-Lüneburg (*1508–†1549), »Franzburg« nannte (Abb. 2). Dabei wurden die noch erhaltenen Gebäude des Klosters abgerissen und deren Steine zum Aufbau des Schlosses und der neuen Stadt verwendet. Die Klosterkirche wurde bis auf ihren südlichen Querarm abgetragen, dieser dann nach dem Vorbild der Stettiner Schlosskapelle umgebaut und in den Schlossneubau inte-

Abb. 2: Ansicht von Franzburg (1615), die Stadt und das Schloss mit Kapelle – dem umgebauten südlichen Querarm der ehemaligen Zisterzienserkirche

griert (Abb. 3). Die prächtige Vierflügelanlage, die nach den Residenzen in Stettin (Szczecin) und Wolgast als das drittgrößte Schloss Pommerns galt, verlor nach dem Regierungsantritt Bogislaws in Stettin im Jahre 1605 ebenso wie die wirtschaftlich nicht gedeihen wollende Stadt Franzburg an Bedeutung. Das Schloss spielte nur 1627 noch einmal eine Rolle, als hier die »Franzburger Kapitulation« unterzeichnet wurde, durch welche sich Pommern im Dreißigjährigen Krieg dazu verpflichtete, die kaiserlichen Truppen einzuquartieren. Die Residenz, die bereits 1628 bei der Belagerung Stralsunds durch die Truppen Wallensteins (*1583–†1634) geplündert und verwüstet worden war, ereilte im 17. Jahrhundert

Abb. 3: Franzburg, Blick in den Innenraum des als Schlosskirche genutzten Querschiffs der ehemaligen Kirche des Klosters Neuenkamp

dasselbe Schicksal wie etwa ein Jahrhundert zuvor das Kloster. Es wurde abgetragen und die Steine zum Neubau von Befestigungsanlagen sowie eines Stadtpalais' für den schwedischen Generalstatthalter nach Stralsund transportiert. Heute steht in Franzburg nur noch die in der Zwischenzeit zur Pfarrkirche umgewandelte ehemalige Schlosskapelle bzw. der Südarm der vormaligen Klosterkirche.

Die älteste und dritte große Zisterzienserabtei im vorpommerschen Raum, das vor den Toren Greifswalds gelegene Eldena, wurde nach ihrer Säkularisation ebenfalls als herzogliches Amtsgebäude genutzt. Die Klosteranlage diente jedoch nicht nur als Sitz des Amtshauptmanns, sondern zuweilen auch als Versammlungsgort für Verhandlungen zwischen der Stadt Greifswald und dem pommerschen Herzog. Welchen Funktionen die einzelnen Gebäudeteile des Klosters in der damaligen Zeit zukamen, ist weitgehend unbekannt. Aus einem Besichtigungsprotokoll der Eldenaer Gebäude von 1611 geht immerhin hervor, dass Teile des Ostflügels als Kornlager genutzt wurden. 1634 übergab Herzog Bogislaw XIV. (*1580–†1637) das Amt Eldena der Greifswalder Universität, die nun ihrerseits einen Amtmann zur Verwaltung der Güter einsetzte. Stärker in Mitleidenschaft gezogen wurden die klösterlichen Gebäude dann erst im Dreißigjährigen Krieg. Wie kurz zuvor das Franzburger Schloss wurde das ehemalige Kloster Eldena 1630 von kaiserlichen Truppen geplündert und dabei vor allem die Kirche, die schon damals als Pferdestall diente, beschädigt. Der eigentliche Niedergang des Klosterkomplexes folgte aber erst 1638, als die Schweden die Bauten abrissen, um Steine für den Bau der »Wiecker Schanze« am Nordufer des Rycks zu gewinnen (Abb. 4). Dabei wurden auch die Dächer der Kirche und der Klausurgebäude entfernt, sodass die Gewölbe einstürzten und die restlichen Baulichkeiten nun völlig schutzlos der Witterung ausgesetzt waren. Lediglich der Ostflügel blieb von diesem Abbruch einigermaßen verschont, wurde in der Folgezeit renoviert und teils zur Wohnung des Amtsmanns, teils zum Pferdestall umfunktioniert. Bis in das 18. Jahrhundert sollte das sogenannte »Alte Amtshaus«, der Nordteil des

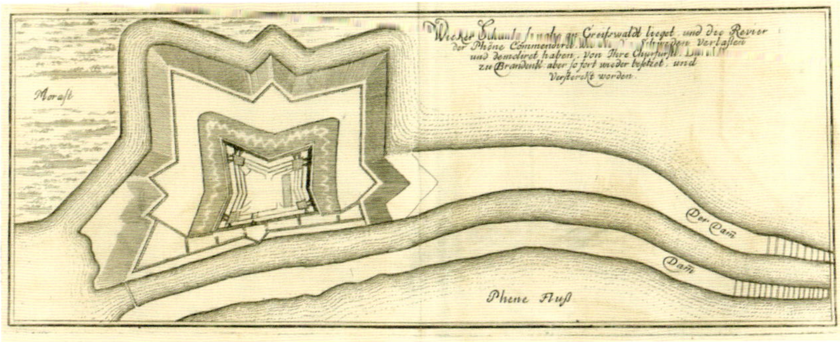

Abb. 4: Wieck bei Greifswald, die aus abgetragenen Steinen des Klosters Eldena errichtete »Wiecker Schanze« auf einem Kupferstich von Matthaeus Merian, 1682

ehemaligen Ostflügels, als Wohngebäude für Amtsmänner und Hofangestellte genutzt werden. Der südliche Teil des Ostflügels war zunächst Stall, diente danach als Hafer- und Gerstenscheune. Die nicht kontinuierlich genutzten Flügel im Süden und Westen wurden hingegen in mehreren Abrissphasen im 17. und 18. Jahrhundert weitgehend beseitigt. Auch die Kirche trug man zur Steingewinnung ab – 1684 die Umfassungsmauern und in der Zeit von 1728 bis 1736 Vierung und Chor. Der fortschreitenden Zerstörung der klosterzeitlichen Gebäudesubstanz wurde erst durch das Aufkommen der Romantik im frühen 19. Jahrhundert Einhalt geboten, als sich vor allem Greifswalder Universitätsprofessoren und Beamte für den Schutz und den Erhalt der mittelalterlichen Klosterreste einsetzten. Im Rahmen verschiedener »denkmalpflegerischer« Initiativen wurde dann die Klosterruine, die später durch die Gemälde und Zeichnungen Caspar David Friedrichs (*1774–†1840) Berühmtheit erlangen sollte, als solche hergerichtet: Alte Katen und ein Schweinestall im Bereich der Kirche wurden abgerissen, Reparaturen an den mittelalterlichen Bauten durchgeführt, das gesamte Klosterareal planiert und in diesem ein Park angelegt (Abb. 5).

Neben diesen drei Anlagen gehörten zu den aufgelösten Feldklöstern der in Vorpommern vertretenen Männerorden noch das Zister-

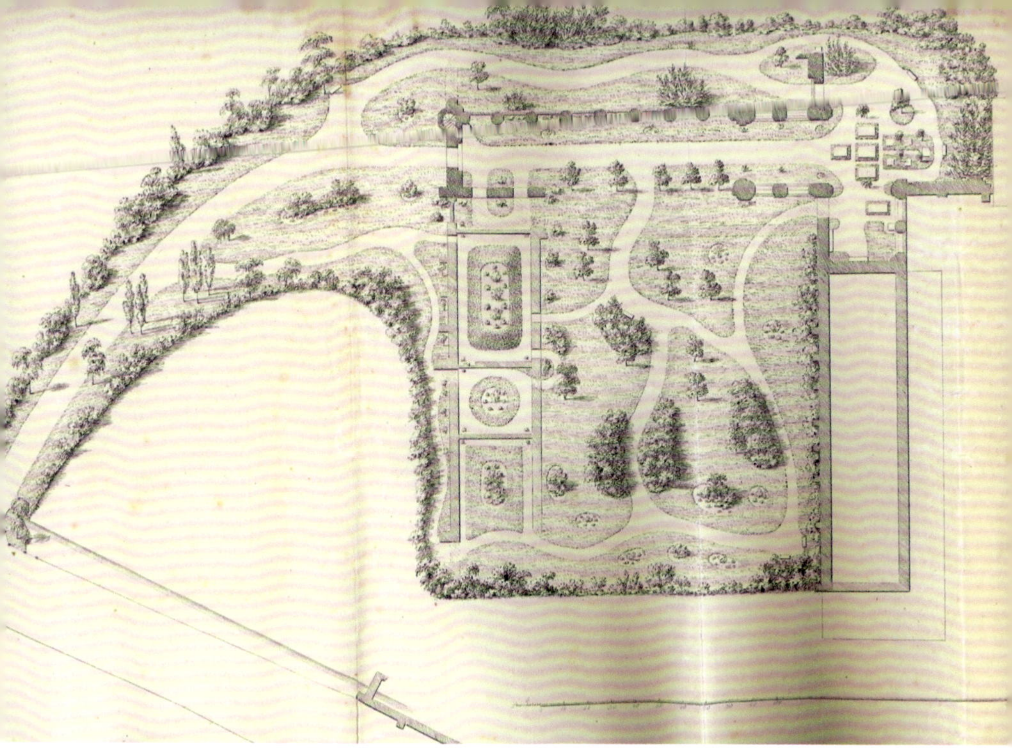

Abb. 5: Plan der Parkanlage von Wilhelm Schilling, 1829, der Park liegt auf dem Gelände der ehemaligen Abtei Eldena

zienserkloster in Stolpe an der Peene, das 1153 als Benediktinerkloster gegründet worden war, und das Prämonstratenser-Chorherrenstift in Pudagla auf Usedom. Das Kloster an der Peene diente nach dessen Auflösung ebenfalls als Amtssitz eines Hauptmanns, und gelegentlich sollen hier auch die pommerschen Herzöge Hof gehalten haben. Als im Dreißigjährigen Krieg die kaiserlichen Truppen bei Stolpe über die Peene setzen wollten, brannte das Kloster bis auf die Umfassungsmauern ab. Nach notdürftigen Reparaturen konnten die Klausurgebäude weiterhin als Amtsgebäude genutzt werden, und bis in das 19. Jahrhundert erfolgten mehrere Um- und Anbauten der teils noch zweigeschossig erhaltenen Klausurgebäude. Heute sind vor Ort nur noch der tonnengewölbte Turmunterbau der ehemaligen Klosterkirche und das aus Steinen des zerstörten Klosters errichtete »Amtshaus« zu sehen (Abb. 6), das späterhin als Kirche und Leichenhaus diente.

Ebenso rasch gingen die Gebäude des 1534/35 aufgelösten Prämonstratenserstifts in Pudagla zugrunde, das man zunächst auch in ein herzogliches Amt umgewandelt hatte. Die Klostergüter kamen in den kommenden 100 Jahren unter Verwaltung adeliger Amtsleute, zu denen auch Vögte der nahen Stadt Usedom gehörten. Was mit den Stiftsbauten geschah, ist im Einzelnen nicht bekannt. Mittelalterliche Back- und Formsteine, die zum Bau des 1574 errichteten und noch heute stehenden Schlosses (Abb. 7) Verwendung fanden, lassen darauf schließen, dass man dieses weitgehend aus den Steinen abgebrochener Stiftsgebäude errichtet hatte. Hier waren also wahrscheinlich schon große Teile des Stifts im Zuge der Errichtung des Schlosses, das als Wittumssitz zweier pommerscher Herzoginnen – Marias von Sachsen (*1515 –

Abb. 6: Stolpe an der Peene, links die Kirchenruine, rechts das später aus Abbruchsteinen des Klosters errichtete Amtsgebäude von Nordwesten

Abb. 7: Pudagla, das 1574 errichtete Schloss von Norden

†1583) und Agnes' von Brandenburg (*1584–†1629) – und wohl auch als Sitz der herzoglichen Amtsleute diente, zerstört worden. In einer Beschreibung des Pudaglaer Amts von 1654 ist dann zu lesen, »*daß nichts mehr, alß die Kirche undt ein theill von den niedrigen münchs Zellen, wie auch theils Mawren[?] vumbher noch davon vbrig*« (nach Brandt/Lissok 2018, S. 64) waren. Zuletzt wurden um- oder ausgebaute Gebäude des ehemaligen Stifts wohl noch als Wirtschaftsgebäude des späteren Amtshofs genutzt, so das noch backsteingotische Elemente aufweisende »*Brau und Brenn Hause*«. Dieses wurde dann als letztes oberirdisches Überbleibsel der einstigen Stiftsbauten im Jahre 1984 gesprengt.

Auch die beiden Frauenklöster in Verchen und Krummin auf Usedom wurden in herzogliche Ämter umgewandelt, obwohl das Verchener Nonnenkloster ursprünglich zu jenen pommerschen Frauenklöstern gehörte, die nach herzoglicher Order als evangelische Damenstifte weiterbestehen sollten (siehe unten). Das Krumminer Kloster wurde nach der Reformation dem Amt Wolgast zugewiesen, blieb aber noch für längere Zeit bestehen. Im Jahr der Klosterauflösung 1563 lebten dort noch acht Nonnen, wobei die Klosterkirche schon seit mehreren Jahren als evangelische Pfarrkirche genutzt worden war. Im Dreißigjährigen Krieg erlitten die Klostergebäude und das Dorf Krummin starke Zerstörungen; zum Wiederaufbau des Ortes und zur Reparatur der Kirche wurden die Ruinen des Klosters abgerissen. Auch in Verchen hat sich – neben einigen Wirtschaftsgebäuden – bis in unsere Zeit nur die ehemalige Klosterkirche erhalten.

Die Stadtklöster

Gänzlich anders verhielt es sich mit den in den Städten liegenden Klöstern der Bettelorden, die in Pommern insgesamt sehr zahlreich und allein im vorpommerschen Raum mit sieben Klöstern der Dominikaner, Franziskaner und Augustiner-Eremiten vertreten waren. Sie gingen zumeist in städtischen Besitz über, wurden manchmal aber auch dem Landesherrn übereignet, so etwa das Kloster der Augustiner-Eremiten in Gartz an der Oder. Bereits in den 40er Jahren des 16. Jahrhunderts ließ Herzog Philipp I. die Anlage in einen herzoglichen Stadthof umbauen, wobei zahlreiche Gemächer und Kammern für ihn, seine Frau, Gäste und Bedienstete errichtet wurden. Der zuständige Zimmermann wurde beauftragt, die kleinen Mönchszellen mit Brettern abzusperren und in den Kreuzgängen Pferdestände einzurichten. Der zum Herzogssitz umgebaute Klosterbau, den man die »*Freiheit unseres gnädigen Herrn*« nannte, bestand jedoch nicht lange. 1578 wurde er bei einem Brand zerstört und in der Folgezeit nicht wieder aufgebaut. Heute ist von dem herzoglichen Hof bzw. ehemaligen Kloster oberirdisch nichts mehr erhalten; mittelalterliche Gebäudereste und Gräber könnten auf dessen Lage in der Großen Mönchenstraße hindeuten.

Ebenso ging das Anklamer Kloster der Augustiner-Eremiten – mit dem Einverständnis des städtischen Rats – in den Besitz des Herzogs über und sollte diesem als städtisches Quartier dienen. Da aber bereits 1530 »*die Spizze des Klosters durch einen Wetterstrahl niedergeschlagen*«

(nach Steinbrück 1796, S. 6) und die Klostergebäude offenbar stark beschädigt worden waren, ordnete Herzog Ernst Ludwig (*1545–†1592) im Jahre 1561 den Abbruch des Gebäudes an, dessen Steine dann nach Greifswald zur Errichtung neuer Universitätsgebäude abtransportiert wurden.

Schlimm war es auch um die Anlagen bestellt, für deren Gebäude man nach der Klosterauflösung so recht keine Verwendung fand, was vermutlich in Pasewalk der Fall war. Das Dominikanerkloster St. Peter und Paul wurde, nachdem es von den bei einem Aufruhr im Jahre 1532 misshandelten Mönchen wohl schon weitgehend verlassen worden war, keiner neuen Nutzungsform zugeführt. Der geringe Grundbesitz des Klosters, vor allem Gartenland und Wiesen, wurde verpachtet und verkauft. Was mit dem Klosterkomplex selbst geschah, ist kaum bekannt. Nach einer Beschreibung von 1714 waren jedoch »*von der Herrlichkeit der stolzen Klostergebäude*« nur noch Ruinen übriggeblieben, von denen Teile, sicher der einstmaligen Klausur, als Wohnhaus genutzt wurden, während die Kirche nur noch einen »*Mauer- und Feldsteinhaufen*« bildete (nach Freyberg 1847, S. 320). Die Ruinen des – wie sich erst bei Ausgrabungen vor ein paar Jahren zeigte – im Westen der Pasewalker Altstadt gelegenen Klosters mussten dann, nachdem die Stadt 1720 an Preußen gekommen war, restlos der Errichtung eines Montierungsgebäudes, eines Exerzierplatzes und einer Reitbahn weichen.

Ganz anders lag der Fall in den beiden bedeutenden vorpommerschen Zentren Stralsund und Greifswald, in denen die Gebäude und Besitzungen der aufgelösten Klöster der Dominikaner und Franziskaner ebenfalls in städtischen Besitz übergingen. Am ausführlichsten sind wir über die Nachnutzung des Stralsunder Johannisklosters informiert, das schon 1525 beim sogenannten »Kirchenbrechen« geplündert und teilweise demoliert worden war. In den Gebäuden des Klosters wurde eine Armenanstalt eingerichtet, deren Bewohner – wie eine Armenordnung von 1540 vermerkt – strenge Regeln zu befolgen hatten: Bei mehr oder minder schwerer Strafe war es u. a. verboten, den Gottesdienst zu

Abb. 8: Plan der Stadt Stralsund von Johannes Staude, 1647, hervorgehoben ist das ehemalige Johanniskloster mit der ruinösen Kirche

versäumen, Streit zu beginnen, sich tagsüber in Wirtshäusern aufzuhalten, im betrunkenen Zustand angetroffen zu werden oder zugewiesene Arbeiten innerhalb der Anstalt abzulehnen. Neben den sogenannten Pövenern, also Pfründnern, die sich durch einen kleinen Geldbetrag einen Platz in der Anstalt sichern und vergleichsweise privilegiert in den ehemaligen Mönchszellen wohnen konnten, wurde die große Schar an gänzlich Mittellosen in den großen Gemeinschaftssälen des ehemaligen Klosters untergebracht. Versorgt wurden die Insassen durch einen anstaltseigenen Wirtschaftshof mit Bäckerei und Brauerei, aber auch durch finanzielle Zuwendungen sowie Kleider-, Lebensmittel- und Brennholzspenden der Stralsunder Bürgerschaft.

Am Weihnachtsabend 1624 brach im ehemaligen Kloster »*durch die Verwahrlosung eines alten Weybes*« (nach Ewe 1990, S. 22) ein Feuer aus, das die Kirche vollständig und wohl auch die anschließenden Wohn- und Versorgungsgebäude des Armenhauses teilweise zerstörte (Abb. 8). Während die ehemaligen Klausurflügel im Osten und Westen instand-

Abb. 9: Stralsund, die Johanniskirche mit dem westlich davor liegenden Hof mit Arkadengang im ehemaligen Schiff der Klosterkirche, um 1900

gesetzt wurden, wurde die Ruine des Nordflügels abgerissen. Auch die große Hallenkirche sollte nicht wieder aufgebaut werden. Bis 1651 wurde der Chor zur Johanniskirche umgebaut, die später als Pfarrkirche, in den zahlreichen Kriegen, von denen die Stadt betroffen war, aber auch als Gefangenenlager und Lazarett diente. Das in seinen Grundmauern noch bestehende Schiff der ehemaligen Klosterkirche wurde nicht wieder eingedeckt, stattdessen leicht nach Süden vergrößert und die Umfassungsmauern im Innern mit einem umlaufenden Kreuzgang versehen (Abb. 9). Dieser Hof diente bis 1850 weiterhin als Bestattungsareal, sollte aber auch als Abstell- und Marktplatz genutzt werden.

In der ersten Hälfte des 19. Jahrhunderts kamen zu den Quartieren der Prövener und dem Armenhaus, das zeitweilig völlig überlaufen war, noch zwei weitere gemeinnützige Einrichtungen – 1827 im Westflügel die »Kinderstube der Armenpflege«, in der bis zu 100 Kinder aus den ärmsten Stralsunder Familien aufgenommen wurden, und 1837 in einem Anbau am Ostflügel eine Taubstummenanstalt, in der behinderte Kinder erzogen wurden und handwerkliche Berufe erlernen konnten. So wohnten in dem ehemaligen Klosterkomplex um die Mitte des 19. Jahrhunderts insgesamt 376 (!) Personen. Nach dem Zweiten Weltkrieg, in dem die Bauten des Johannisklosters bei einem Bombenangriff erneut stark in Mitleidenschaft gezogen worden waren, dienten Teile der erhaltenen Gebäude weiterhin zu Wohnzwecken, ab den 1980er Jahren als Sitz des Stralsunder Stadtarchivs.

Das im Südwesten der Stralsunder Altstadt gelegene Kloster der Dominikaner – heute die am besten erhaltende Klosteranlage in ganz Pommern – wurde ebenfalls zur Aufnahme gemeinnütziger Einrichtungen bestimmt. Zunächst wurden hier noch für ein paar Jahre die Nonnen aus dem vor dem Tribseer Tor gelegenen Birgittenkloster Mariakron untergebracht, das man zum Bau von Befestigungsanlagen im Westen der Stadt alsbald vollständig abtragen sollte. Wohl nachdem die letzte Nonne verstorben war, wurde dann im Katharinenkloster ein städtisches Gymnasium eingerichtet, womit auch mehrere Umbauten zur Errichtung von Schulräumen und Wohnungen für das Lehrpersonal einhergingen. Andere Gebäudeteile dienten außerdem als städtisches Arsenal, in der Schwedenzeit als Zeughaus, und später kam hier noch ein Waisenhaus unter. Seit dem frühen 20. Jahrhundert wird das ehemalige Kloster als Museumsgebäude genutzt.

Im Greifswalder Franziskanerkloster richtete die Stadt nach der Reformation ebenfalls eine Stadtschule ein. Sie fand zunächst im Ostflügel Platz, wo auch mehrere Wohnungen für die Lehrer entstanden. In dem sich südlich anschließenden, heute noch erhaltenen »Guardianshaus« (Abb. 10), der ehemaligen Klosterbibliothek, wurde u. a. eine Warte-

Abb. 10: Greifswald, das Pommersche Landesmuseum mit dem sogenannten »Guardianshaus« – der ehemaligen Klosterbibliothek

schule eröffnet – eine in der ersten Hälfte des 19. Jahrhunderts aufkommende, den späteren Kindergärten vergleichbare Einrichtung für Kinder sozial schwacher Familien. Im Westflügel des ehemaligen Klosters war bereits in den 1560er Jahren ein Armenhaus untergebracht worden. Dieses musste dann 1819 wegen Baufälligkeit abgebrochen werden und wurde 1845 vollständig durch einen Neubau ersetzt. In der Klosterkirche wurden zunächst noch evangelische Gottesdienste gehalten, bis sie – im Dreißigjährigen Krieg bereits stark beschädigt und im Siebenjährigen Krieg der Lagerung von Pferdefutter dienend – schließlich zwischen 1781 und 1789 abgerissen wurde. An ihrer Stelle wurde dann der Neubau für die große Stadtschule errichtet (heute Gemäldegalerie). Seit 2005 befindet sich hier in einem modernen Gebäudekomplex, der die älteren Bauten miteinander verbindet, das Pommersche Landesmuseum.

Auch für das im Nordwesten Greifswalds gelegene Dominikanerkloster (Abb. 11) wurde eine gemeinnützige Nachnutzung anvisiert. So

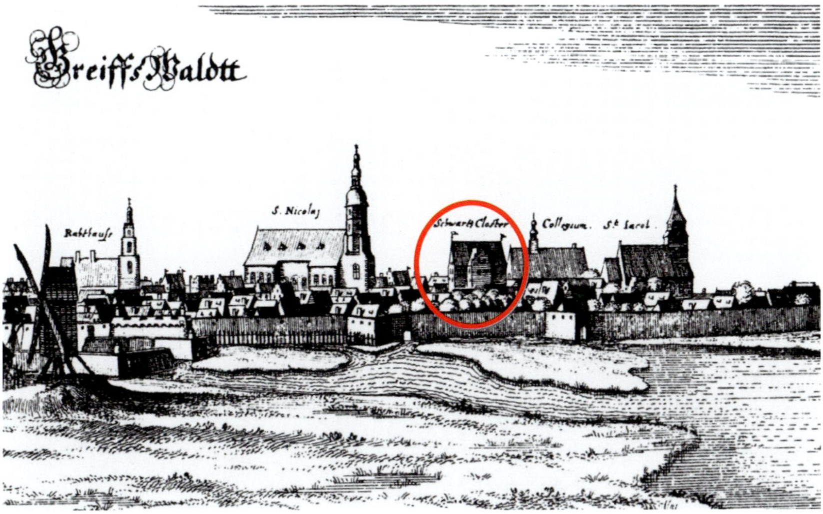

Abb. 11: Stadtansicht Greifswalds von Matthaeus Merian, 1652, hervorgehoben ist das »Schwartz Closter« der Dominikaner

wurde bei der Visitation von 1558 bestimmt, dass die Klosterkirche aufgrund ihres desolaten Zustands abgerissen und das dabei gewonnene Steinmaterial zur Ausbesserung der anderen Klostergebäude verwendet werden sollte, um diese dann als Armenhaus zu nutzen. Die Klosterbauten gerieten jedoch schon kurze Zeit später samt baufälliger Kirche und beistehendem Brauhaus in den Besitz der Greifswalder Universität. Die beim Abbruch der Kirche gewonnenen Steine wurden zum Ausbau des östlichen Klausurflügels genutzt, in dem man Wohnungen für Universitätsprofessoren einrichtete; im Westflügel fanden später der »Freitisch« (Studentenmensa) und die Universitätsdruckerei Platz. In der Mitte des 19. Jahrhunderts wurden die noch bestehenden Gebäude des ehemaligen Klosters bei der Errichtung des Universitätsklinikums und verschiedener Institute vollständig abgetragen.

Das Bergener Jungfrauenstift

Einen Sonderweg ging das Zisterzienserinnenkloster in Bergen auf Rügen. Schon auf dem Landtag zu Treptow im Jahre 1534 hatte man beschlossen, dass die pommerschen Frauenklöster als Lehranstalten für die Töchter des Landadels bestehen bleiben sollten, und 1541 einigten sich die beiden Herzöge Philipp I. und Barnim IX. (*1501–†1573) darauf, »*5 bisherige Nonnenklöster ihrer Lande, nemlich zu Bergen auf Rügen, Stolpe [Słupsk], Marienfließ [Marianowo], Verchen und Colberg [Kołobrzeg] zu erhalten*« (nach Wichert 2005, S. 14). Im vorpommerschen Raum betraf dies dann aber letztlich nur das Bergener Kloster, da das Zisterzienserinnenkloster in Verchen, wie oben erwähnt, doch in ein Amt umgewandelt wurde.

Mit der Einrichtung eines evangelischen Damenstifts war die Zukunft der Bergener Jungfrauengemeinschaft und vorerst auch der Erhalt der Klostergebäude gesichert. Die bereits im Kloster lebenden Frauen durften ihr altes Bekenntnis beibehalten, neu eintretende Damen mussten sich jedoch zur neuen Kirchenlehre bekennen. Nonnenwesen und die zisterziensische Lebensweise wurden zwar abgeschafft, doch die 1560 für die Damenstifte eingeführten Vorschriften unterschieden sich von den alten Regeln nur unwesentlich.

Mit dem Einzug des alten klösterlichen Besitzes im Jahre 1573 wurde das Damenstift jedoch frühzeitig seiner wirtschaftlichen Grundlage beraubt, womit es der Gnade der sich selbst häufig in Geldnot befindlichen Landesherrn ausgesetzt war. Durch mehrere Pestwellen, wiederholte Zerstörungen und Plünderungen in der Zeit des Dreißigjährigen Krieges und finanzielle Forderungen der schwedischen Besatzungsmacht zusehends gebeutelt, geriet das Stift im 17. Jahrhundert in immer größere finanzielle Not, was sich auch an den Gebäuden bemerkbar machte. Die ehemalige Klosterkirche verfiel allmählich, und schon in den 1660er Jahren hatte man Teile des beschädigten Kreuzganges abbrechen müssen. Der Bauzustand der Klausur war in jener Zeit so schlecht, dass einige Nonnen zur Miete in Bergen oder in kleinen, neu

Abb. 12: Eines der nach 1732 errichteten Stiftsgebäude, heute Stadtmuseum Bergen, Foto um 1900

errichteten Buden im Stiftsareal wohnen mussten. Nachdem es sukzessive zu weiteren Beschädigungen gekommen war, entschied man sich 1732 zum Abriss der alten Kloster- und zum Bau neuer Stiftsgebäude. In einem der beiden noch heute bestehenden Bauten (Abb. 12) wurde 1807 ein Lazarett eingerichtet. Aufgrund der auch nach den Napoleonischen Kriegen anhaltenden schlechten Finanzlage verzichtete man endgültig darauf, den ursprünglich geplanten dritten Trakt im Norden des Stiftshofs zu errichten. Das Ende des Stifts kam 1945 mit der russischen Besetzung der Insel. Am 15. Mai erging an die Insassen der Räumungsbefehl, kurz darauf bezogen Soldaten der Roten Armee die Gebäude und schlugen Schießscharten in die Klostermauer. Ein später gefasster Plan, in den Gebäuden ein Altersheim einzurichten, ließ sich nicht in die Tat umsetzen; es diente im Anschluss im Wesentlichen zu Wohnzwecken. Heute beherbergt eines der beiden Stiftsgebäude das Bergener Stadtmuseum.

Wie gesehen, wurden die zahlreichen Klosteranlagen Vorpommerns in der nachreformatorischen Zeit verschiedenen Zwecken zugeführt, die sich in erster Linie nach dem neuen Besitzer richteten – den pommerschen Herzögen oder den Städten. Während die an die Landesherrn übergebenen Feldklöster mit Ausnahme des Bergener Nonnenklosters, das in ein protestantisches Damenstift umgewandelt wurde, als Verwaltungssitze für die neu gewonnenen Güter dienten, richteten die Städte in den ihnen übertragenen Stadtklöstern verschiedene gemeinnützige Institutionen, vor allem Armenhäuser und Schulen, ein. Ausnahmen bildeten dabei Stadtklöster, die – wie die Augustiner-Eremitenklöster in Anklam und Gartz – an den Herzog oder – wie das Dominikanerkloster in Greifswald – an die dortige Universität fielen, die diese gemäß ihrer eigenen Bedürfnisse nutzbar machten. Abgesehen von den verschiedenen Umbauten, Teilabrissen und Neugestaltungen der mittelalterlichen Klostergebäude, die im Zuge der jeweiligen Nachnutzungen notwendig wurden, sind viele vorpommersche Klöster dann vor allem durch Kriegshandlungen, Belagerungen und Plünderungen – insbesondere in der Zeit des Dreißigjährigen Krieges –, aber auch einfach durch Blitzschlag und Schadenfeuer derart zerstört worden, dass ein erneuter Aufbau nicht lohnte oder finanzierbar war. Dass darüber hinaus die Gebäude der städtischen Klöster tendenziell eine größere Chance hatten fortzubestehen, als jene der Feldklöster, liegt auf der Hand: Während die Gebäudekomplexe der städtischen Bettelorden eine willkommene Erweiterung des eng begrenzten städtischen Nutzraums bildeten und ohne Weiteres in der einen oder anderen Form nachgenutzt werden konnten, ergaben sich für die abseits der großen Zentren, zumeist in kleinen Ortschaften gelegenen Anlagen nach der Aufgabe bzw. Schließung der herzoglichen Ämter bald keine neuen Nutzungsmöglichkeiten. Nur den ehemaligen Klosterkirchen kam – wie in Verchen und Krummin geschehen – eine neue Funktion als Pfarrkirche zu. Von den imposanten Klosterbauten Vorpommerns haben sich so bis in die heutige Zeit nur sehr wenige erhalten.

KATALOG

ALTENTREPTOW

Benediktinerinnen
heute kein Baubestand mehr

Geschichte Das Benediktinerinnenkloster in Altentreptow gehörte zu den ältesten Frauenklöstern in Pommern. Gegründet wurde es wenige Jahre vor 1200 von den slawischen Adeligen Heinrich und Bortz in unmittelbarer Nachbarschaft zu einer damals wichtigen Verwaltungsburg, die strategisch günstig auf einer Anhöhe über dem Tollensetal lag. Das Kloster errichtete man auf dem »Marienberg«, dem heutigen »Klosterberg« , einer kleinen, langgezogenen Anhöhe unweit und somit im Schutze der herzoglichen Burg. Wann genau man mit der Errichtung des Klosters begann und wie lange die Nonnen auf dem »Klosterberg« blieben, ist unbekannt. Aus schriftlichen Quellen weiß man nur, dass sie schon von 1239 in das nördlich gelegene Klatzow umzogen, von dort dann wenige Jahre später an einen Ort namens »Marienwerder« und schließlich 1269 nach ▸VERCHEN, wo das Kloster bis zu seiner Auflösung in der Reformationszeit bestand. Von dem Ursprungskonvent hat sich oberflächlich nichts erhalten. Dass der »Klosterberg« tatsächlich nur für kurze Zeit von den Nonnen bewohnt wurde, zeigt sich auch im Lichte der vor einigen Jahren durchgeführten archäologischen Ausgrabungen: Bei diesen fanden sich nur die Reste einer kleinen, wohl unvollendeten Klosterkirche, jedoch keine Spuren von anderen Klostergebäuden. Womöglich hatte man für die Nonnen zunächst nur einfache Holzgebäude errichtet, die heute restlos vergangen sind.

Sehen und Erleben Auf dem parkartig gestalteten »Klosterberg«, der ca. 850 m nördlich der Altentreptower Altstadt liegt, ist heute – neben einer Informationstafel, die über die Geschichte des Klosters Auskunft gibt – nur noch der rekonstruierte Grundriss der Klosterkirche zu sehen. Im Südwesten des »Klosterbergs« liegt der sog. »Große Stein«, der mit etwa 450 t

Der ehemalige Klosterstandort mit Informationstafeln

Gewicht einer der größten Findlinge im norddeutschen Raum ist. In der Altstadt von Altentreptow sind die St.-Peter-Kirche aus dem 14./15. Jahrhundert und die beiden um 1450 errichteten Stadttore sehenswert. Auf der Landstraße L35 erreicht man nordwärts nach etwa 15 km die mittelalterliche Burganlage Klempenow und eine dort gelegene Kanustation, von der man zu Wasser das idyllische Tal der Tollense erkunden kann.

Anreise Altentreptow liegt unmittelbar westlich der Autobahn A20 (Ausfahrt 29 – Altentreptow), der Klosterberg befindet sich im Norden der Stadt zwischen der Klosterberg-Straße und der Landstraße L35, in einem kleinen Wäldchen unmittelbar neben der Sporthalle »Am Klosterberg«, wo sich Parkplätze befinden.

Internet:
www.altentreptow.de/
Freizeit-Tourismus/Klosterberg/

ANKLAM

Augustiner-Eremiten
heute kein Baubestand mehr

Geschichte 1304 wurde auf Initiative des Bischofs von Cammin Heinrich von Wacholz in Anklam ein Kloster der Augustiner-Eremiten gegründet. Der eigentliche Gründungsakt erfolgte im Jahr 1310. Die ankommenden Mönche erhielten einen Bauplatz in der heutigen Brüderstraße/Klosterstraße. Der Konvent besaß eine umfangreiche Bibliothek, und innerhalb der Klostermauern wurde eine Schule eingerichtet. Anfang des 16. Jahrhunderts schloss sich der Konvent der strengen Ordensausrichtung, der sog. Observanz an, der auch Martin Luther angehörte und die auf eine strickte Einhaltung der Besitzlosigkeit achtete. Im Zuge der Reformation übergaben die Mönche das Kloster 1530 an den Rat der Stadt. Ein Teil der Mönche schloss sich der Reformation an und trat aus dem Orden aus, ein anderer Teil verblieb im Orden, und die Stadt räumte diesen ein Wohnrecht bis zu deren Lebensende ein. 1545 verstarb der letzte Mönch. 1561 wurde die Klosteranlage abgerissen und das Areal mit Wohnbauten neu bebaut. Heute erinnern nur noch die Straßennamen an die einstige Klosteranlage.

Sehen und erleben Von den einstigen Klostergebäuden hat sich im heutigen Stadtbild nichts erhalten. Informationen zum Kloster erhält man im Rahmen der Dauerausstellung zur Stadtgeschichte im Stadtmuseum »Museum im Steintor«. Die Stadt mit ihren vielen historischen Gebäuden lädt zu einem Rundgang ein. Dem berühmten Sohn der Stadt, Otto Lilienthal, ist ein Museum gewidmet, das Einblicke in die Pionierzeit von Flugzeugentwicklung und -bau gibt.

Umgebung Als Naturerlebnis bietet sich von Anklam aus ein Ausflug in den unmittelbar angrenzenden »Naturpark Flusslandschaft Peenetal« an, das größte zusammenhängende Niedermoorgebiet Mitteleuropas. Bei mehrstündigen Touren mit Führungen oder Fluss-

Die Stadtansicht von Anklam aus der Stralsunder Bilderhandschrift, 1615

Safaris auf der Peene lässt sich die vielfältige Naturlandschaft erkunden. Ein Paddelboot- und Fahrradverleih in Anklam ermöglicht individuelle Ausflüge. Die Stadt Anklam liegt an der Zufahrt zur Insel Usedom, die mit ihrem feinsandigen Ostseestrand und den Kaiserbädern Heringsdorf, Bansin und Ahlbeck zu einem Besuch einlädt.

Veranstaltungen Sommermusikreihe in der Marienkirche von Anklam (Juli und August); »Die Peene brennt«, Open-Air-Veranstaltung am Anklamer Peeneufer der Vorpommerschen Landesbühne (immer erste Septemberwoche)

Anreise Anklam ist über die A20 (Abfahrt Anklam oder Jarmen) und die B109, 110 oder 197 zu erreichen. Zugverbindungen stehen von Berlin in Richtung Stralsund oder von Rostock über Stralsund und Greifswald zur Verfügung. Regelmäßiger Busverkehr besteht nach Wolgast, Stadt Usedom, Heringsdorf und Greifswald.

Öffnungszeiten: Museum im Steintor: Mai bis Sept. Di.–Fr. 10–17 Uhr, Sa., So. 13–17 Uhr; Okt. bis April Mi.–Fr. 11–15.30 Uhr, So. 13–15.30 Uhr

Adresse: Museum im Steintor, Schulstraße 1, D-17389 Anklam

Internet: www.anklam.de; www.museum-im-steintor

BERGEN

Zisterzienserinnen

ehem. Klosterkirche erhalten

Geschichte Im Jahr 1193 ließ der Fürst von Rügen Jaromar I. Zisterzienserinnen aus dem Kloster Vor Frue in Roskilde nach Bergen kommen, wo er ihnen die bereits von dänischen Baumeistern seit den 1180er Jahren errichtete Kirche übergab. Die romanische Klosterkirche erhielt Anfang des 14. Jahrhunderts ein gotisches Langhaus und einen reich durchfensterten Chorbereich. Die Wandmalereien im Kirchenschiff (um 1200) gehören zu den ältesten Malereien in Mecklenburg-Vorpommern und gehen zurück auf dänische Werkmeister. Südlich der Kirche lagen die Klausurbauten mit Kreuzgang, die sich um einen quadratischen Innenhof gruppierten. Im sog. Pförtnerhaus haben sich Teile des Refektoriums, des Speisesaals der Nonnen, erhalten. Nach der Reformation wurde in den mittelalterlichen Räumlichkeiten ein evangelisches, adeliges Damenstift eingerichtet, das bis 1945 existierte. Im Dreißigjährigen Krieg wurden diese Gebäude großteilig zerstört. Mit dem Wiederaufbau in den Jahren von 1731 bis 1736 erhielten die Stiftsdamen zwei neue Wohnhäuser, in denen sich heute u. a. das Stadtmuseum befindet.

Sehen und Erleben Rund um den Marktplatz lädt der weitgehend erhaltene historische Stadtkern mit Cafés, Restaurants und kleinen Geschäften zum Verweilen ein. Etwas außerhalb des Stadtzentrums befindet sich auf dem Gelände der ehem. slawischen Burg »Rugard«, erhöht über der Stadt, der 27 m hohe Ernst-Moritz-Arndt Turm. Von seiner Aussichtsplattform unter einer Glaskuppel hat man einen wunderbaren Blick über die gesamte Insel. Die Waldbühne Rügen im »Rugard« bietet über das gesamte Jahr zahlreiche Open-Air-Konzerte.

Veranstaltungen Das Stadtmuseum zeigt u. a. eine Dauerausstellung zur Klostergeschichte, wechselnde Sonderausstellungen informieren über das Leben der

Das Langhaus der ehemaligen Klosterkirche, Blick nach Westen

Nonnen und der evangelischen Stiftsdamen. Das Museum bietet unterschiedliche museumspädagogische Angebote, Vorträge und Konzerte.
Die Schauwerkstatt im Klosterhof gewährt Einblicke in traditionelle Handwerkskunst. Von Mai bis Sept. finden hier Floh- und Handwerksmärkte mit Verkauf von rügenschen Produkten wie Keramiken, Kerzen, Konfitüren und Likören statt.
Von Juni bis Sept. findet in der St. Marienkirche der Konzertsommer mit zahlreichen Musikdarbietungen von Klassik, Jazz und Gospel bis Rock und Folk statt.

Anreise Bergen ist mit dem PKW von Stralsund über die B96 zu erreichen. Eine Zugverbindung besteht zwischen Stralsund und Bergen. Die Kirche liegt zentral am Marktplatz, Parkplätze sind am Markt vorhanden.

Öffnungszeiten:
Stadtmuseum Bergen auf Rügen:
Mai bis Okt. Mo.-Fr. 10–16.30 Uhr;
Nov. bis April Mo.–Fr. 11–15 Uhr;
an gesetzl. Feiertagen geschlossen.

Führungen auf Anfrage

Adresse: Stadtmuseum Bergen auf Rügen, Billrothstr. 20a, D-18528 Bergen auf Rügen

Internet: www.stadtmuseum-bergen-auf-ruegen.de; www.stadt-bergen-auf-ruegen.de; www.stadtinfo-bergen-ruegen.de

ELDENA

Zisterzienser
Ruine

Geschichte 1198 flohen die zisterziensischen Mönche aus der bedrängten Abtei Dargun an die Mündung des Ryck, wo sie mit Unterstützung des Rügenfürsten Jaromar I. das Kloster Eldena errichteten. 1204 bestätigte Papst Innozenz III. die Gründung des Klosters, in dem zeitweise mehr als 40 Mönche unter der Benediktsregel und der *Carta Caritatis*, dem Verfassungsdokument der Zisterzienser, lebten. Eldena ist tief verbunden mit der dänischen Geschichte: Das neue Kloster wurde zum einen der Abtei Esrom (Esrum) als Tochterkonvent zugeordnet, und zum anderen stellte der dänische König Waldemar II. die in seinem Einflussbereich liegende junge Abtei unter seinen Schutz. Auch wenn der Einfluss der Dänen auf Eldena nachließ, bestand die Verbindung bis zum Ende des Mittelalters.
Mit Einführung der Reformation in Pommern wurde das Kloster 1535 vom pommerschen Herzog Philipp I. aufgelöst. Im Dreißigjährigen Krieg wurden große Teile der einst imposanten Backsteinanlage zerstört. Im 19. Jahrhundert erlangte die Ruine des ehem. Zisterzienserklosters Berühmtheit als romantisches Motiv in den Gemälden von Caspar David Friedrich. Heute dient sie als malerische Kulisse für Theateraufführungen auf der dortigen Freilichtbühne.

Sehen und Erleben Die beeindruckenden Ruinen der Abtei zeugen noch heute von der hohen Backsteinbaukunst des Mittelalters und sind in jedem Fall einen Ausflug wert. Die Anlage liegt in einem um 1827 angelegten Landschaftspark, der ganzjährig geöffnet ist (kein Winterdienst). Führungen sind über die Stadt Greifswald organisierbar.
Zwischen den Resten der Klosterarchitektur, wo auch noch einige Grabplatten von Stiftern und Äbten erhalten sind, ist eine Freilichtbühne integriert. Eldena ist ein gern genutzter Veranstaltungsort für Mittelalterspektakel, histo-

Die Ruine der ehemaligen Klosterabtei

rische Märkte sowie Musik- und Theateraufführungen.
Unweit der Klosterruine liegt das einstmals im Besitz des Klosters befindliche Fischerdorf Wieck. Hier kann man nicht nur frische Fischbrötchen genießen, sondern auch die reetgedeckten Fischerkaten und insbesondere die historische Wiecker Holzzugbrücke aus dem Jahr 1887 bestaunen.
Eldena liegt nur wenige Kilometer von ▸ GREIFSWALD entfernt. Die Universitäts- und Hansestadt lädt mit ihren drei gotischen Stadtpfarrkirchen, die einst unter dem Patronat Eldenas standen, zu einem ausgedehnten Ausflug ein.

Veranstaltungen Am ersten Juliwochenende findet in der Ruine ein Jazz-Festival statt. Im Juni wird der Eldenaer Klostermarkt mit Schauhandwerk und Verkauf von regionalen Erzeugnissen ausgerichtet. In den Sommermonaten bietet die Ruine die Kulisse für das Sommertheater des Theaters Vorpommern.

Anreise Zu erreichen ist die ca. 5 km vom Greifswalder Stadtzentrum entfernt gelegene Klosterruine über die Wolgaster Landstraße. Für die Anreise mit dem Auto steht ein Parkplatz neben der Anlage zur Verfügung. Mit der Fähre kann man vom Altstadthafen bis zur Anlegestelle im Fischerdorf Wieck an der Ryckmündung fahren. Auch ist es möglich, mit dem eigenen Boot im Fischerhafen Wieck anzulegen und das Klosterareal bei einem Landgang zu erkunden.

Öffnungszeiten: ganzjährig frei zugänglich, außer bei Veranstaltungen

Adresse: Wolgaster Landstraße 41, D-17493 Greifswald

Internet: www.greifswald.de/de/historisches-erbe/denkmal/kirchen-und-kloester/klosterruine-eldena

FRANZBURG (NEUENKAMP)

Zisterzienser
Teile der ehem. Klosterkirche erhalten

Geschichte Rügenfürst Wizlaw I. rief deutsche Siedler in den festländischen Teil seines Fürstentums, um dieses am Ende des 12. Jahrhunderts gewonnene Gebiet durch Aufsiedlung wirtschaftlich zu stärken. Darüber hinaus übertrug er dem Zisterzienserorden im Jahre 1231 einen Teil des Landes Tribsees, wo die Mönche, unweit des Dorfes Richtenberg, ein Kloster gründeten. Nachdem der ursprüngliche Standort, der wahrscheinlich im Osten des Richtenberger Sees lag, aus unbekannten Gründen aufgegeben werden musste, wurde zum Ende des 13. Jahrhunderts etwa 2 km weiter westlich eine neue Klosteranlage gebaut. An dieser Stelle ist noch heute der Rest der ehem. Klosterkirche in der kleinen Stadt Franzburg zu sehen. Das Kloster wurde durch das rügische Fürstenhaus protegiert und nach 1325 von den pommerschen Herzögen besonders gefördert. Diese landesherrliche Unterstützung bewirkte, dass die Abtei zur bedeutendsten

Das erhalten gebliebene Kirchenquerschiff der ehemaligen Klosterkirche

und reichsten klösterlichen Anlage der Region heranwuchs. Durch Schenkungen und Ankäufe besaß Neuenkamp umfangreiche Ländereien in Pommern und Mecklenburg. Es hatte Anteile an Salinen bei Lüneburg und verfügte über mehrere Stadthöfe, durch die es an die städtischen Märkte angeschlossen war. Ausdruck seiner finanziellen Stärke war die bereits 1296 erfolgte Gründung eines Tochterklosters auf der Insel ▸HIDDENSEE, das Neuenkamp reich ausstatten konnte, sowie die Beteiligung am Unterhalt der 1456 in Greifswald gegründeten Universität. In der Reformationszeit wurde das Kloster trotz eines vom letzten Abt angestrengten Prozesses aufgelöst und in den Besitz des Herzogs überführt. Das zusehends verfallende Kloster wurde bald darauf abgerissen, das südliche Querhaus der Klosterkirche 1579 als Kapelle in einen Schlossneubau integriert.

Sehen und Erleben Neben der Kirchenbesichtigung und einer Führung durch den Klostergarten kann man den ersten Klosterstandort am Südostufer des Richtenberger Sees besichtigen. Dieser ist zu Fuß oder mit dem Auto auf der Straße »Zum See« zu erreichen. Hierzu wandert bzw. fährt man bis zum Schleusengraben, wo direkt am Wegesrand eine Informationstafel über den Klosterstandort berichtet. Ein weiterer mit dem Kloster verbundener archäologischer Standort ist die »Ruine Endingen« – ein ehem. Wirtschaftshof Neuenkamps, der 6,7 km nördlich von Franzburg liegt und am besten über Jakobsdorf und von dort auf dem »Endinger Weg« zu erreichen ist. Heute stehen dort noch die Ruinen eines Gutshauses. Im nahen ▸STRALSUND befindet sich in der Mühlenstraße 23, direkt an der Stadtmauer, der Stadthof der Neuenkamper Zisterzienser, der sog. »Kampische Hof«. Das Gebäude aus dem 13./14. Jahrhundert gehört zu dem bedeutenden mittelalterlichen Gebäudeensemble der Stadt.

Anreise Da Franzburg nicht an das Bahnnetz angeschlossen ist, erreicht man die kleine Landstadt am besten mit dem Auto oder Rad auf der A20 – von Westen kommend – über die Ausfahrt 21 (Tribsees) und die Landstraße L192 Richtung Nordosten oder – von Osten kommend – über die Ausfahrt 23 (Grimmen-Ost) und die B194 Richtung Nordwesten sowie, ab Abtshagen, die Landstraße L222 Richtung Westen. Vom Stralsunder Hauptbahnhof ist Franzburg mehrmals täglich mit dem Bus zu erreichen (u. a. Linie 306, Stralsund – Franzburg – Tribsees). Die Kirche befindet sich zentral im Ort auf dem Kirchplatz. Parkplätze vor Ort sind vorhanden.

Veranstaltungen Ein Klostergarten mit zahlreichen Kräuterbeeten, Gewürz- und Arzneipflanzen sowie Gemüsepflanzungen, heimischen Obststauden und -bäumen lädt zur Besichtigung und Entspannung ein. Ein Spielplatz erweitert das Angebot. Von Mai bis Sept. können Führungen gebucht werden.

Internet: www.amt-franzburg-richtenberg.de/franzburg/tourismus/

GREIFSWALD

Beginen

kein Baubestand mehr

Geschichte Die im ausgehenden 12. Jahrhundert in den Niederlanden entstandene Gemeinschaft der Beginen gewann im 13. und 14. Jahrhundert enorme Popularität, breitete sich rasch in weiten Teilen Europas aus und war auch in mehreren Städten Pommerns vertreten. Ziel dieser Frauengemeinschaften war neben der sozialen Eigenversorgung im Schutz eines Gebäudes, dem »Beginenhaus«, ein ordensähnliches Leben in Armut, Demut, Buße und Keuschheit, ohne jedoch nach einer Ordensregel zu leben. Die Konvente, die in der Regel aus drei bis zwölf Frauen bestanden und einer Meisterin unterstanden, kümmerten sich vor allem um die Versorgung von Kranken und Sterbenden. Über das Wirken der Beginen in Greifswald ist nur wenig bekannt. Es sind jedoch zwei Beginenhäuser nachweisbar. Für das Jahr 1309 wird erstmals ein Beginenhaus in der Kapaunenstraße erwähnt, später besaßen die Laienschwestern zwei Häuser in der Rakower Straße, unmittelbar westlich des ▶FRANZISKANERKLOSTERS, wo sie von den dortigen Bettelmönchen seelsorgerisch betreut wurden. Ihre Lebensweise ähnelte sicher jener der ▶BEGINEN in Stralsund, die dem Rat der Stadt unterstanden und bei ihrem Eintritt mindestens 40 Jahre alt sein sollten. Bald nach der Reformation tauchen die Beginen in den historischen Quellen nicht mehr auf. Doch bis ins 19. Jahrhundert sind ähnliche Einrichtungen in Greifswald nachweisbar, die möglicherweise aus den mittelalterlichen Beginenkonventen hervorgingen.

Dominikaner

kein Baubestand mehr

Geschichte Bereits im Zuge der Stadtgründung ließ Herzog Wartislaw III. Dominikanermönche aus Cammin (Kamień Pomorski) nach Greifswald kommen, das 1250 Lübisches Stadtrecht erhielt. Wartislaw übergab den ankommenden

Dominikanern ein Gebiet nahe der nördlichen Stadtgrenze am Fluss Ryck. 1254 wurde der Greifswalder Konvent offiziell in den Dominikanerorden aufgenommen. Die Klosterbauten entstanden bald nach der Ankunft der Mönche.

Der Greifswalder Konvent erlangte innerhalb des Ordens einen guten Ruf als Studienort. Jeder Dominikanermönch absolvierte ein internes Ordensstudium. Dieses umfasste drei Jahre für das Grundstudium in der lateinischen Sprache, Grammatik und Dialektik, zwei Jahre für das Studium der Philosophie und vier Jahre für Theologie. Das Grundstudium wurde an jeder Klosterniederlassung angeboten. Die weiterführenden Studiengänge der Philosophie und Theologie wurden an ausgewählten Ordenszentren eingerichtet. Ab 1519 wurde im Greifswalder Konvent der Studiengang für Theologie eingeführt.

Im Zuge der Reformation wurde das Kloster 1534 aufgehoben, den Mönchen wurde ein lebenslanges Wohnrecht in den Räumlichkeiten gewährt. Ab 1566 wurden die Bauten von der Universität übernommen. Die Klosterkirche ließ man bereits in den 1550er Jahren abtragen. Im Laufe der Zeit riss man die Klausurbauten zugunsten von Neubauten für die Universitätsbauten ab.

Das Dominikanerkloster auf der Stadtansicht von Matthaeus Merian, 1652

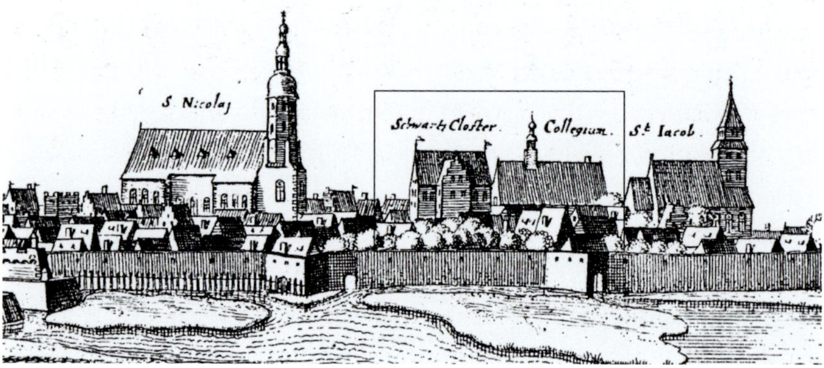

Das »Pommersche Landesmuseum« mit dem ehemaligen Bibliotheksflügel des Franziskanerklosters

Franziskaner
Teil des ehem. Bibliotheksflügels erhalten

Geschichte Das aufgrund der Farbe ihrer Mönchskutten auch als »Graues Kloster« bezeichnete Kloster der Franziskaner in Greifswald wurde 1262 von dem Adeligen Jaczo II. von Gützkow gestiftet und im Südosten der Stadt, auf einem seiner Grundstücke nahe der Stadtmauer, errichtet. Es war neben dem im nordwestlichen Stadtgebiet gelegenen ▸DOMINIKANERKLOSTER eines der beiden großen städtischen Bettelordenshäuser, die von Almosen und Stiftungen lebten. Zwischen der Stadt und dem Kloster, dessen Ursprungskonvent vermutlich aus Westfalen kam, bestand wohl ein auskömmliches Verhältnis. Dies lag wohl auch daran, dass zuweilen Angehörige bedeutender Greifswalder Ratsfamilien das Amt des Guardians, also des Klostervorstehers, innehatten. In der Greifswalder Stadtverfassung aus der Mitte des 15. Jahrhunderts wurde bestimmt, dass sich der Rat vor der Wahl des Bürgermeisters nicht etwa in einer der drei Stadtpfarrkirchen, sondern in der Klosterkirche der Franziskaner zur Messe einzufinden hatte. Überliefert sind auch zahlreiche Stiftungen Greifswalder Stadtbürger an das Kloster, so jene der Familie Hilgemann, die um 1348 einen kost-

spieligen Neubau des Kirchenchors finanzierte. Im Gegenzug sollten die Mönche für die edlen Spender täglich eine Messe halten. Während der Reformation, die sich in Greifswald nur allmählich vollzog, bildete das Franziskanerkloster einen Rückzugsort für Anhänger des alten Glaubens. Es wurde erst 1556 aufgehoben, etwa 20 Jahre nach dem offiziellen Übertritt des Landes zum protestantischen Glauben.
An der Stelle des ehem. Klosters steht heute das 2005 eröffnete Pommersche Landesmuseum, ein moderner Glasbau, der ältere Gebäudekomplexe miteinander vereint. Bei einem Museumsbesuch kann man auch das einzige erhaltene Gebäude des Klosters, die ehem. Klosterbibliothek (»Guardianshaus«), besichtigen.

Veranstaltungen Das Pommersche Landesmuseum bietet neben der Dauerausstellung zur Landesgeschichte und der pommerschen Gemäldegalerie mit Bildern u. a. von Caspar David Friedrich und Vincent van Gogh, Sonderausstellungen zu zeitgenössischer Kunst, archäologischen Funden und landeshistorischen Themen sowie Vorträge und vielfältige museumspädagogische Angebote. Führungen zu unterschiedlichen Themen können gebucht werden. Im Bereich zwischen der ehem. Klosterbibliothek und Stadtmauer befindet sich der Klostergarten mit einer Auswahl an Arzneipflanzen, Kräuter- und Zierstauden.

Öffnungszeiten: Museum: Mai bis Okt. Di.–So. 10–18 Uhr; Nov. bis April 10–17 Uhr; am 24., 25. und 31. Dez. sowie 1. Jan. geschlossen

Klostergarten: Mai bis Okt. Di.–So. 10–18 Uhr

Adresse: Rakower Straße 9, D-17489 Greifswald

Internet: www.pommersches-landesmuseum.de

Säkularkanoniker

ehem. Stiftskirche erhalten

Geschichte Die Geschichte des Säkularkanonikerstifts ist eng mit der Frühzeit der Greifswalder Universität verbunden. Die Gründung der Hochschule war lange geplant: Sie war das Ergebnis gemeinsamer Bestrebungen der Stadtgesellschaft

und des Herzogs, der bei erfolgreicher Universitätsgründung die Einrichtung eines Stifts in Greifswald versprach. Auch der Camminer Bischof und pommersche Klöster hatten einen wichtigen Anteil an der neuen Lehranstalt. Als dann Papst und Kaiser die Errichtung der neuen Universität im Jahre 1456 bestätigten, wurde auch das Stift im Dom eingerichtet.
Die drei Stadtpfarrkirchen, die bis dahin unter dem Patronat der Zisterzienser in ▸ELDENA gestanden hatten, stiftete der Orden zur Grundausstattung der Universität. Der eigentlich als Pfarrkirche erbaute heutige Dom wurde dann in eine Stiftskirche umgewandelt. Hier sollte das Kollegium, bestehend aus Professoren, zusammenkommen und geistliche Dienste verrichten. Von der Verbindungen zwischen Dom und Universität zeugt noch heute die im Dom hängende Rubenow-Tafel aus dem Jahr 1460, die den ersten Rektor Heinrich Rubenow und wichtige Professoren jener Zeit abbildet. Die Einkünfte wurden zur Unterhaltung der Universität verwendet, die Professoren gleichzeitig durch

Die ehemalige Stiftskirche St. Nikolai, heute Dom St. Nikolai

ihre Pfründen als Stiftsherren finanziert – ein wichtiger wirtschaftlicher Baustein der Universität, die zahlreiche Studierende aus dem Ostseeraum anzog. Während der Reformation, die Johannes Bugenhagen, übrigens auch ein Greifswalder Absolvent, entscheidend prägte, wurde der Lehrbetrieb ab 1527 weitgehend eingestellt. Erst 1539 wurde die Hochschule als nun evangelische Landesuniversität neu gegründet. Gleichzeitig bedeutete die Umwandlung das Ende der Nutzung des Doms als altgläubiges Säkularkanonikerstift.

Der Dom St. Nikolai mit seinem charakteristischen Turmhelm und der imposanten Ostfassade

Veranstaltungen Im Dom finden neben den Gottesdiensten eine ganze Reihe von Veranstaltungen statt. Die jährlich ausgerichtete »Bachwochen« im Juni führt Werke Johann Sebastian Bachs und weiterer Komponisten auf. Die Veranstaltung »KlangFarben« bietet an verschiedenen Terminen des Jahres Jazz im Dom. Jedes Jahr ist er auch Austragungsort des Orgelsommers. Im sog. *Scriptorium* gibt es die Möglichkeit, die Schreibstube eines mittelalterlichen Klosters kennenzulernen.

Domführungen können nach vorheriger Absprache gebucht werden. Eine Besichtigung des Doms kann mit einem Aufstieg auf die 60 m hohe Aussichtsgalerie im Turm verbunden werden.

Öffnungszeiten: Mai bis Okt. Mo.–Sa. 10–18 Uhr, So. 11.30–12.30 Uhr u. 15–18 Uhr; Okt. bis April Mo.–Sa. 10–16 Uhr, So. 11.30–15 Uhr

Adresse: Pfarramt Greifswald St. Nikolai, Domstraße 54, D-17489 Greifswald.

Internet: www.dom-greifswald.de; www.greifswalder-bachwoche.de

Sehen und Erleben Die Altstadt der Universitäts- und Hansestadt Greifswald bietet mit ihren Kirchenbauten, dem Rathaus und den vielen erhaltenen Bürgerhäusern eine ganze Reihe von Sehenswürdigkeiten. Die Marienkirche östlich des Marktplatzes wurde ab 1250 errichtet und besitzt im Inneren eine reiche Ausmalung. Die Jacobikirche, ebenfalls um 1250 im Bau, liegt im Westen der Altstadt und beeindruckt mit ihrem weiten Gewölbe über den Rundsäulen. Direkt am Marktplatz steht das um 1340 erbaute Rathaus mit seinem Volutengiebel, der seit einem Brand 1738 die heutige Fassade zum Markt schmückt. Die Häuser rund um den Markt entstammen unterschiedlichen Stilepochen. An der Ostseite des Marktes steht auch das älteste Bürgerhaus der Stadt, der sog. »Alte Schwede«. Ein Treppengiebel mit zahlreichen spitzbogigen Blenden ziert das um 1380 errichtete Gebäude. Ein weiterer Backsteinbau mit einem 1959 rekonstruierten Treppengiebel ist ebenfalls ein Bau des Mittelalters

Der Marktplatz von Greifswald

und datiert wohl ins späte 15. Jahrhundert. Am Markt gibt es zahlreiche Restaurants und Cafés, die zum Verweilen einladen. Lohnenswert ist ein Besuch der kleinen Hafenanlage am Ryck mit ihren Imbissen und Restaurants. Von hier kann man eine Hafenrundfahrt buchen, die den Ryck hinaufführt zum Ortsteil Wieck. Ein Rad- und Wanderweg führt in Verlängerung der Hafenstraße ca. 4,5 km entlang des idyllischen Flusslaufs ebenfalls nach Wieck. Sehenswert ist hier die hübsche Hafenanlage mit ihrer Klappbrücke und den vielen Restaurants mit maritimen Spezialitäten. Vorbei am Sperrwerk gelangt man zum Strand von Eldena. Über die Ortschaft Wieck aber auch vom Strand aus ist die berühmte Klosterruine ▸ ELDENA zu erreichen.

Veranstaltungen Neben den Veranstaltungen im Dom St. Nikolai und dem Pommerschen Landesmuseum lädt Greifswald jedes Jahr im Mai zum Fest »Nordischer Klang« mit einer Vielzahl an musikalischen Beiträgen aus Deutschland, den skandinavischen und baltischen Ländern. Der Greifswalder »Literaturfrühling« hält eine Reihe von Lesungen, Autorentreffen und Ausstellungen in den Bibliotheken und Kultureinrichtungen der Stadt bereit und bietet eine Buchmesse der vorpommerschen Verlage. Darüber hinaus gibt es über das Jahr verteilt auf dem historischen Marktplatz zu Ostern einen großen Blumenmarkt und einen Erntedankmarkt im Oktober. Beliebt ist der weihnachtliche Kunsthandwerkermarkt im Gewölbekeller des Rathauses mit einer Vielzahl an Angeboten regionaler Handwerkskunst.

Anreise Die Stadt Greifswald liegt unweit östlich der A20 (Ausfahrt 25 – Greifswald). Am Bahnhof südlich der Altstadt, befindet sich ein großer Parkplatz. Eine Tiefgarage, ebenfalls im Süden gelegen, bietet weitere Parkplätze. Per Bahn ist Greifswald mit Stralsund und mit Pasewalk über Anklam verbunden.

Internet: www.greifswald.de

GROBE AUF USEDOM

Prämonstratenser
heute kein Baubestand mehr

Geschichte Das Prämonstratenserstift von Grobe wurde in den 1150er Jahren von Pommernherzog Ratibor I. und seiner Frau Pribislawa gegründet. Neben dem Benediktinerkloster in ▸STOLPE A. D. PEENE war es die älteste Klostergründung in Pommern. Die Prämonstratenser kamen zunächst aus Magdeburg, später – bei der Neugründung des Stifts 1177/78 – aus Havelberg. Das Kloster wurde in einem der bedeutendsten Zentralorte des pommerschen Herzogtums errichtet – in der Burg Usedom. Sie war im 11. und 12. Jahrhundert von herausragender politischer, wirtschaftlicher und religiöser Bedeutung. Hier hatte schon Otto von Bamberg auf seiner zweiten Missionsreise durch Pommern im Jahre 1128 eine Kirche errichten lassen. Das Stift selbst wurde zu einer der Grablegen des pommerschen Herrscherhauses bestimmt, u.a. wurde hier der Stifter selbst bestattet. Außerdem befand sich in Grobe für einige Jahre der Sitz des pommerschen Bischofs. Von der Anlage, die im Zuge des Niedergangs der Usedomer Burg bereits zum Beginn des 14. Jahrhunderts in das Zentrum der Insel nach ▸PUDAGLA verlegt wurde, hat sich heute nichts erhalten. Bei archäologischen und geophysikalischen Untersuchungen ließen sich jedoch die Kirche, die sich nördlich anschließende Klausur, einige Wirtschaftsbauten und zahlreiche Gräber erfassen.

Sehen und Erleben Auf der südlich der Stadt gelegenen Flur »Priesterkamp«, wo einst das Kloster stand, erstreckt sich heute nur noch ein Acker. Lohnenswert ist die Besichtigung der Usedomer Altstadt, zu der mit der Marienkirche auf dem Marktplatz und dem im Westen gelegenen Anklamer Tor zwei eindrucksvolle Backsteinbauten des 15. Jahrhunderts gehören. Aus der Gründungszeit des Stifts stammt die im Osten der Stadt gelegene Ruine der hochmittelalterlichen Burg »Bauhof«, auf der

Die freigelegten Bestattungen im ehemaligen Prämonstratenserstift, Foto von 2010

sich die wohl um 1200 errichtete Turmhügelburg »Schlossberg« erhebt. Dort findet sich auch das 1928 errichtete Christianisierungsdenkmal.
Weiter im Norden der Insel liegen die Klosterstandorte ▸PUDAGLA und ▸KRUMMIN sowie das »Historisch-Technische Museum Peenemünde«, das die Geschichte der deutschen Raketentechnik und der dortigen Raketenversuchsanstalt thematisiert. Außerdem ist es nicht weit bis ins schöne Ostseebad Heringsdorf und den deutsch-polnischen Grenzort Swinemünde (Świnoujście).

Anreise Die Stadt Usedom liegt im Süden der gleichnamigen Insel, die man von der A20 (Ausfahrt 29 – Anklam) über die B199, die B110 und die Zecheriner Brücke erreicht. Der Standort des ehem. Stifts befindet sich im Süden der Stadt, auf einer »Priesterkamp« genannten, halbinselartigen Landzunge am Usedomer See. Zu erreichen ist diese am besten, indem man die Stadt über die Peenestraße Richtung Osten vollständig durchquert und nach Süden in die Wieckstraße einbiegt. Folgt man dieser Straße, die in einen Feldweg übergeht, noch etwa 1000 m per Rad oder zu Fuß nach Süden, liegt linker Hand der Standort oberhalb des Usedomer Sees.

KLOSTER AUF HIDDENSEE

Zisterzienser
heute kein Baubestand mehr

Geschichte Im Jahre 1296 schenkte Rügenfürst Wizlaw II. dem bereits 1231 auf dem festländischen Teil seines Fürstentums gegründeten Zisterzienserkloster Neuenkamp im heutigen ▶FRANZBURG die Insel Hiddensee. Die Mönche errichteten im Norden des noch weitgehend bewaldeten und nur dünn besiedelten Eilands ihr Kloster, das sie dem hl. Nikolaus – dem Schutzpatron der Seefahrer – weihten. Die Klosteranlage bestand aus einer 50 m langen Backsteinkirche und einer südlich anschließenden rechteckigen Klausur mit einem Kreuzgang. Ein Abtshaus und mehrere Wirtschaftsgebäude konnten ebenfalls archäologisch nachgewiesen werden. Die wirtschaftliche Grundlage der Niederlassung bildeten die Fischerei in den Gewässern zwischen Hidden-

Blick in den Ort Kloster vom Dornbusch

see und Rügen sowie die Bewirtschaftung ihrer auf beiden Inseln erworbenen Güter. Dazu kamen vor allem aber die Einkünfte aus drei Salzpfannen bei Lüneburg, die der Hiddenseer Abtei schon 1298 vom Mutterkloster übereignet worden waren. Der Konvent bemühte sich um die Besiedlung der Insel. Deutlich wird dies in der Gründung der Dörfer Plogshagen und *Gambek (†)*, seit 1700 eine Wüstung südlich von Neuendorf. Des Weiteren widmeten sich die Mönche der Rettung Schiffbrüchiger und der geistlichen Versorgung der Inselbewohner, wozu man auch eine kleine Pfarrkirche im Süden der Insel, die heute untergegangene Gellenkirche, errichten ließ. Im späteren 15. Jahrhundert setzte der allmähliche wirtschaftliche Niedergang des Klosters ein. Im Zuge der Reformation wurde es 1536 aufgelöst, und die Klosteranlage verfiel. Die Gebäude wurden zur Gewinnung von Baumaterial abgetragen. Dank umfangreicher archäologischer Forschungen weiß man jedoch, dass das Kloster im Bereich der heutigen Inselgärtnerei und des Hotels »Hitthim« lag.

Sehen und Erleben Zu sehen sind heute noch das sog. »Klostertor« und eine sich daran anschließende Backsteinmauer, die aber wohl erst im 18. Jahrhundert errichtet wurden. Als einziger oberirdischer »steinerner Zeuge« hat sich der Grabstein des Johannes Runeberg erhalten, der von 1466 bis 1475 Abt des Hiddenseer Klosters war. Er befindet sich in der im 17. Jahrhundert errichteten Pfarrkirche von Kloster.

Zu weiteren Sehenswürdigkeiten der Insel, die man am besten mit dem Fahrrad erkundet, gehören das Heimatmuseum Hiddensee, das »Gerhart-Hauptmann-Museum« und die Jugendstil-Villa »Lietzenburg« in Kloster. Im Norden befinden sich die Halbinsel Altbessin mit einem Vogelbeobachtungsturm sowie die Steilküste und das Hochland »Dornbusch« mit dem seit 1888 bestehenden Leuchtturm, von dem man bei gutem Wetter die Silhouette der Hansestadt Stralsund und die Kreidefelsen der dänischen Insel Mön (Møn) sehen kann. Im Süden der Insel kann man den kleineren Leuchtturm Gellen von 1905 besuchen.

Veranstaltungen Die Insel Hiddensee bietet Events von April bis Dez., darunter z. B. den Hiddenseelauf, traditionell am letzten Samstag im April, Autorenlesungen im »Gerhart-Hauptmann-Museum«, Sommerfeste für die ganze Familie wie das Hafenfest in Kloster im Juli und zahlreiche kleinere Konzerte.

Anreise Die Insel Hiddensee erreicht man am besten mit den Fähren der »Weißen Flotte«, die von Stralsund oder Schaprode auf Rügen direkt nach Neuendorf, Vitte oder Kloster übersetzen. Außerdem gibt es die Möglichkeit, ein »Wassertaxi« der Reederei Hiddensee zu nutzen.

Öffnungszeiten: Heimatmuseum Hiddensee: Jan. bis März Do.–Sa. 11–15 Uhr; April Mo.–Sa. 11–15 Uhr; Mai bis Okt. Mo.–Sa. 10–15 Uhr; Nov. bis Dez. Do.–Sa., 11–15 Uhr

Adresse: Heimatmuseum Hiddensee, Kirchweg 1, D-18565 Kloster

Internet: www.heimatmuseum-hiddensee.de

KRUMMIN

Zisterzienserinnen
ehem. Klosterkirche erhalten

Geschichte Im Jahr 1302 übergab Herzog Bogislaw IV. von Pommern seiner Tochter Jutta, die zu dieser Zeit als Nonne im Zisterzienserinnenkloster Wollin (Wolin) lebte, das Land Bukow, heute Krummin, sowie das Patronatsrecht der Kirche St. Michael zur Gründung eines neuen Klosters. Unter ihrer Führung als erste Äbtissin konnte das Kloster seinen Besitz durch Schenkungen aus der herzoglichen Verwandtschaft wesentlich erweitern. Die meisten Nonnen entstammten den umliegenden Adelsfamilien. Der Konvent erhielt im Laufe seines Bestehens eine ganze

Reihe von Besitzungen in den Dörfern auf Usedom. Auch zwei Mühlen, eine Schäferei und ein Krug im nahen Dorf Ziemitz gehörten zum Klosterbesitz.
Im Zuge der Reformation wurde auf den pommerschen Landtagen lange diskutiert, welche Frauenklöster erhalten bleiben durften. Auch wenn sich der Adel besonders für die Frauenklöster einsetzte, wurde der Konvent in Krummin letztlich im Jahr 1563 aufgehoben. Die verbliebenen acht Nonnen unter der Priorin Sophie von Köller durften bis zu ihrem Ableben im Kloster wohnen, wobei für ihren Unterhalt gesorgt wurde. Spätestens zur Zeit des Dreißigjährigen Krieges wurden die Klostergebäude abgetragen. Die ehem. Klosterkirche hat sich bis heute als Pfarrkirche des kleinen Ortes Krummin erhalten.

Sehen und Erleben Das schön gelegene Dorf Krummin auf der Insel Usedom befindet sich unmittelbar an der Krumminer Wiek, einer Bucht des Peenestroms. Nur wenige Gehminuten trennen die ehem. Klosterkirche, die ganzjährig besichtigt werden kann, von dem kleinen Naturhafen Krummin.
Hier hat man eine gute Aussicht auf die Wiek. Im Hafen kann man regionale Speisen genießen. Darüber hinaus bietet Krummin weitere Restaurants und Cafés sowie zahlreiche Übernachtungsmöglichkeiten.
Die Insel hält für Interessierte weitere alte Pfarrkirchen bereit, so etwa die kleine Kirche von Netzelkow mit ihrem mittelalterlichen Kirchenschiff und ihrem hölzernen separaten Glockenstuhl, in dem die beiden Glocken aus dem 14. und 15. Jahrhundert hängen. Empfehlenswert ist ein Abstecher in die ehem. Residenzstadt der Greifenherzöge von Pommern, Wolgast, mit ihrem historischen Ortskern.
Krummin ist Teil des Naturparks Insel Usedom. Im Sommer werden von Montag bis Freitag Wanderungen und Rad- sowie Kanutouren mit Führungen angeboten.

Veranstaltungen An verschiedenen Orten der Insel findet jährlich im September das Usedomer Musikfestival statt. In diesem Rahmen

Die ehemalige Klosterkirche von Krummin an der Ausbuchtung der Peene

wird auch im Krumminer Gotteshaus musiziert. Darüber hinaus bietet Usedom ein reiches Veranstaltungsangebot mit Ausstellungen, Bernsteinwanderungen, Filmvorstellungen und weiteren Konzerten. In der Klosterkirche sind in Abstimmung mit der Kirchgemeinde Führungen möglich.

Anreise Die Insel Usedom ist entlang der Chausseestraße/B111 über die Peenebrücke Wolgast zu erreichen. Die Brückenöffnungszeiten sind zu beachten. Von der B111 zweigt dann eine langgestreckte Lindenallee (Zinnowitzer Straße/Dorfstraße) in Richtung Krummin ab. Parkmöglichkeiten bestehen am Naturhafen Krummin in unmittelbarer Nähe zur Klosterkirche. Alternativ besteht auch eine Busverbindung aus Wolgast.

Öffnungszeiten: Klosterkirche St. Michael: täglich 10–18 Uhr, Gottesdienst 14-tägig So. 11 Uhr

Adresse: Klosterkirche St. Michael, Dorfstraße 22, D-17440 Krummin

Internet: www.kirche-auf-usedom.de/kirchen/evangelische-kirche-krummin/

MASCHENHOLZ

Johanniter
heute kein Baubestand mehr

Geschichte Die Niederlassung der Johanniter in Maschenholz ist ein besonderes Beispiel für die Vielfalt geistlichen Lebens in Vorpommern. Schon vor der Gründung der Kommende hatten dänische Johanniter aus Antvorskov auf Seeland (Sjælland) in Pommern für ihren Orden und die Pflege von Kranken Almosen gesammelt. Anfang des 15. Jahrhunderts stiftete der pommersche Herzog Wartislaw VIII. den Johannitern die Pfarrkirche im heute wüsten Maschenholz im Zentrum der Insel Rügen. Sie errichteten eine Kommende, zu der nicht nur ein Konventsgebäude, sondern wahrscheinlich auch ein Hospital zur Krankenversorgung gehörte. Die Einkünfte der neuen Einrichtung waren gering, was wohl auch dazu führte, dass die einzige Niederlassung dieses Ordens in Vorpommern bereits etwa 60 Jahre nach ihrer Ersterwähnung aufgegeben wurde. Einblick in die schlechte wirtschaftliche Ausstattung geben spätere Aufzeichnungen aus dem 16. Jahrhundert: Die ökonomische Basis der Kommende, die Pfarrkirche in Maschenholz, gehörte zu den ärmsten Pfarreien der Insel und wurde in der Reformationszeit aufgegeben. Seitdem verfielen das Dorf, die Kirche und die Kommende, sodass nur noch der Flurname »Maschenholz« blieb – ein kleines Waldstück beim Dorf Muglitz, in dem sich noch Grabenstrukturen erhalten haben, die eventuell mit der Kommende in Zusammenhang stehen. Auch wenn heute nur noch wenig von der Präsenz der Ritterordensbrüder auf Rügen zeugt, so könnte doch Einiges zur Geschichte der rügischen Johanniter in der Erde verborgen sein.

Sehen und Erleben Die einstige Kommende lag etwa 6 km westlich von Bergen auf Rügen, südwestlich vom Dorf Muglitz. In unmittelbarer Umgebung lädt das Gutshaus Boldevitz zu einem Besuch ein. Es wurde um 1635 wahrscheinlich aus den Backsteinen der abgetragenen Kirche in Maschenholz errichtet.

Die Wüstung Maschenholz auf einer topografischen Karte von 1887

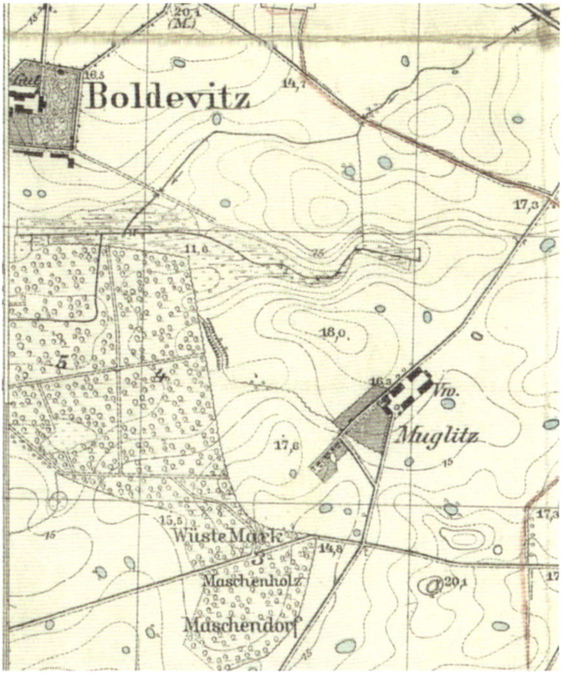

Die Anlage mit einem 11 ha großen Park ist in Privatbesitz und wird teils touristisch genutzt. Die Kapelle kann für Hochzeiten gebucht werden.

Weiter nördlich liegt die Ruine des Schlosses Pansevitz, das wie auch das einstmals prachtvolle Schloss in Putbus erst in der zweiten Hälfte des vorherigen Jahrhunderts fast vollständig abgebrochen wurde. Ein erhaltener Turm der Anlage wird heute als Aussichtsturm genutzt. Er bietet einen weiten Blick in die Region. Weitere Schlossanlagen wie Spyker, das in Anlehnung an das schwedische Skokloster bei Uppsala um 1650 ausgebaut wurde, das Jagdschloss Granitz bei Binz oder das Herrenhaus Ralswiek, heute Hotel, zeugen von der repräsentativen Schlossbaukunst. Darüber hinaus bietet die Insel eine große Vielfalt an prähistorischen und historischen Sehenswürdigkeiten, u. a. steinzeitliche Megalithgräber wie jene in Lancken-Granitz, bronzezeitliche Hügelgräber, z. B.

»Dobberworth« bei Sagard, eine der größten Anlagen ihrer Art, oder das schön gelegene bei Woorke, um nur zwei von 560 denkmalgeschützten Hügelgräbern auf der Insel zu nennen. Bekannt ist Rügen für seine slawischen Burgwälle, von denen Kap Arkona, der »Rugard« in der Stadt Bergen und die »Herthaburg« in der Stubbenkammer zu den berühmtesten gehören. Einen Besuch wert sind die kleinen mittelalterlichen Pfarrkirchen u. a. von Altenkirchen, Schaprode, Trent, Rambin, Swantow, Bobbin, Landow, Neuenkirchen und Altefähr.

An der Ostküste mit ihren Sandstränden bieten die Ostseebäder Sellin, Binz und Göhren mit ihrer besonderen Bäderarchitektur entlang der Strandpromenaden eine Vielzahl an Aktivitäten. Einen Besuch wert ist die teils instandgesetzte Ruine des ehem. Kraft durch Freude-Seebads Prora, das von dem Gigantismus nationalsozialistischer Architektur zeugt.

Anreise Von Bergen erreicht man Muglitz über die L301 in Richtung Gingst. Von der L301 führt die Straße Ranitzer Siedlung nach Westen direkt ins Dorf Muglitz, das heute zu Parchtitz gehört. Etwa nach 800 m vom Dorfkern aus in südwestliche Richtung kommt man zum kleinen Wäldchen, dem sog. »Maschenholz«.

Internet: www.ruegen.de

PASEWALK

Dominikaner
heute kein Baubestand mehr

Geschichte Das 1272 gegründete Kloster der Dominikaner in Pasewalk ist wahrscheinlich eine Gründung des brandenburgischen Markgrafen Johann II. Ihm hatte der pommersche Herzog Barnim I. die Uckermark und somit auch die wohl kurz zuvor gegründete Stadt im Jahre 1250 abtreten müssen. Zur

Die Stadtansicht von Pasewalk auf der Stralsunder Bilderhandschrift, 1615

Geschichte des Klosters liegen nur wenige Schriftquellen vor. Bekannt ist u. a., dass sich die Pasewalker Dominikaner Ende des 15. Jahrhunderts einer Reform innerhalb ihres Ordens anschlossen. Die Reform schrieb eine strengere Regelbefolgung und ein Leben in Besitzlosigkeit vor. Gleichzeitig wechselte der Konvent von der polnischen in die sächsische Ordensprovinz.

Von besonderer Bedeutung war die Klosterbibliothek, die nach einem 1562 erstellten Verzeichnis 94 Bände umfasste. Diese wurden im Zuge der Reformation in die Pasewalker Marienkirche gebracht. Ein glückliches Ende nahmen die meisten der Bücher allerdings wohl nicht: Vor einigen Jahren fand man bei Ausgrabungen an der Kirche zahlreiche spätmittelalterliche Buchschließen und -beschläge.

Der genaue Standort des spätestens 1535 aufgelösten und alsbald verlassenen Klosters, das schon zu Beginn des 18. Jahrhunderts nur noch eine Ruine war, ließ sich erst bei Ausgrabungen in den frühen 2000er Jahren nachweisen. Beim Umbau des städtischen Amtsgerichts wurden zahlreiche menschliche Skelette freigelegt. Dabei handelte es sich um Mönche, die man ganz offenbar im Bereich des klösterlichen Kreuzgangs bestattet hatte. Auch wurden weitere Reste der Klausurgebäude ausgegraben, zu denen auch eine für mittelalterliche Klöster typische Warmluftheizung gehörte.

Sehen und Erleben Zu den sehenswerten mittelalterlichen Bauten der Stadt Pasewalk gehören die in der Mitte des 13. Jahrhunderts errichtete Nikolaikirche – die größte erhaltene Feldsteinkirche in Mecklenburg-Vorpommern –, die im späten 13. und 14. Jahrhundert errichtete Hallenkirche St. Marien, Teile der Stadtbefestigung mit zwei Stadttoren und zwei Wehrtürmen sowie das Hospital St. Spiritus aus dem 15. Jahrhundert, in dem die Reste einer Warmluftheizung zu sehen sind. Das Stadtmuseum Pasewalk informiert auf ca. 180 m² über die etwa 7.000 Jahre alte Kulturgeschichte der Region und die 750-jährige Stadtgeschichte. Zugleich ist es Künstlergedenkstätte für den in Pasewalk geborenen Künstler Paul Holz.
In der Umgebung lässt sich in der etwa 17 km östlich von Pasewalk liegenden Gemeinde Löcknitz die Burgruine mit ihrem erhaltenen achteckigen Bergfried aus dem 14. Jahrhundert besichtigen.

Veranstaltungen Die Stadt bietet zahlreiche Events an: U. a. gibt es Reitturniere, deutsch-polnische Kulturveranstaltungen, Konzerte für Groß und Klein und den sog. »UeckerSommer«, eine Veranstaltungsreihe, in der Vereine aus der Umgebung an verschiedenen Terminen zu gemeinsamen Abenden mit Musik, Getränken und Imbissen an die Uecker einladen.

Anreise Pasewalk liegt unmittelbar östlich der Autobahn A20 (Abfahrten 35 – Pasewalk-Nord und 36 – Pasewalk-Süd). Der Standort des ehem. Klosters befindet sich im Westen der Altstadt, Ecke Klosterstraße/Grünstraße, im Bereich des heutigen Amtsgerichts.

Öffnungszeiten: Museum der Stadt Pasewalk – Künstlergedenkstätte Paul Holz: Di.–Fr. 10–13 Uhr u. 14–16 Uhr

Adresse: Museum der Stadt Pasewalk – Künstlergedenkstätte Paul Holz, Prenzlauer Straße 23a, D-17309 Pasewalk

Internet: www.pasewalk.de/orte/museum-der-stadt-pasewalk/

PUDAGLA

Prämonstratenser

heute neuzeitliches Schloss

Das Schloss von Pudagla auf den Platz des ehemaligen Prämonstratenserstifts

Geschichte Zu Beginn des 14. Jahrhunderts wurde das in den 1150er Jahren bei Usedom gegründete Prämonstratenserstift ▶ GROBE in den zentralen Teil der Insel, nach Pudagla, verlegt. Die Umsiedlung der Stiftsherren erfolgte wohl aufgrund des politischen und wirtschaftlichen Bedeutungsverlusts Usedoms zugunsten der Städte Wolgast, Anklam und Stettin. Als neuer Standort wurde das Dorf Pudagla ausgewählt, das Herzog Barnim I. dem Stift schon 1273 geschenkt hatte. Hier besaß es noch weitere Besitzungen, die das Stift nach der Verlegung im Jahre 1309 zu einem umfangreichen, geschlossenen Besitz erweitern konnte. Der Landbesitz mit zahlreichen Dörfern, Mühlen und Krügen brachte den Prämonstratensern hinreichende Gewinne, wobei Teile davon wohl auch durch Urkundenfälschungen erworben worden waren. Zwischen 1515 und 1517 war der aus Greifenberg (Gryfice) stammende Theologe Johannes Boldewan, der später zur Gruppe um den berühmten Reformator Johannes Bugenhagen gehörte, Abt in Pudagla. Mit der Einführung der Reformation wurde das Stift säkularisiert. Seine Ländereien wurden dem Herzog unterstellt und die Gebäude teils abgetragen und zu einem Schloss umgebaut.

Sehen und Erleben Heute steht an der Stelle des Klosters nur noch das Haupthaus eines Schlosses, das Herzog Ernst Ludwig von Pommern-Wolgast als Witwensitz für seine Mutter Maria errichten ließ. Zu dessen Bau verwendete man im großen Umfang die abgebrochenen Steine des damaligen Stifts. Im Erdgeschoss des Schlosses befindet sich ein Café, im Gewölbekeller eine kleine Ausstellung archäologischer Funde von der Insel. Im Süden der Insel lohnt ein Aufenthalt in der historischen Altstadt Usedoms mit dem Stiftsstandort ▶GROBE, im Norden ein Besuch der ehem. Klosterkirche in ▶KRUMMIN sowie des »Historisch-Technischen Museums Peenemünde«. Der wunderschöne Sandstrand des nahegelegenen Ostseebads Heringsdorf lädt zu Spaziergängen und Badespaß ein.

Veranstaltungen Neben dem Usedomer Musikfestival im September bietet die Insel zahlreiche Kultur- und Sportangebote. Die sog. Kaiserbäder Bansin, Heringsdorf und Ahlbeck präsentieren eine Reihe an Sommerveranstaltungen, so das Open-Air Sommerkino am Strand von Heringsdorf.

Anreise Pudagla erreicht man von der A20 über zwei Strecken: von Norden (Ausfahrt 27 – Gützkow) entlang der B111 über Gützkow und Wolgast oder von Süden (Ausfahrt 29 – Anklam) entlang der B199 und B110 über Anklam und Usedom. Per Bus und Bahn erfolgt die Anreise vom Seebad Heringsdorf mit der Regionalbahn nach Schmollensee und von dort mit dem Bus nach Pudagla. Das Schloss liegt im Zentrum des Dorfes. Parkplätze befinden sich in unmittelbarer Nähe.

Öffnungszeiten: Kellergewölbe: Mi.–So. 12–17 Uhr

Adresse: Schloss Pudagla, Schlossstraße 8, D-17429 Pudagla

STOLPE AN DER PEENE

Benediktiner/Zisterzienser
Ruine

Geschichte Die Benediktinerabtei in Stolpe ist nicht nur die älteste pommersche Klostergründung, sondern auch das älteste steinerne Bauwerk der ganzen Region. Als auf der Insel Rügen noch die slawischen Ranen herrschten und es Städte wie Greifswald oder Stralsund noch nicht gab, wurde die Abtei von Bischof Adalbert und Herzog Ratibor I. im Jahr 1153 gegründet. Der erste Konvent stammte aus dem Kloster Berge bei Magdeburg. Doch war die finanzielle Erstausstattung wahrscheinlich so gering, dass nur wenige Mönche unterhalten werden konnten. So gestaltete sich die Anfangszeit schwierig, und wiederholt geriet das Kloster in wirtschaftliche Schwierigkeiten, doch die Abtei gewann sowohl als Wirtschaftsstandort als auch als Memorialort der pommerschen Herzöge und Bischöfe von Cammin (Kamień Pomorski) zunehmend an Bedeutung. Am Ende des 13. Jahrhunderts kam es im Stolper Konvent zu einer umfassenden wirtschaftlichen Krise. Zunächst wurde die Führung des in Schwierigkeiten geratenen Klosters 1301 in die Hände des Abtes des holsteinischen Klosters Cismar gegeben. Nur drei Jahre später wurde die Abtei reformiert: Der Konvent schloss sich dem Zisterzienserorden an. So konnte die Abtei bis 1533 weiterbestehen, doch noch vor der Einführung der Reformation in Pommern wurde die einst bedeutsame Niederlassung in ein herzogliches Amt umgewandelt. Im Dreißigjährigen Krieg wurde die Anlage stark zerstört. Danach diente sie als Steinbruch zum Bau der umliegenden Gebäude.

Sehen und Erleben Führungen in der ganzjährig begehbaren Ruine der Klosterkirche sind über die Gemeinde des Ortes buchbar. In unmittelbarere Nähe zur Ruine liegt das 350 Jahre alte Ausflugslokal »Stolper Fährkrug« mit einer großen Uferterrasse, die zum Verweilen einlädt. Erbaut wurde der Fährkrug teilweise aus den Stei-

Die Ruine der ehemaligen Benediktiner- und späteren Zisterzienserabtei

nen des Klosters. Der malerische Flusslauf kann mit einer kostenpflichtigen Personenfähre, direkt am Fährkrug, von Anfang April bis Ende Sept. überquert werden. Auf dem anderen Flussufer liegt die idyllische Badestelle »Stolpmühl«. Wanderer können zudem in etwa 45 Minuten, Radfahrer in ca. 15 Minuten zum Dorf Quilow (Ortsteil von Groß Polzin) gelangen, das sich einst im Besitz des Klosters befand. Dort steht das Wasserschloss Quilow aus der zweiten Hälfte des 16. Jahrhunderts, in dem sich heute eine Ausstellung u. a. zur Geschichte der Anlage befindet. Zahlreiche Übernachtungsmöglichkeiten und Gastronomie befinden sich sowohl in Stolpe als auch in der Umgebung des Wasserschlosses. Verbunden mit einem Ausflug nach Stolpe lohnt sich die Erkundung des reizvollen »Naturparks Flusslandschaft Peenetal« entlang des naturbelassenen Flussufers. An der Peene gibt es zahlreiche Kanuverleihe. Auch Fahrten mit Flößen, Water-Bikes oder Solarbooten sind möglich.

Veranstaltungen In dem alten Gutshaus Stolpe, einem sehenswerten Gebäudeensemble unweit der

Klosterruine, werden u. a. Konzertabende ausgerichtet. Die nahe gelegene Stadt Anklam bietet zahlreiche Events, z. B. saisonale Stadtfeste und Theaterveranstaltungen der Vorpommerschen Landesbühne, aber auch Flussfahrten und Wanderungen.

Anreise Stolpe erreicht man über die B110 und die von ihr in Richtung Stolpe abzweigende Peenestraße. Parkplätze sind gegenüber der Klosterruine kostenfrei verfügbar. Alternativ besteht eine Busverbindung von Anklam oder Jarmen nach Stolpe.

Öffnungszeiten: Ganzjährig geöffnet, nicht kostenpflichtig

Adresse: Klosterruine Stolpe, Peenestraße, D-17391 Stolpe an der Peene

Internet: www.amt-anklam-land.de/stolpe-an-der-peene/

STRALSUND

Beginen

Teile der Konventshäuser erhalten

Geschichte Die ordensähnlich lebenden Beginen gab es in Stralsund langfristig sogar in zwei Konventen, die jeweils an eines der beiden großen Bettelordensklöster angeschlossen waren. Der sog. kleine bzw. graue Konvent befand sich am franziskanischen ▸JOHANNISKLOSTER. Er entstand etwa in der Mitte des 14. Jahrhunderts in der Nähe der Franziskaner, die die Beginen auch seelsorgerisch betreuten. Überliefert ist, dass viele der Beginen 1501 bei einem Brand ums Leben kamen. Auch ihr Haus wurde bei dieser Katastrophe komplett zerstört. Anschließend errichtete man es neu. In baulich veränderter Form existiert es bis heute. Der zweite Konvent war in der Nähe des ▸DOMINIKANERKLOSTERS St. Katharinen und wurde vom Rat der Stadt Stralsund gegründet. Der Ursprung der sog. großen bzw. schwarzen Beginen-

gemeinschaft reicht weiter zurück bis ins 13. Jahrhundert, und bot wohl mehr Frauen Platz als der jüngere Konvent bei den Franziskanern. Tatsächlich gab es sogar eine dritte Gemeinschaft von Beginen, die in der Mitte des 14. Jahrhunderts in der Stralsunder Mühlenstraße ansässig war, sich jedoch bald wieder auflöste. Die Beginen widmeten sich vor allem karitativen Aufgaben. Ihre Blüte hatten sie daher wohl im 14. Jahrhundert, als die Pest in Pommern wütete und so die Hilfe der Konventualinnen besonders gebraucht wurde.
Mit der Einführung der lutherischen Konfession wurden die Konvente reformiert. Heute existiert zwar noch ein sog. Beginenhaus am Knieperwall, doch hat dieses Gebäude keine Verbindung zu der mittelalterlichen Gemeinschaft der Beginen. Die vermeintlichen Reste der Konventsgebäude der kleinen Beginen in der Schillstraße sind in Privatbesitz und können nicht besichtigt werden. Das Gebäude der großen Beginen existiert heute baulich nicht mehr.

Birgitten
heute kein Baubestand mehr

Geschichte Neben den beiden Stadtklöstern der ▸DOMINIKANER und der ▸FRANZISKANER gab es in Stralsund noch eine dritte große monastische Einrichtung: das Birgittenkloster Mariakron. Bei den Niederlassungen des 1346 von der hl. Birgitta von Schweden gegründeten Erlöserordens zur Verehrung der Leiden Christi und Mariens handelte es sich um Doppelklöster für – streng voneinander getrennt lebende – Frauen und Männer, denen die jeweilige Äbtissin des Konvents vorstand. Das Kloster wurde auf Betreiben des Stadtrats 1421 im Westen vor den Stadtmauern gegründet, wo man die bereits vorhandene Maria-Magdalenen-Kapelle zur Klosterkirche umwandelte. Die Bedeutung des Konvents, dessen erste Nonnen aus Marienwohlde bei Mölln stammten, wuchs rasch, sodass man hier 1436 das Generalkapitel des Ordens abhielt. Von Stralsunder Bürgern und wohlhabenden Familien des Umlands reich beschenkt, konnte man schon 1446 eine neue Kirche errichten. Bei den gewaltsamen Ausschreitungen in Stralsund 1525 wurde Mariakron geplündert und teils zerstört, die Nonnen fanden bis zu ihrem Lebensende im von den Dominikanermönchen verlassenen ▸KATHARINENKLOSTER eine Bleibe. Heute ist von der Anlage der Birgitten, die nach der Reformation als Unterkunft für Arme und Obdachlose und dann als Steinbruch diente, oberirdisch nichts mehr erhalten. Lediglich der Name Mariakronstraße erinnert noch an den einstigen Standort des Klosters. Später wurden die Besitzungen und die verbliebenen Birgittennonnen mit den ▸SCHWESTERN vom gemeinsamen Leben zusammengelegt.

Dominikaner

ehem. Klosteranlage vollständig erhalten

Die am besten erhaltene mittelalterliche Klosteranlage Pommerns ist das 1251 in Stralsund errichtete Kloster der Dominikaner in Stralsund. Es wurde vom Rügenfürsten Jaromar II. zu Ehren der hl. Katharina gegründet und an der höchsten Stelle der Stadt errichtet. Neben dem Johanniskloster der ▸FRANZISKANER war es eines der beiden städtischen Bettelordensklöster. Der Chor der Klosterkirche liegt über den Resten einer älteren Kapelle, die wahrscheinlich zu dem städtischen Hof des Rügenfürsten gehörte, dessen Gelände dieser dann den Mönchen zur Errichtung ihres Klosters schenkte. Das Stralsunder Dominikanerkloster gehörte zu den bedeutendsten Klöstern Pommerns und der sächsischen Provinz des Dominikanerordens, in dem mehrere Provinzialkapitel, die Hauptversammlungen der dominikanischen Ordensprovinz, abgehalten wurden. Das Kloster finanzierte sich durch erbettelte Almosen und Stiftungen Stralsunder Bürger. Die Dominikaner besaßen trotz des Ideals der persönlichen Armut teils eigenen Besitz, etwa in Form von Stadthäusern und Grundstücken. Nachdem die ersten reformatorischen Gedanken die Stadt erreicht hatten, wurden zahlreiche Kirchen, auch die der Dominikaner beim sog. »Stralsunder Kirchenbrechen« 1525 stark

Das ehemalige Dominikanerkloster St. Katharinen

verwüstet. Die Mönche vergruben die übriggebliebenen Kelche und andere Kostbarkeiten aus dem Kloster zum Schutz vor Plünderern im Klostergarten. Das verwaiste Stadtkloster diente dann für einige Zeit als Unterkunft für die Nonnen des ebenfalls aufgelösten ▸ BIRGITTENKLOSTERS Mariakron, später, schon im Besitz der Stadt, als Zeug- und Waisenhaus, ab dem frühen 20. Jahrhundert dann als Museumsgebäude.

Katharinenkloster Stralsund

Adresse: Mönchstraße 25–28, D-18439 Stralsund

Internet: www.stralsund-museum.de; www.meeresmuseum.de

Wandmalerei mit einer Kreuzigungsszene in der Sakristei des ehemaligen Franziskanerklosters

Franziskaner

Kirchenruine, ehem. Klausurgebäude erhalten

Geschichte Wie jene des ▸STRALSUNDER DOMINIKANERKLOSTERS ging auch die 1254 erfolgte Gründung des Franziskanerklosters auf einen Rügenfürsten zurück. Diesmal handelte es sich um Wizlaw II. Im äußersten Norden der Stadt wurde es auf einem Gelände errichtet, das u. a. die adeligen Familien von Osten und von Putbus gestiftet hatten. Das Stadtkloster bestand aus der Johanniskirche, einer für Bettelorden in Norddeutschland charakteristischen großen Hallenkirche mit langem Chor, und den sich im Norden anschließenden Klausurflügeln. Der heute nicht mehr vorhandene Nordflügel wurde um 1300 an die neue Stadtmauer angebaut. Noch immer zeugen fünf große, spitzbogige Fensteröffnungen in der Mauer von einem dort im 14. Jahrhundert errichteten prächtigen Saal, vielleicht dem Kapitelsaal, von dem die Mönche einen weiten Blick auf die zwischen Rügen und dem Festland liegende Meerenge hatten. Beim »Stralsunder Kirchenbrechen« 1525 fiel das Franziskanerkloster den Plünderungen und Zerstörungen

eines städtischen Pöbels zum Opfer und wurde stark in Mitleidenschaft gezogen. Die Mönche flohen über die Stadtmauer, fortan dienten Teile des Klosters als Armenhaus. Nach einem verheerenden Kirchenbrand am Weihnachtsabend 1624 wurde der Chor um 1650 als »kleine« Johanniskirche wiederhergerichtet, das dachlose Langhaus erhielt einen gewölbten Arkadengang. Beide wurden bei einem alliierten Bombenangriff im Oktober 1944 abermals zerstört. Die Klausurbauten sind in ihrem Baubestand sowie ihren Wand- und Gewölbemalereien bis heute nahezu im Original erhalten geblieben.

Adresse: Schillstraße 27/28, D-18439 Stralsund

Internet: www.stralsundtourismus.de

Schwestern vom gemeinsamen Leben

Kapelle und Grundmauern der ehem. Konventsgebäude erhalten

Geschichte Mitte des 15. Jahrhunderts war Stralsund ein Zentrum frommen Lebens in Pommern. Nicht nur das ▶BIRGITTENKLOSTER wurde dabei im 15. Jahrhundert gegründet, sondern auch ein Konvent der Schwestern vom gemeinsamen Leben. Bei diesen handelte es sich nicht um Nonnen, sondern um Laienschwestern, die in einem Konventshaus zusammenlebten und nicht in einem Kloster. Zwar lebten sie wie Nonnen nach der strengen Augustinerregel, konnten aber auch jederzeit wieder aus der Gemeinschaft austreten. Viele der Schwestern waren verwitwet und hatten bereits ein Familienleben geführt. Der Stralsunder Konvent entstand um das Jahr 1480 nach dem Vorbild des Schwesternhauses in Lübeck. Ursprung der Neugründung war eine Stiftung des Stralsunder Bürgers Hans Bure, der in seinem Testament sein Haus in der Fischerstraße, heute Schillstraße, für die Gründung vermachte. Hier existierte am Ende des Mittelalters nicht nur eine Kapelle, die heute in stark veränderter Form noch steht, sondern auch ein kleiner Friedhof für die Schwestern des Konventes. Das Haus der Schwestern vom gemeinsamen Leben war nicht nur

Marktplatz von Stralsund

die einzige Niederlassung dieser Frömmigkeitsbewegung in der Region, sondern die letzte mittelalterliche Gründung eines geistlichen Konvents in ganz Pommern. Nach der Reformation wurde die Gemeinschaft mit den Nonnen aus dem Birgittenkloster zusammengelegt.

Adresse: Schillstr. 5–7, D-18439 Stralsund

Internet: www.stralsundtourismus.de

Sehen und Erleben Stralsund ist aufgrund seiner gut erhaltenen Altstadt seit 2002 UNESCO-Welterbe. Zu besichtigen sind zahlreiche Bauten, die zu den schönsten Beispielen der Backsteingotik gehören. Der Marktplatz fasziniert mit seinem großen Rathaus, dessen Schaugiebel besonders schmuckreich gestaltet ist. Zusammen mit der Nikolaikirche, deren mächtige Doppelturmfassade den Platz dominiert, bilden beide Gebäude ein beeindruckendes Ensemble und zeugen vom besonderen Selbst-

verständnis der mittelalterlichen Stadtbewohner. Im Süden der Stadt steht die ebenfalls beeindruckend bemessene Marienkirche, eine der größten Stadtkirchen im gesamten Ostseeraum. Der heutige Bau wurde 1382 begonnen und ist ein spätes Hauptwerk der norddeutschen Backsteingotik. Einst war der Turm der Marienkirche mit 151 m das höchste Bauwerk des christlichen Abendlandes, bis er durch Blitzschlag 1647 ausbrannte. Ebenfalls als Höhepunkt der späten Backsteingotik gilt die Jakobikirche mit ihren großen Fensterflächen, die dem Kirchenschiff ein Höchstmaß an Transparenz verleihen.
Die hervorragend erhaltenen Gebäude des ▸DOMINIKANERKLOSTERS sind heute Sitz zweier Museen – des »Meeresmuseums« in der ehem. Klosterkirche und des »Stralsund Museums« in den ehem. Klausurräumen. Das ▸JOHANNISKLOSTER der Franziskaner wurde zuletzt zum Teil vom Stadtarchiv Stralsund genutzt und wird für touristische Zwecke aufbereitet.
Ein besonders schönes Beispiel für eine mittelalterliche Fürsorgeeinrichtung hat mit der Heiliggeistkirche aus dem 15. Jahrhundert und dem dazugehörigen Heiliggeistspital überdauert. Fälschlich werden Hospitäler wie das Heiliggeistspital als Klöster bezeichnet, waren jedoch Zeit ihres Bestehens städtische Einrichtungen zur Kranken- und Altenpflege. Dagegen ist der »Kampische Hof« in der Mühlenstraße 23 ein gut erhaltenes Beispiel aus der Klosterwelt. Hier lagerten und verwalteten die Zisterzienser aus dem nahen ▸NEUENKAMP ihre Verkaufsgüter. Das sog. Kloster St. Annen und Birgitten in der Schillstraße bezieht sich auf die nach der Reformation zusammengelegten Konvente der ▸SCHWESTERN VOM GEMEINSAMEN LEBEN und der ▸BIRGITTEN. Die in einem Hinterhof gelegene St. Annenkapelle und einige Teile der Konventsgebäude der Schwestern vom gemeinsamen Leben wurden jedoch über die Jahrhunderte stark umgestaltet. Heute wird die ehem. Kapelle vor allem als Veranstaltungsraum und für Trauungen genutzt.
Am Marktplatz und rund um die großen Kirchen gibt es zahlreiche Cafés und Restaurants, die zum Verweilen in den einzelnen Stadtquar-

tieren einladen. Ein Rundgang zum Hafen lohnt sich. Die historischen Speicherhäuser beherbergen viele Kultureinrichtungen, Galerien und Restaurants. Hier steht seit 2008 das »Ozeaneum«, das mit seinen Ausstellungen und Aquarien zu einem Besuch einlädt. Ebenfalls lassen sich Hafenrundfahrten buchen, und von hier starten die Fähren der »Weißen Flotte« regelmäßig zur Insel ▸HIDDENSEE. Ein Besuch der Insel Rügen ist über die Rügenbrücke mit dem PKW und über den Rügendamm zu Fuß oder mit dem Fahrrad möglich. Eine Fähre pendelt zwischen Stralsunder Hafen und Altefähr auf Rügen.

Anreise Mit dem Auto erreicht man Stralsund am besten über die A20, Ausfahrt 24 – Stralsund, und den sog. Rügen-Zubringer (B96). Der Stralsunder Hauptbahnhof befindet sich nur etwa zehn Gehminuten westlich der historischen Altstadt. Das ▸DOMINIKANERKLOSTER liegt im Westen der Altstadt, in der Mönchstraße, das ▸FRANZISKANERKLOSTER wiederum im Norden, in der Schillstraße. Es gibt zahlreiche kostenpflichtige Parkmöglichkeiten in der Innenstadt, etwa das Parkhaus am Meeresmuseum, Mönchstraße 1, das unter den Ruinen des Stadthofs der ▸HIDDENSEER ZISTERZIENSER liegt. Verlässt man das Parkhaus zu Fuß, durchschreitet man die letzten sichtbaren Reste des ehem. Hofs.

Veranstaltungen Von Mai bis Sept. werden jeden Mittwoch die Stralsunder Mittwochssegelregatten ausgetragen, denen man als Zuschauerin und Zuschauer von der Nordmole aus beiwohnen kann. Ende Juli lockt die Stadt mit dem größten Volksfest in Vorpommern, den Wallensteintagen. Ein historischer Markt, Theater- und Musikdarbietungen sowie Handwerksvorführungen erinnern an den Sieg der Stralsunder gegen die Truppen des Feldherrn Wallenstein im Dreißigjährigen Krieg. Die großen Kirchen St. Marien, St. Nikolai und St. Jakobi laden im Sommer zu Orgel- und Kammermusiken jeweils am Mittwochabend ein.

Internet: www.stralsund.de

UECKERMÜNDE

Augustiner-Chorherren
kein Baubestand mehr

Geschichte Im Jahre 1260 kamen Augustiner-Chorherren aus dem Stift St. Victor bei Paris nach Ueckermünde. Herzog Barnim I. stattete die Niederlassung mit Landbesitz aus und wies den Chorherren innerhalb der Siedlung einen Platz zum Bau der Kirche und der Klausurbauten zu. Die Fischersiedlung erhielt in diesem Jahr das Stadtrecht und entwickelte sich zu einem Handelsplatz mit regen wirtschaftlichen Beziehungen zu den wichtigen pommerschen Städten wie Greifswald, Stralsund oder Stettin (Szczecin). Die Augustiner-Chorherren von St. Victor lebten zurückgezogen und widmeten sich der Lektüre und dem stillen, meditativen Gebet. Entsprechend dieser Ausrichtung besaß das Stift St. Victor eine umfangreiche Bibliothek, die diesen Ort zu einem bedeutenden geistigen Zentrum in Europa machte. Die in Ueckermünde ankommenden Chorherren hatten eine Reihe von Handschriften aus ihrem Heimatkonvent mitgebracht. Durch weitere Ankäufe, Schenkungen und das Kopieren von wichtigen theologischen Schriften wuchs der Buchbestand kontinuierlich, sodass sich auch hier eine beachtliche Bibliothek etablierte, die weit über die regionalen Grenzen bekannt war.
Das sich immer betriebsamer entwickelnde Stadtleben führte dazu, dass die Chorherren bereits 16 Jahre nach der Gründung in Ueckermünde die Stadt verließen und nach *Gobelenhagen (†)* bei Hagen (Tatynia) zogen. 1309 erfolgte ein erneuter Umzug nach Neu-Gobelenhagen und 1329 schließlich die endgültige Übersiedelung nach Jasenitz (Jasienica), wo sich noch heute die malerische Ruine der Anlage befindet.

Sehen und Erleben Heute hat sich von der einstigen Anlage im Stadtbild von Ueckermünde nichts erhalten. Über die historische Entwicklung der Stadt erfahren Gäste viel Wissenswertes im »Haffmuseum«, Sonderausstellungen

Die Stadtansicht von Ueckermünde auf der Stralsunder Bilderhandschrift, 1615

zu unterschiedlichen Themen informieren über die Geschichte der Region. Das Museum befindet sich im ehem. Schloss direkt an der Uecker. Im Schlossturm gibt es einen Aussichtsbereich, von dem man einen schönen Rundblick auf die Stadt und das Stettiner Haff hat. In der Innenstadt lädt der alte Speicher in der Straße »Altes Bollwerk« zu einem Besuch ein. Hier können Produkte wie Lederartikel, Kunsthandwerk und Schmuck aus der Region erstanden werden. Im Speicher finden darüber hinaus Konzerte, Lesungen, Messen und Aufführungen statt. Die Galerie im Speicher stellt zeitgenössische Kunst aus der Region aus. Ueckermünde ist eingebettet in den Naturpark am Stettiner Haff. Entlang ausgeschildeter Wander- und Radwege lässt sich die einzigartige Hafflandschaft erkunden. Ausflüge entlang der Uecker bieten ein reichhaltiges Naturerlebnis. Am Ueckermünder Strand gibt es eine Badestelle sowie Spielplätze, einen Minigolfplatz und unterschiedliche Gastronomie. Die Stadt besitzt als weitere Attraktion einen Tierpark in einer großen Grünanlage. Ueckermünde hält zahlreiche Übernachtungsmöglichkeiten vor.

Veranstaltungen Das kleine Seebad Ueckermünde bietet eine Reihe von kulturellen und touristischen Veranstaltungen. Im Juli finden die Ueckermünder Hafftage statt mit zahlreichen Livekonzerten und Bühnenprogrammen sowie einer Regatta und einem Bootskorso.
In den Sommermonaten werden

kulinarische Stadtführungen angeboten, die neben Wissenswertem zur Geschichte der Stadt auch Einblicke in die regionale Küche geben. Zudem erhält man die Gelegenheit, die regionalen Produkte zu probieren.

Anreise Ueckermünde ist über die B109 zu erreichen. Von Norden kommend, biegt man auf der Höhe der Ortschaften Altwigshagen/ Heinrichshof auf die Landstraße nach Ueckermünde ab, von Süden in Ferdinandshof auf die L28 Richtung Ueckermünde.

Öffnungszeiten: Haffmuseum: Jan./ Feb. Do.–Fr. 10–15.30 Uhr; März bis Mai Mi.–Fr. 10–12 Uhr u. 13–17 Uhr, Sa. 13–17 Uhr; Juni bis Aug. Di.–So. 10–12.30 Uhr u. 13–17 Uhr; Sep. bis Okt. Mi.–Fr. 10–12 Uhr u. 13–17 Uhr, Sa. 13–17 Uhr; Nov./Dez. Do.–Fr. 10–17 Uhr

Adresse: Haffmuseum, im Schlossturm, D-17373 Ueckermünde

Internet: www.ueckermuende.de

VERCHEN

Benediktinerinnen
ehem. Klosterkirche erhalten

Geschichte In den Jahren vor 1269 ließen sich Benediktinerinnen in dem kleinen Ort Verchen nieder. Das Kloster war Ende des 12. Jahrhunderts in ▸ALTENTREPTOW gegründet worden. Um 1236 zog der Konvent nach Klatzow und ca. sechs Jahre später erfolgte die Umsiedlung nach Marienwerder. Jedoch scheint auch dieser Standort nicht für ein klösterliches Leben geeignet gewesen sein. Zwar wurde der Konvent von den Herzögen hier, wie auch schon in Klatzow, mit reichen Landbesitzschenkungen bedacht, doch zog man es vor, das Kloster nach Verchen zu verlegen. Hier erhielten die Nonnen die wenige Jahre zuvor erbaute Pfarrkirche. Südlich des Kirchenschiffs wurden die Klausurbauten errichtet. In den Konvent traten vor allem Töchter des umliegenden

Die ehemalige Klosterkirche der Benediktinerinnen

Landadels sowie der reichen Bürgerfamilien ein. Auch Familienmitglieder aus dem Hochadel fanden hier eine Heimat. So war eine Tochter des Herzogs Bogislaw X., Prinzessin Elisabeth von Pommern, von 1483 bis 1516 Priorin des Klosters. Der Konvent war wirtschaftlich gut ausgestattet und besaß neben den Landbesitzungen auch Mühlen sowie das Recht auf Fischfang im Kummerower See und im Ostseehaff. Im Zuge der Reformation wurde das Kloster 1534 aufgelöst. Den Nonnen wurde das Recht eingeräumt, bis zu ihrem Lebensende in den Konventsgebäuden zu verbleiben. 1581 verstarb die letzte Benediktinerin. Bereits zwischen 1560 und 1575 zerstörte ein Brand die Anlage. Die Klosterkirche wurde anschließend in Stand gesetzt und als evangelische Pfarrkirche genutzt.

Sehen und Erleben Die kleine Pfarrkirche von Verchen liegt malerisch in einer Grünanlage direkt am Kummerower See. Von dort aus können Kanutouren zur Erkundung der Seelandschaft gemacht werden. Im Ort gibt es einen Kanu- und SUP Boardverleih. Es besteht die Möglichkeit, über den Wasserwanderrastplatz Aalbude die Peene in Richtung Ostsee hinabzufahren. Im Rahmen einer Ausflugsfahrt kann man mit einem Solarboot den Flusslauf der Peene erkunden. Verchen verfügt über eine familienfreundliche Badestelle. Entlang der Seestraße gelangt man zu einem rund um die Uhr geöffneten Aussichtturm, der einen schönen Blick auf den See ermöglicht. Der Ort besitzt Übernachtungsmöglichkeiten und Gastronomie. Die nahe Stadt Demmin bietet zahlreiche Sommerevents, z. B. das Peenefest im Hafen im Juni.

Veranstaltungen In der Pfarrkirche finden an unterschiedlichen Terminen kleine Musikveranstaltungen statt. Kirchenführungen können beim ev. Pfarramt in Verchen gebucht werden. Im ehem. Schloss und Amtshaus, das um 1754 auf den Grundmauern eines Klosterwirtschaftshofs errichtet wurde, befindet sich ein Kinder- und Jugendhotel, das eine Vielzahl an Aktivitäten für die jungen Besucher bietet. Die sanierten ehem. Wirtschaftsgebäude und das Brauhaus des Klosters sind in ihrem mittelalterlichen Baubestand teils erhalten und beherbergen ein Restaurant. Möglich ist die Buchung des sog. »Klosterkellers«, eines der großen Vorratskeller im Wirtschaftshof, für Hochzeitsfeiern und weitere Feierlichkeiten.

Anreise Über die A20, Ausfahrt Tessin, auf die B110 Richtung Dargun und Demmin, in Demmin auf die B194 Richtung Vorwerk, Lindenfelde und Lindenhof, hier nach Westen abbiegen auf die Landstraße Richtung Schönfeld und Verchen.

St. Marien

Adresse: St. Marien, Kirchstraße, D-17111 Verchen; Ev. Pfarramt, Pastorweg 7, D-17111 Verchen

Klosterkeller

Internet: www.verchen.de/kirche

Adresse: Klosterkeller Verchen, Kirchstraße 16a, D-17111 Verchen

Internet: www.klosterkeller-verchen.de

LITERATUR- UND QUELLENAUSWAHL

Allgemeine Literatur zu den Klöstern und Stiften in Pommern

AUGE, Oliver, Handlungsspielräume fürstlicher Politik im Mittelalter. Der südliche Ostseeraum von der Mitte des 12. Jahrhunderts bis in die frühe Reformationszeit (Mittelalter-Forschungen 28), Ostfildern 2009.

DERS. / BIERMANN, Felix / HERRMANN, Christofer (Hrsg.), Glaube, Macht und Pracht. Geistliche Gemeinschaften des Ostseeraums im Zeitalter der Backsteingotik (Archäologie und Geschichte im Ostseeraum 6), Rahden 2009.

AUGE, Oliver / HARLASS, Robert / HILLEBRAND, Katja / KIESELER, Andreas, Das Klosterregister und Klosterbuch für Pommern, Ein interdisziplinäres Forschungs- und Publikationsprojekt zur Kloster- und Stiftsgeschichte in der historischen Landschaft Pommern, in: Baltische Studien N.F. 107 (2021), S. 69–96.

AUGE, Oliver / HILLEBRAND, Katja, Die Klöster, Stifte, Konvente und Kommenden in der historischen Landschaft Pommern, Perspektiven und Herausforderungen eines neuen interdisziplinären Projekts von europäischer Relevanz, in: Jahrbuch für die Geschichte Mittel- und Ostdeutschlands 66/1 (2020), S. 283–305.

BRAUNFELS, Wolfgang, Abendländische Klosterbaukunst, Köln 1980.

BULACH, Doris, Die Stadthöfe der Zisterzienserklöster Eldena, Neuenkamp und Hiddensee in Stralsund, Greifswald, Goldberg und Plau: ihre Funktion und Bedeutung, in: KIMMINUS-SCHNEIDER, Claudia / SCHNEIDER, Manfred (Hrsg.), Klöster und monastische Kultur in Hansestädten: Beiträge des 4. wissenschaftlichen Kolloquiums Stralsund, 12. bis 15. Dezember 2001, Rahden/Westfalen 2003, S. 121–138.

BIERMANN, Felix / RUCHHÖFT, Fred (Hrsg.), Bischof Otto von Bamberg in Pommern. Historische und archäologische Forschungen zu Mission und Kulturverhältnissen des 12. Jahrhunderts im Südwesten der Ostsee (Studien zur Archäologie Europas 30), Bonn 2017.

BIESNER, Julius Heinrich, Geschichte Pommerns und Rügens, nebst angehängter Spezialgeschichte des Klosters Eldena, Greifswald 1839.

BRANIG, Hans, Geschichte Pommerns Teil 1, Vom Werden des neuzeitlichen Staates bis zum Verlust der staatlichen Selbständigkeit 1300–1648 (Veröffentlichungen der Historischen Kommission für Pommern 22/1), Köln 1997.

BUCHHOLZ, Werner / MANGELSDORF, Günter (Hrsg.), Land am Meer. Pommern im Spiegel seiner Geschichte. Roderich Schmidt zum 70. Geburtstag (Veröffentlichungen der Historischen Kommission für Pommern 29), Köln 1995.

HEYDEN, Hellmuth, Kirchengeschichte Pommerns. Bd. 1: Von den Anfängen des Christentums bis zur Reformationszeit (Osteuropa und der deutsche Osten 3), Köln 1957.

Ders., Pommersche Geistliche vom Mittelalter bis zum 19. Jahrhundert (Veröffentlichungen der Historischen Kommission für Pommern 11), Köln 1965.

Hoogeweg, Hermann, Die Stifter und Klöster der Provinz Pommern, 2 Bde., Stettin 1924–1925.

Petersohn, Jürgen, Die Kamminer Bischöfe des Mittelalters, Amtsbiographien und Bistumsstrukturen vom 12. bis 16. Jahrhundert (Beiträge zur Kirchen-, Kunst- und Landesgeschichte Pommerns 19), Schwerin 2015.

Petersohn, Jürgen, Der südliche Ostseeraum im kirchlich-politischen Kräftespiel des Reichs, Polens und Dänemarks vom 10. bis 13. Jahrhundert. Mission, Kirchenorganisation, Kultpolitik (Ostmitteleuropa in Vergangenheit und Gegenwart 17), Köln 1979.

Rębkowski, Marian, Die Christianisierung Pommerns. Eine archäologische Studie (Universitätsforschungen zur prähistorischen Archäologie 197), Bonn 2011.

Rymar, Edward, Biskupi, mnisi, reformatorzy. Studia z dziejów diecezji kamińskiej (Rozprawy i studia – Uniwersytet Szczeciński 405), Szczecin 2002.

Schmidt, Roderich, Das historische Pommern, Personen, Orte, Ereignisse (Veröffentlichungen der Historischen Kommission für Pommern 41), Köln 2007.

Ders. (Hrsg.), Tausend Jahre pommersche Geschichte (Veröffentlichungen der Historischen Kommission für Pommern 31), Köln 1999.

Wehrmann, Martin, Geschichte von Pommern, 2 Bde. Allgemeine Staatengeschichte 3, 5, 1–2, Gotha 1919–1921.

Pommern – ein Land voller geistlicher Landschaften! Eine Einführung, Oliver Auge

Auge, Oliver, Ein Land voller Klöster, aber keine Klosterlandschaft, in: Ders. / Hillebrand, Katja, Klöster in Schleswig-Holstein. Von den Anfängen bis zur Reformation, Kiel / Hamburg 2017, S. 19–21.

Czaja, Roman / Heimann, Heinz-Dieter / Wemhoff, Matthias (Hrsg.), Klosterlandschaften? Methodisch-exemplarische Annäherungen (MittelalterStudien 16), München 2008.

Melville, Gert, »Klosterlandschaft«. Kritische Bemerkungen zum wissenschaftlichen Wert einer Wortschöpfung, in: Felten, Franz J. u. a. (Hrsg.), Landschaft(en). Begriffe – Formen – Implikationen (Geschichtliche Landeskunde 68), Stuttgart 2012, S. 157–222.

Pommersches Urkundenbuch. Bd. 1, 2: Annalen und Abt-Reihe des Klosters Colbatz, Todtenbuch und Abt-Reihe des Klosters Neuencamp, Personen und Orts-Register, hrsg. von Rodgero Prümers, Stettin 1877, S. 493–496 u. 497–518.

Röckelein, Hedwig, Geistliche Landschaften in Niedersachsen, in: Reitemeier, Arnd (Hrsg.), Klosterlandschaft Niedersachsen (Veröffentlichungen des Instituts für Historische Landesforschung der Universität Göttingen 63), Bielefeld 2021, S. 25–43.

Rüther, Andreas, Deutsche Klosterlandschaften als Thema der historischen Forschung: das nördliche Hessen im Vergleich, in: Archiv für mittelrheinische Kirchengeschichte 53 (2001), S. 259–299.

Schmidt, Hans-Joachim, Klöster, Stifte und Orden in der Mark Brandenburg, in: Heimann, Heinz-Dieter / Neitmann, Klaus / Schich, Winfried u. a. (Hrsg.), Brandenburgisches Klosterbuch. Handbuch der Klöster, Stifte und Kommenden bis zur Mitte des 16. Jahrhunderts, Bd. 1, Berlin 2007 (Brandenburgische Historische Studien 14), S. 18–46.

Schneider, Jens: Les monastères et leurs paysages: la notion des »Klosterlandschaften« dans la recherche allemande, in: Francia 45 (2018), S. 211–217.

Beten und Arbeiten. Orden und Klöster im Überblick, Robert Harlaß

BITTERLICH, Marcus, Statuten mittelalterlicher Ordensgemeinschaften, Strategien normativer Stabilisierung mittels statutarischer Gesetzgebung am Beispiel der Zisterzienser, Prämonstratenser, Dominikaner und Franziskaner, Dresden 2017.

CREUTZ, Ursula, Bibliographie der ehemaligen Klöster und Stifte im Bereich des Bistums Berlin, des Bischöflichen Amtes Schwerin und angrenzender Gebiete (Studien zur katholischen Bistums- und Klostergeschichte 26), Leipzig 1988.

IGEL, Karsten, Zwischen Bürgerhaus und Frauenhaus. Stadtgestalt, Grundbesitz und Sozialstruktur im spätmittelalterlichen Greifswald (Städteforschung. Veröffentlichungen des Instituts für vergleichende Städtegeschichte in Münster 71), Köln 2010.

LUSIARDI, Ralf, Stiftung und städtische Gesellschaft. Religiöse und soziale Aspekte des Stiftungsverhaltens im spätmittelalterlichen Stralsund (Stiftungsgeschichten 2), Berlin 2000.

MELVILLE, Gert, Die Welt der mittelalterlichen Klöster. Geschichte und Lebensformen, München 2012.

DERS. / MÜLLER, Anne, Mittelalterliche Orden und Klöster im Vergleich (Methodische Ansätze und Perspektiven), Berlin / Münster 2007.

MÖLLER, Gunnar, »... hat auch drey schone closter, viele capellen und hospital ...« – Klöster, Zisterzienserhöfe und Beginen in der einstigen Hansestadt Stralsund, in: GLÄSER, Manfred (Hrsg.), Lübecker Kolloquium zur Stadtarchäologie im Hanseraum IX. Die Klöster (Lübecker Kolloquium zur Stadtarchäologie im Hanseraum 9), Lübeck 2014, S. 309–332.

NIEMECK, Andreas, Die Zisterzienserklöster Neuenkamp und Hiddensee im Mittelalter (Veröffentlichungen der Historischen Kommission für Pommern 37), Köln 2002.

PYL, Theodor, Geschichte der Greifswalder Kirchen und Klöster, sowie ihrer Denkmäler, nebst einer Einleitung vom Ursprunge der Stadt Greifwald, 3 Bde., Greifswald 1885–1887.

SCHLEINERT, Dirk, Die Franziskaner und das Kloster St. Johannis im städtischen Leben Stralsunds im 15. und frühen 16. Jahrhundert, in: Przegląd Zachodniopomorski 33/4 (2018), S. 85–93.

WYRWA, Andrzej Marek, Opactwa cysterskie na Pomorzu. Zarys dziejów i kultury, Poznań 1999.

Bilderwelten des Glaubens. Die Ausstattung der Klöster und Stifte, Katja Hillebrand

KUNKEL, Bernhard, Werk und Prozess: Die bildkünstlerische Ausstattung der Stralsunder Kirchen – eine Werkgeschichte, Berlin 2008.

700 JAHRE KLOSTER KRUMMIN, eine Spurensuche. Crominino 1305–2005, hrsg. von Dirk Zache, Krummin 2005.

SIEDLER, Franziska, Die Rekonstruktion des »Krumminer Marienaltars«, in: Baltische Studien N.F. 93 (2007), S. 57–72.

WEITZEL, Sabine-Marie, Die romanischen Wandmalereien im Chor und Querschiff der St. Marienkirche in Bergen auf Rügen – Original und Erfindung, in: Baltische Studien N.F. 91 (2005), S. 40–60.

WITT, Detlef, Die freigelegten Wandmalereien in der ehemaligen Benediktinerinnen-Klosterkirche Verchen am Kummerower See, in: Pommern. Zeitschrift für Kultur und Geschichte 55.1 (2017), S. 40–47.

DERS., Mittelalterliche Wandmalereien in Vorpommern und ihre Erhaltungszustände, in: DRACHENBERG, Thomas (Hrsg.), Mittelalterliche Wandmalerei in der Mark Brandenburg. Beiträge der Fachtagung in Demerthin am 19. Juni 2015, Brandenburgisches Landesamt für Denkmalpflege und Archäologisches Landesmuseum, Berlin 2017, S. 66–81.

Ders., Sakrale Kunst um 1400 im nördlichen Vorpommern, in: Kroesen, Justin E. A. / Nyborg, Ebbe / Sauerberg, Marie Louise (Hrsg.), From conservation to interpretation. Studies of religious art (c. 1100–c. 1800) in Northern and Central Europe in honour of Peter Tångeberg (Art & religion), Leuven 2017, S. 139–171.

Der Sturm vor dem Orkan? Reformen am Ende des Mittelalters, Robert Harlaß

Auge, Oliver, Landesherrschaft und Kirche vor der Reformation, in: Przegląd Zachodniopomorski 33/4 (2018), S. 141–159.

Gahlbeck, Christian, Zisterziensische Reformbemühungen um 1500. Die Klosterreformen von Reetz (1495/1510) und Himmelstädt (1513), in: Römer, Christof / Pötschke, Dieter / Schmidt, Oliver H. (Hrsg.), Benediktiner, Zisterzienser (Studien zur Geschichte, Kunst und Kultur der Zisterzienser 7), Berlin 1999, S. 200–220.

Jürgensmeier, Friedhelm / Schwerdtfeger, Regina E. (Hrsg.), Orden und Klöster im Zeitalter von Reformation und katholischer Reform 1500–1700, 3 Bde. (Katholisches Leben und Kirchenreform im Zeitalter der Glaubensspaltung 65–67), Münster 2005–2007.

Nyberg, Tore, Das Birgittenkloster von Stralsund im Zuge ordensinterner Reformbewegungen, in: Baltische Studien N.F. 59 (1973), S. 7–16.

Uckeley, Alfred, Der Werdegang der kirchlichen Reformbewegung im Anfang des 16. Jahrhunderts in den Stadtgemeinden Pommerns, in: Pommersche Jahrbücher 18 (1917), S. 1–108.

Wiegand, Peter, Diözesansynoden und bischöfliche Statutengesetzgebung im Bistum Kammin. Zur Entwicklung des partikularen Kirchenrechts im spätmittelalterlichen Deutschland (Veröffentlichungen der Historischen Kommission für Pommern 32), Köln 1998.

Bauwerke des Glaubens. Die Architektur der Klöster und Stifte, Katja Hillebrand

Badstübner, Ernst / Billeb, Volkmar, Zisterzienserkirchen im nördlichen Mitteleuropa, Rostock 2005.

Die Baudenkmäler der Provinz Pommern, hrsg. v. d. Gesellschaft für Pommersche Geschichte und Altertumskunde, Teil 1: Die Bau- und Kunstdenkmäler des Regierungsbezirks Stralsund, Bd. 1: Der Kreis Franzburg, bearb. v. Ernst v. Haselberg, Stettin 1881; Bd. 2: Der Kreis Greifswald, bearb. v. Ernst v. Haselberg, Stettin 1885; Bd. 3: Der Kreis Grimmen, bearb. v. Ernst v. Haselberg, Stettin 1888; Bd. 4: Der Kreis Rügen, bearb. v. Ernst v. Haselberg, Stettin 1897; Bd. 5: Der Stadtkreis Stralsund, bearb. v. Ernst v. Haselberg, Stettin 1902.

Die Baudenkmäler der Provinz Pommern, hrsg. v. d. Gesellschaft für Pommersche Geschichte und Altertumskunde, Teil 2: Die Bau- und Kunstdenkmäler des Regierungsbezirks Stettin, Bd. 1, Heft 1: Der Kreis Demmin, bearb. v. Hugo Lemcke, Stettin 1898; Bd. 1, Heft 2: Der Kreis Anklam, bearb. v. Hugo Lemcke, Stettin 1899; Bd. 1, Heft 3: Der Kreis Ückermünde, bearb. v. Hugo Lemcke, Stettin 1900; Bd. 1: Heft 4: Der Kreis Usedom-Wollin, bearb. v. Hugo Lemcke, Stettin 1900.

Bilang, Karla, Kloster der Zisterzienserinnen und Kirche St. Michael in Krummin auf Usedom, Wolgast 2008.

Bock, Sabine / Helms, Thomas, Kirchen auf Rügen und Hiddensee, Bremen 1992.

Dehio, Georg, Handbuch der deutschen Kunstdenkmäler: Mecklenburg-Vorpommern, bearb. v. Hans-Christian Feldmann, München / Berlin 2016.

Ebert, Martin / Grundner, Thomas, Klöster in Mecklenburg-Vorpommern (Edition Kulturlandschaft Mecklenburg-Vorpommern), Rostock 2009.

Der Klosterhof und die Kirche St. Marien in Bergen auf Rügen, hrsg. v. d. Stadt Bergen und GSOM mbH, Bergen 2005.

Lehmann, Jörn / Rödel, Christian, Klöster und Spitäler in der Altstadt. Zeugnisse europäischer Geschichte, Stralsund 2010.

Lissok, Michael, Klosterruine Eldena Greifswald, Regensburg 1997.

Möller, Gunnar, Zur Topographie der Klosteranlagen in der Hansestadt Stralsund, in: Kimminus-Schneider, Claudia / Schneider, Manfred (Hrsg.), Klöster und monastische Kultur in Hansestädten. Beiträge des 4. wissenschaftl. Kolloquiums Stralsund 12. bis 15. Dezember 2001 (Stralsunder Beiträge zur Archäologie, Geschichte, Kunst und Volkskunde in Vorpommern 4), Stralsund 2003, S. 91–102.

Ders., Die Stralsunder Klöster zur Zeit der Reformation, in: Pommern. Zeitschrift für Kultur und Geschichte 55 (2017), S. 37–46.

Szczesiak, Rainer, Stein gewordene Zeugnisse des Glaubens – Architektur und Kunst der Klöster und Stifte, in: Jöns, Hauke / Lüth, Friedrich / Schäfer, Heiko (Hrsg.), Archäologie unter dem Straßenpflaster. 15 Jahre Stadtkernarchäologie in Mecklenburg-Vorpommern (Beiträge zur Ur- und Frühgeschichte Mecklenburg-Vorpommerns 39), Schwerin 2005, S. 401–410.

Weit mehr als nur Mauern und Gräber … Klosterarchäologie in Vorpommern, Andreas Kieseler

Adler, Georg / Ansorge, Jörg, Buchverschlüsse und Buchbeschläge vom Marienkirchhof in Pasewalk – Zeugen der ehemaligen Bibliothek des Pasewalker Dominikanerklosters, in: Bodendenkmalpflege in Mecklenburg-Vorpommern. Jahrbuch 54/2006 (2007), S. 151–176.

Ansorge, Jörg / Samariter, Renate, Archäologische Untersuchungen im ehemaligen Greifswalder Franziskanerkloster, in: Greifswalder Beiträge zur Stadtgeschichte, Denkmalpflege, Bausanierung 6 (2012), S. 26–33.

Ansorge, Jörg / Schäfer, Heiko, Die Ausgrabungen im Stralsunder Johanniskloster in den Jahren 2006 und 2007 unter besonderer Berücksichtigung der spätgotischen und renaissancezeitlichen Ofenkacheln, in: Archäologische Berichte aus Mecklenburg-Vorpommern 16 (2009), S. 136–176.

Biermann, Felix, Archäologische Untersuchungen am Zisterzienserkloster Hiddensee, in: Bodendenkmalpflege in Mecklenburg-Vorpommern. Jahrbuch 57/2009 (2010), S. 265–357.

Ders., Der mittelalterliche Nonnenkonvent auf dem Klosterberg von Altentreptow, Lkr. Mecklenburgische Seenplatte, in: Bodendenkmalpflege in Mecklenburg-Vorpommern. Jahrbuch 59/2011 (2012), S. 107–160.

Ders., Untergegangene Klöster und Stifte in Pommern: Stand und Perspektiven ihrer archäologischen Erforschung, in: Jörn, Nils / Porada, Haik T. (Hrsg.), Die Historische Kommission für Pommern 1911–2011. Bilanz und Ausblick (Veröffentlichungen der Historischen Kommission für Pommern. V: Forschungen zur Pommerschen Geschichte 47) Köln / Weimar 2018, S. 317–347.

Ders. / Blum, Ottilie / Hergheligiu, Cecilia, Neue Forschungen zum Prämonstratenserstift Grobe auf der Insel Usedom – Ausgrabungen am Wilhelmshofer Priesterkamp im Jahre 2010, in: Bodendenkmalpflege in Mecklenburg-Vorpommern. Jahrbuch 63/2015 (2017), S. 53–144.

Brandt, Dirk / Lutze, André, Zur Baugeschichte des Ostflügels des ehemaligen Zisterzienserklosters Eldena, in: Greifswalder Beiträge zur Stadtgeschichte,

Denkmalpflege, Stadtsanierung 9. Sonderheft. Klosterruine Eldena. 750 Jahre Ostflügel der Klausur (2015), S. 8–21.

Ewe, Herbert, Kostbarkeiten in Klostermauern. Zur Geschichte, Restaurierung und Nutzung des Franziskanerklosters Sankt Johannis zu Stralsund, Rostock 1990.

Hertel, Margit, Die Zisterzienserklosterkirche Neuenkamp (Franzburg) nach dem Befund der Ausgrabung 1959/60, in: Greifswald-Stralsunder Jahrbuch 5 (1965), S. 129–148.

Hoffmann, Verena, Pasewalk, Lkr. Uecker-Randow, Fpl. 184, in: Bodendenkmalpflege in Mecklenburg-Vorpommern. Jahrbuch 51/2003 (2004), S. 603.

Dies., Wohlige Wärme im Mittelalter – Luftheizungen, in: Jöns, Hauke / Lüth, Friedrich / Schäfer, Heiko (Hrsg.), Archäologie unter dem Straßenpflaster (Beiträge zur Ur- und Frühgeschichte Mecklenburg-Vorpommerns 39), Schwerin 2005, S. 319–320.

Kaute, Peter, Bemerkenswerte Bestattungen vom Kirchhof des Kloster Eldena, Hansestadt Greifswald, in: Archäologische Berichte aus Mecklenburg-Vorpommern 18 (2011), S. 149–161.

Ders., Franzburg, Lkr. Nordvorpommern, in: Bodendenkmalpflege in Mecklenburg-Vorpommern. Jahrbuch 59/2011 (2012), S. 432.

Kloer, Hans, Das Zisterzienserkloster Eldena in Pommern, Berlin 1929.

Mangelsdorf, Günter, Kloster Grobe bei Usedom – Bericht über die Ergebnisse einer Ausgrabung, in: Ders. (Hrsg.), Von der Steinzeit zum Mittelalter (Greifswalder Mitteilungen. Beiträge zur Ur- und Frühgeschichte und Mittelalterarchäologie 3), Frankfurt a. M. u. a. 1999, S. 155–190.

Ders., Neue Ausgrabungen in der Klosterruine Eldena bei Greifswald, in: Ders. (Hrsg.), Von der Steinzeit zum Mittelalter. (Greifswalder Mitteilungen. Beiträge zur Ur- und Frühgeschichte und Mittelalterarchäologie 3), Frankfurt a. M. u. a. 1999, S. 225–291.

Rütz, Torsten, Die Gruft in der Mittelachse. Zu einer besonderen Bestattungsform im Zisterzienserkloster Eldena, in: Greifswalder Beiträge zur Stadtgeschichte, Denkmalpflege, Stadtsanierung 9. Sonderheft: Klosterruine Eldena. 750 Jahre Ostflügel der Klausur (2015), S. 30–37.

Schäfer, Heiko, Zu der Ausgrabung des Jahres 1995 im pommerschen Kloster Eldena, in: Baltische Studien N.F. 82 (1996), S. 36–41.

Ders., Archäologische Untersuchungen im ehemaligen Nonnenkloster zu Bergen, in: Der Klosterhof und die Kirche St. Marien in Bergen auf Rügen, Bergen 2005, S. 17–21.

Schirren, C. Michael, »Rosetum sanctae mariae«. Zur archäologischen Identifizierung des Gründungsortes von Kloster Neuenkamp, in: Porada, Haik Thomas / Schmidt, Wolfgang (Hrsg.), Kirchliches Leben zwischen Trebel und Strelasund. Beiträge zur Geschichte des Kirchspiels und der Synode Grimmen, Kiel 2019, S. 283–294.

Ders., Begraben vor den Toren – Ein Friedhofsausschnitt beim ehemaligen Brigittenkloster »Mariacron« in der Hansestadt Stralsund, in: Archäologische Berichte aus Mecklenburg-Vorpommern 29 (2022), S. 70–84.

Szczesiak, Rainer, Religiöse und kulturelle Zentren auf dem Land und in der Stadt – Klöster, Stifte und Komtureien, in: Jöns, Hauke / Lüth, Friedrich / Schäfer, Heiko (Hrsg.), Archäologie unter dem Straßenpflaster (Beiträge zur Ur- und Frühgeschichte Mecklenburg-Vorpommerns 39), Schwerin 2005, S. 393–400.

Ders., Stein gewordene Zeugnisse des Glaubens – Architektur und Kunst der Klöster und Stifte, in: JÖNS, Hauke / LÜTH, Friedrich / SCHÄFER, Heiko (Hrsg.), Archäologie unter dem Straßenpflaster (Beiträge zur Ur- und Frühgeschichte Mecklenburg-Vorpommerns 39), Schwerin 2005, S. 401–410.

DERS., Zentren der Schreibkunst und Gelehrsamkeit – Klöster und Stifte. In: JÖNS, Hauke / LÜTH, Friedrich / SCHÄFER, Heiko (Hrsg.), Archäologie unter dem Straßenpflaster (Beiträge zur Ur- und Frühgeschichte Mecklenburg-Vorpommerns 39), Schwerin 2005, S. 411–412.

Mehr als eine Reform. Die Reformation und das Ende der Klöster, Robert Harlaß

BÜTOW, Erich, Staat und Kirche in Pommern im ausgehenden Mittelalter bis zur Einführung der Reformation. Erster Teil, in: Baltische Studien N.F. 14 (1910), S. 85–148. Zweiter Teil, in: Baltische Studien N.F. 15 (1911), S. 77–142.

DERS., Die Stellung des Stiftes Camin zum Herzogtum Pommern im ausgehenden Mittelalter, Stettin 1910.

HEYDEN, Hellmuth, Zur Geschichte der Reformation in Pommern insonderheit politische Motive bei ihrer Einführung in den Jahren 1534/35, in: DERS. (Hrsg.), Neue Aufsätze zur Kirchengeschichte Pommerns (Veröffentlichung der Historischen Kommission für Pommern 12), Köln/Graz 1965, S. 1–34.

LEDER, Hans-Günter / BUSKE, Norbert, Reform und Ordnung aus dem Wort. Johannes Bugenhagen und die Reformation im Herzogtum Pommern, Berlin 1985.

PLANTIKO, Otto, Pommersche Reformationsgeschichte, Greifswald 1922.

WÄCHTER, Joachim, Die Reformation in Pommern, in: PORADA, Haik Thomas (Hrsg.), Beiträge zur Geschichte Vorpommerns. Die Demminer Kolloquien 1985–1994, Schwerin 1997, S. 179–188.

WOLGAST, Eike, Die Einführung der Reformation und das Schicksal der Klöster im Reich und in Europa (Quellen und Forschungen zur Reformationsgeschichte 89), Heidelberg 2014.

Schulen, Scheunen, Schlosskapellen. Schicksale der Klosterbauten in Vorpommern nach der Reformation, Andreas Kieseler

BÄUMER, Rudolf, Stolpe an der Peene, in: BOLLNOW, Otto (Hrsg.), Der Kreis Anklam. Ein Heimatbuch, Magdeburg 1935, S. 22–26.

BEHN, Arthur, Zum Schicksal der Klosterbauten in Stolpe an der Peene und in Pudagla nach ihrer Säkularisierung, in: ASMUS, Ivo / PORADA, Haik Thomas / SCHLEINERT, Dirk (Hrsg.), Geographische und historische Beiträge zur Landeskunde Pommerns. Eginhard Wegner zum 80. Geburtstag (Greifswalder Geographische Arbeiten – Sonderband), Schwerin 1998, S. 241–247.

BIERMANN, Felix, Zisterzienser auf Hiddensee 1296–1536. Geschichte und Archäologie eines verschwundenen Klosters (Hiddensee-Reihe 2), Vitte 2009.

BILANG, Karla, Kloster der Zisterzienserinnen und Kirche St. Michael in Krummin auf Usedom, Wolgast 2008.

BRANDT, Dirk / LISSOK, Michael, Schloss Pudagla auf Usedom als Zeugnis der Renaissance-Baukultur des pommerschen Herzogshauses im Licht der Ergebnisse von Bauuntersuchungen und Quellenrecherchen der vergangenen vier Jahre, in: MAKAŁA, Rafał (Hrsg.), Unbekannte Wege. Die Residenzen der Pommernherzöge und der verwandten Dynastien als Kunstzentren und Stationen künstlerischer Migration zwischen Reformation und Dreißigjährigem Krieg, Schwerin 2018, S. 53–87.

EWE, Herbert, Kostbarkeiten in Klostermauern. Zur Geschichte, Restaurierung und Nutzung des Franziskanerklosters Sankt Johannis zu Stralsund, Rostock 1990.

Ewe, Herbert, Das alte Bild der vorpommerschen Städte, Weimar 1996.

Freyberg, Eduard Hellmuth, Geschichte der Stadt Pasewalk von der ältesten bis auf die neueste Zeit, Pasewalk 1847.

Lissok, Michael, Die Klosterruine Eldena in Bilddokumenten und Werken der Bildenden Kunst des 19. Jahrhunderts, in: Greifswalder Beiträge zur Stadtgeschichte, Denkmalpflege, Stadtsanierung 9. Sonderheft: Klosterruine Eldena. 750 Jahre Ostflügel der Klausur (2015), S. 44–62.

Porada, Haik Thomas, Vom Kloster zur Stadt – zur Geschichte von Neuenkamp und Franzburg 1231 bis 2001, in: Franzburg. 10 Jahre Städtebauförderung 1991–2001, Franzburg 2001, S. 6–7.

Pyl, Theodor (Hrsg.), Geschichte der Greifswalder Kirchen und Klöster, sowie ihrer Denkmäler, nebst einer Einleitung vom Ursprunge der Stadt Greifswald. Dritter Theil. Geschichte des Franziskaner- und Dominikaner-Klosters, des Hl. Geist- u. Georg-Hospitals, der Gertrudenkirche u. der Greifswalder Convente, Greifswald 1887.

Rother, Hannes / Wagner, Jörn, Das Klostergelände und seine Gestaltung von den Anfangen bis zur Gegenwart, in: Stadt Bergen / GSOM mbh (Hrsg.), Der Klosterhof und die Kirche St. Marien in Bergen auf Rügen, Bergen auf Rügen 2005, S. 64–87.

Schönrock, Felix, Klausur – Amtshaus – Scheune. Zur Entwicklung des Ostflügels der Eldenaer Klosteranlage im Wandel der Zeit. In: Greifswalder Beiträge zur Stadtgeschichte, Denkmalpflege, Stadtsanierung 9. Sonderheft: Klosterruine Eldena. 750 Jahre Ostflügel der Klausur, Greifswald 2015, S. 22–29.

Steinbrück, Johann J., Geschichte der Klöster in Pommern und der angränzenden Provinzen, in so fern die letzteren mit den ersteren in Verbindung gestanden, von ihrer Gründung bis zu ihrer Aufhebung oder jezzigen Fortdauer, so weit die dabei benuzten Quellen führen, Stettin 1796.

Wichert, Sven, Zur Geschichte des Klosters. In: Stadt Bergen / GSOM mbh (Hrsg.), Der Klosterhof und die Kirche St. Marien in Bergen auf Rügen, Bergen auf Rügen 2005, S. 4–16.

Zober, Ernst H., Zur Geschichte des Stralsunder Gymnasiums. Erster Beitrag. Die Zeit der drei ersten Rectoren (1560 bis 1569), Stralsund 1839.

REGISTER

Personenregister

Ortsregister

GLOSSAR

Ablass: In Form eines Gnadenaktes von Seiten der Kirche können zeitliche Sündenstrafen erlassen werden. Im Mittelalter konnte dieser Erlass durch die Erbringung von guten Werken wie dem Dienst am Nächsten, der Gabe von Almosen oder Pilgerreisen erlangt werden. Neben diesen Sühneleistungen konnte der Erlass aber auch mit Hilfe von Geldleistungen erkauft werden, woraus sich schließlich der A.handel entwickelte.

Abort: Toiletten innerhalb der Klosteranlage und Teil des → Necessariums.

Abt: Oberer eines selbständigen Klosters von Mönchen. Er eint geistliche Vaterschaft und rechtliche Leitung. Die Wahl erfolgt unter der Leitung des Generala. vom → Konvent auf Lebenszeit. Die Weihe empfängt der A. vom Ortsbischof oder mit dessen Genehmigung von einem anderen Bischof oder A. Bei der Weihe werden ihm Regel und →A.stab sowie Ring und → Mitra übergeben. Im Mittelalter besaß er die Jurisdiktion über die Konventsmitglieder und über den zum Kloster gehörigen Landbesitz und darin befindlichen Dörfern.

Abtei: Ein Kloster, dessen Leitung ein → Abt oder eine →Äbtissin innehat.

Äbtissin: Oberin eines selbständigen Klosters von Nonnen. Ernennung und Leitung gleichen denen des → Abtes. Die Wahl erfolgt unter dem Vorsitz des Ortsbischofs, sofern das Kloster nicht dem männlichen Zweig eines Ordensverbands inkorporiert oder assoziiert ist.

Abtshaus: Separates Gebäude einer → Abtei, in dem der → Abt wohnt. In der Regel handelt es sich um einen repräsentativen, gut ausgestatteten Bau östlich der → Klausur, der zuweilen in Einheit mit weiteren Klostergebäuden, wie z. B. dem Gästehaus, errichtet wurde.

Abtsstab: Hoheitszeichen des → Abtes, auch Krummstab genannt. Der A. besteht aus einem hölzernen Stab und einer am oberen Ende aufgesetzten Krümme aus Silber, vergoldetem Silber oder Elfenbein. Diese ist reich verziert und schwingt in einem Bogen aus. In diesem Bogen ist häufig das Lamm mit der Siegesfahne als Zeichen → Agnus Dei eingestellt.

Agnus Dei (lat. Lamm Gottes): Es steht als Bildzeichen für Jesus Christus und seinen Opfertod am Kreuz. Die vom Lamm gehaltene Siegesfahne symbolisiert die Auferstehung und damit den Sieg Christi über den Tod.

Altar: Liturgischer Mittelpunkt in der Kirche, in der Kapelle. Auf dem A. wird das eucharistische Opfer dargebracht. Der A. besteht aus dem Träger, dem → Stipes, und der Platte, der → Mensa. Der A. wird vom Bischof durch die Versenkung einer → Reliquie in der A.platte geweiht. Der Haupta. steht im → Hochchor. Am A. werden die mehrfach am Tag stattfindenden Chorgebete und die Heilige Messe zelebriert. Im Mittelalter wurde für die Laiengemeinde der Laiena. vor dem → Lettner aufgestellt, dieser war zumeist dem Heiligen Kreuz geweiht. Weitere Nebena. fanden Aufstellung in den Kapellen und Seitenschiffen. Sie wurden besonders von vermögenden Familien oder Bruderschaften gestiftet, um jederzeit über die

Möglichkeit zu verfügen, durch → Vikare Messen für Angehörige lesen zu lassen.

Altarretabel: → Retabel.

Antependium (lat. antependulus = nach vorne hängend): Verkleidung des → Altars an dessen Vorderseite durch einen Behang aus Seidengewebe oder Brokat, der oftmals mit figürlichen oder ornamentalen Stickereien reich verziert ist. Neben der textilen Form existieren auch kunstvoll bearbeitete Tafeln aus Holz oder Edelmetall.

Apsis: Halbkreisförmiger oder → polygonaler, überwölbter Raumbereich am östlichen Ende des → Chors. Hier findet der Hochaltar seine Aufstellung. Weitere A. an den Querschiffen, ebenfalls nach Osten ausgerichtet, bieten Platz für Nebenaltäre.

Archäoanthropologie (altgriech. αρχαίος, archaīos = alt, altertümlich; ἄνθρωπος, ánthrōpos = Mensch; λόγος, lógos = Lehre): Zumeist im Rahmen von archäologischen Ausgrabungen durchgeführte Untersuchungen an menschlichen Knochen und Zähnen, die in erster Linie aus Gräbern, aber auch aus anderen Fundkontexten stammen. Sie geben Auskunft über das Leben der Verstorbenen, etwa zum Geschlecht, zum Körperbau, zur Ernährung, zu Krankheiten, zum Sterbealter und zur Todesursache.

Armarium (lat. arma = Ausrüstung, Geräte): 1. Räumlichkeit in der → Klausur, zumeist im Anschluss an die → Sakristei. Das A. dient der Unterbringung von Büchern und wird teilweise auch als Schreibstube genutzt; 2. Kleiner in die Wand eingelassener Schrank zur Aufbewahrung von liturgischen Gegenständen.

Basilika: Drei- oder mehrschiffige Kirche mit einem hohen Mittelschiff und niedrigeren Seitenschiffen.

Beginen (mhd. Begîne, begutte): Seit dem 13. Jh. im deutschen Sprachraum geläufige Bezeichnung für fromme Frauen, die in Gemeinschaft ein klosterähnliches Leben unter der Anleitung einer Vorsteherin, der Magistra, führten. Sie sicherten durch Handarbeit und karitative Tätigkeiten ihren Lebensunterhalt. Entgegen dem lebenslang verpflichtenden → Profess der Nonnen an ihre Gemeinschaft, erneuerten die B. ihr Gelübde mehrmals im Leben, womit auch die Möglichkeit eines Austritts aus der Gemeinschaft gegeben war.

Calefaktorium (lat. calefacere = heizen): Wärmestube, die im Mittelalter durch eine darunter befindliche Warmluftheizung beheizt wurde. Das C. liegt in räumlicher Nähe zum → Refektorium. Häufig wurde das C. auch als Winterrefektorium genutzt.

Cellar/Cellerarius (lat. Kellermeister): Amt innerhalb der Kloster- und Stiftsverwaltung. Der C. ist für die Vorratslagerung und Küche verantwortlich.

Cellarium (lat. Keller): Er dient der Vorratshaltung und befindet sich häufig im Süd- und/oder Westflügel der → Klausur.

Chor: Östlicher Raumteil im Kirchenschiff, nach Osten zumeist mit einer → Apsis endend. Bereich in dem sich die Geistlichen oder Mönche täglich mehrfach zum C.gebet zusammenfinden. Ein → Lettner trennt den C. vom Langhaus.

Chorgestühl: Bestuhlung für die Kleriker und Ordensgeistlichen während der Chordienste. Aufstellung findet das C. an den Längsseiten im → Chor. Die ältesten Beispiele besaßen ungeteilte Sitzbänke, ab 1300 erhielten die Sitze aufwendig verzierte Zwischen- und Endwangen, hohe, häufig bemalte Rückwände sowie Zierdächer, sog. Baldachine.

Chorherren: → Kanoniker.

Constitutiones (lat. constitutio = Erlass, Verfassung, Verordnung): Ergänzende und spezifizierende Bestimmungen der Regeln der im 12. und 13. Jh. gegründeten Orden.

Consuetudines (lat. consuetudo = Gewohnheit, Brauch). Gesetzliche Regelung zur Präzisierung und Spezifizierung der jeweiligen Regeltexte.

Dormitorium (lat. dormire = schlafen): In Männerklöster der Schlafsaal im Obergeschoss des Ostflügels der → Klausur mit direktem Zugang zum → Chor über eine D.treppe. In Frauenklöstern liegt das D. zumeist im Westflügel mit direktem Zugang zur Nonnenempore.

Empore: Galerieähnlicher Einbau innerhalb des Kirchenschiffs, der sich zum Innenraum öffnet. Die E. liegt in den Klosterkirchen der Frauengemeinschaften zumeist im Westen des Langhauses.

Exemtion (lat. »Herausnahme«): Umschreibt kirchenrechtlich die direkte Unterstellung eines Klosters oder Stifts unter päpstliche Jurisdiktion und damit deren Herausnahme aus der Amtsgewalt des Bischofs. Ein exemtes Bistum war nicht mehr dem übergeordneten Erzbistum Rechenschaft pflichtig, sondern unterstand dem Papst direkt.

Fayence (abgeleitet von der norditalienischen Stadt Faenza): Ab dem 13./14. Jh. in Spanien und Italien, später vor allem auch in den Niederlanden hergestellte Gefäß- (insbesondere Tafelgeschirr) und Baukeramik aus kalkhaltigem Ton mit Zinnglasur und zumeist blauer, grüner, gelber oder violetter Bemalung mit metallischem Schimmer, sog. Lüsterbemalung, die als Import auch in das nördliche Europa gelangte.

Filiation (lat. filia = Tochter): Beziehung zwischen Mutter- und Tochterkloster, insbesondere bei den Zisterziensern.

Gelübde: Das G. beinhaltet ein Gott gegebenes Versprechen, das Armut, Enthaltsamkeit und Gehorsam umfasst. Das G. bedeutet die freie Selbstbindung an das daraus erfolgende Ethos als Akt der besonderen Gottesverehrung.

Gewände: Schräg geführte seitliche Mauerfläche eines Fensters oder Portals.

Gurtbogen: Gurt, der das Gewölbe quer zu dessen Längsrichtung unterteilt.

Hallenkirche: Drei- oder mehrschiffige Kirche mit nahezu gleich hohen Mittel- und Seitenschiffen.

Harte Grauware: Schlichte Gebrauchskeramik in Form von (Kugel)töpfen, Kannen/Krügen und Schalen/Schüsseln zur Vorratshaltung und Speisenzubereitung. An der südlichen Ostseeküste tritt sie im Zuge der Ostexpansion und der Städtegründungen ab der ersten Hälfte des 13. Jhs. auf, wo sie lokal produziert wurde.

Hochchor: Der nur für den → Konvent zugängliche Bereich des Kirchenschiffs und Ort des Hochamts am Hochaltar.

Hospital: Im Mittelalter eine Einrichtung zur Aufnahme von Kranken, Gebrechlichen und Alten. Sie wurden hier seelsorgerisch, medizinisch und pflegerisch versorgt.

Infirmarium (lat. infirmus = schwach, krank): In ein Kloster integriertes → Hospital für erkrankte Konventsmitglieder. Bei den Bettelorden diente das I. auch der Versorgung von Kranken und Gebrechlichen aus der städtischen Bevölkerung.

Joch: Ein Gewölbefeld innerhalb einer Abfolge gleichartiger Abschnitte. Die J. werden in Richtung der Längsachse der Kirche gezählt und durch → Gurtbögen voneinander getrennt.

Kämpfer: Der Bereich, an dem die Bogenführung eines Gewölbes beginnt und an dem die Schublast des Bogens vom Mauerwerk aufgenommen wird.

Kanoniker: Versorgungsberechtigte Kleriker, die die Priesterweihe empfangen haben. Sie führen ein Gemeinschaftsleben nach einer festgelegten Regel, der *regula canonicorum*, an einem Stift oder Domstift und feiern gemeinsam die Liturgie. Die Säkulark. legen kein → Gelübde ab und erzielen ihre Einkünfte aus deren → Pfründen. Für sie gilt nicht die → *stabilitas loci*. Die Regulark., auch als regulierte Chorherren bezeichnet, legen ein → Gelübde ab und leben als Augustiner-Chorherren oder Prämonstratenser in → Klausur.

Kapitel: 1. Die nach einer Regel und Statuten lebende Klerikergemeinschaft; 2. Die tägliche Versammlung des → Konvents zu liturgischen Diensten und Unterweisungen; 3. Die Versammlung auf der Ebene des Konvents, der Provinz oder des Generalverbands, auf der entscheidende Agenden behandelt und verabschiedet werden.

Kapitell: Konstruktiv wichtiger Abschluss einer Säule, eines → Pilasters oder Pfeilers zwischen Schaft und aufliegender Last, zumeist ornamental oder floral/figürlich gestaltet.

Kapitelsaal: Wichtigster Raum der → Klausur, der zumeist im Ostflügel liegt. Hier erhalten die Konventsmitglieder ihre täglichen Weisungen und es wird aus der Klosterregel gelesen.

Kasel: Liturgisches Obergewand des Priesters oder Bischofs bei der Messfeier, aus seidenen Stoffen oder Brokat gearbeitet, mit Goldborten und Stickereien verziert.

Klausur (lat. clausura = Verschluss): 1. Abschottung von der Außenwelt im Sinne einer Hingabe an Gott und die Klostergemeinschaft. Als aktive K. bezeichnet man den Verzicht der Nonnen und Mönche, das Kloster zu verlassen, als passive K. den Ausschluss der Öffentlichkeit aus dem Klosterbereich; 2. Klosterbereich, der ausschließlich den Mitgliedern vorbehalten war. Die Räume der K. gruppieren sich zumeist um den → Kreuzgang.

Kleinodien (mhd. Kleinôt): Umfassen alle materiell und künstlerisch wertvollen Gegenstände im klösterlichen Besitz.

Kollegiatstift: Bezeichnung für die Gemeinschaft (Kollegium) von → Säkularkanonikern.

Kongregation: Zusammenschluss mehrerer selbständiger Abteien oder Stifte mit gleicher Regel und gleichen → Constitutiones.

Konsekration (lat. consecrare = weihen, heiligen): Wandlung von Wein und Brot in den Leib und das Blut Christi durch die K.worte, die Einsetzungsworte, die das Handeln und Reden Jesu beim letzten Abendmahl wiedergeben.

Konsole: Vorspringendes Trageelement an einer Wandmauer, auf dem ein Bogen, Gewölbeanfänger, Dienst, Gesims, Balken oder ein Balkon, Erker oder ein ähnliches Bauelement ruht.

Konvent (lat. conventus = Zusammenkunft, Versammlung): Gemeinschaft der Nonnen oder Mönche eines Klosters bzw. die einer Stiftsgemeinschaft.

Konventuale: 1. Mitglied eines → Konvents; 2. Angehöriger innerhalb der Bettelorden, der sich nicht der strengen Auslegung des Armutsideals der Reformgruppen der → Observanz anschloss.

Konverse: K., auch Laienbrüder genannt, leben in einem Kloster in von den Mönchen getrennten Sonderkommunitäten und gewährleisten durch ihre Arbeiten die Existenzsicherung des Klosters. Bei den Zisterziensern gehören die K. zum festen personellen Bestandteil einer jeden Niederlassung und ermöglichen die ökonomische Autarkie des Klosters.

Kreuzgang: Umschließt meist auf allen vier Seiten den in der Regel quadratischen Innenhof der → Klausur. Als Wandelgang dient er der Kontemplation. Er ist Ort von Prozessionen und Lesungen, ist Versammlungsbereich für den → Konvent und Begräbnisstätte für Konventsmitglieder. Als zentraler Bereich des Klosters erschließt er die in den einzelnen Gebäudeflügeln der → Klausur untergebrachten Räumlichkeiten sowie das Kirchenschiff.

Laienbrüder: → Konverse.

Lettner: Hohe, in der Gestaltung umfangreich gegliederte Wand aus Stein oder Holz, die im Kirchenschiff den → Chor vom westlich gelegenen Laienraum trennt. Der L. besitzt eine über Treppen zugängliche Bühne, von der die Evangelien verlesen, → Ablässe verkündet und Reliquien zu den Heiligentagen ausgestellt wurden.

Majuskel (lat. maius, Komparativ von magnus = groß): Schrifttyp, bestehend aus Großbuchstaben.

Mensa (lat. Tisch, Opfertisch): Altarplatte, in die durch einen Weiheakt → Reliquien eingelassen wurden.

Messkelch: Während der eucharistischen Liturgie nimmt der M. den in das Blut Christi gewandelten Wein auf. Der M. war neben der → Patene das wichtigste Gefäß der → Vasa Sacra.

Minuskel (lat. minus, Komparativ von parvus = klein): Schrifttyp, bestehend aus Kleinbuchstaben.

Mitra: Von Bischöfen und → Äbten als Insignie getragene Kopfbedeckung. Seit Mitte des 12. Jhs. ist die M. als an den Schläfen ansteigende Klappmütze gestaltet. Durch Zwischenzeug werden die Hälften über Stirn und Hinterkopf jeweils in einer Spitze, den sog. Hörnern, verbunden. Rückseitig hängen zwei schmale, schulterlange Zierstreifen herab.

Monstranz (lat. monstrare = zeigen): Tragbares Schaugefäß für → Reliquien, in dem diese, für alle Gläubigen sichtbar, angebetet werden können. Die M. ist zumeist aufwendig künstlerisch gestaltet.

Necessarium (lat. necessarius = unentbehrlich, notwendig): Umfasst innerhalb der Klosteranlage die Toiletten- und Waschanlagen.

Nekrolog (gr. νεκρός, nekros = Leiche): In Klöstern und Stiften handschriftlich geführtes Totenbuch. Es listet für jeden Tag des Jahres die Verstorbenen auf, derer in Gebeten gedacht werden soll.

Novize/Novizin: Neu in die Ordensgemeinschaft aufgenommene Person, die sich auf das → Gelübde vorbereitet und dabei eine zumeist dreijährige Probezeit, das Noviziat, durchläuft. Dieses endet mit dem Ablegen der → Profess.

Observanz (lat. observare = beachten, befolgen, hochachten): Mittelalterlicher Reformzweig innerhalb der geistlichen Orden. Sie kamen dem Anspruch nach, sich, entgegen der Ordensorganisation, wieder an der strengen Auslegung der Ordensregel auszurichten. Diese Forderung führte meist zur Bildung von Sonderverbänden innerhalb der Orden, so z. B. den sog. Franziskaner-Observanten und Dominikaner-Observanten.

Paradiesgarten: Den zentralen Bereich der Klausur bildende, von den → Kreuzgängen eingefasste Innenhof bzw. Garten. In seiner Gestaltung und Bepflanzung soll der P. an das Paradies erinnern.

Paramente: Sammelbezeichnung für sämtliche im Kirchenraum und in der Liturgie verwendete Textilien.

Parlatorium (lat. parlamentum = Besprechung): Sprechraum der Mönche oder Nonnen innerhalb der → Klausur.

Patene (lat. patena = Schüssel): Schale zur Aufnahme des zu konsekrierenden und des konsekrierten eucharistischen Brots. In Ausgestaltung und Material lehnt sie sich eng an den → Messkelch an und bildet mit diesem zusammen ein Ensemble.

Patronat: Beinhaltet die Schirmherrschaft über eine Pfarrkirche durch einen Landesherrn, eine andere juristische Person aber auch durch eine Körperschaft wie eine Universität.

Petschaft: Kleiner Siegelstempel aus Messing oder Bronze, in mittelalterlichen Klöstern oftmals spitzovaler Stempel, zum Beglaubigen von Urkunden und anderen Dokumenten.

Pfründe: Mit Einkünften verbundenes Kirchenamt.

Pilaster: Wandpfeiler mit Basis und → Kapitell.

Polygon/polygonaler Schluss: Vieleckiger Abschluss einer Raumflucht, in Kirchen in der Regel am → Chor sowie an den Seitenkapellen.

Predella: Aufsatz auf der Altarplatte, der → Mensa, der den Unterbau eines → Retabels bildet.

Prior/Priorin (lat. der Erste, der Vordere): In Orden ohne → Abt oder → Äbtissin Vorsteher/in des Klosters, ansonsten Vertreter/in des → Abtes/der → Äbtissin.

Profess (lat. professio = Ankündigung): Es beinhaltet das Bekenntnis eines → Novizen/einer Novizin, nach der Regel bzw. den → Constitutiones eines Ordens zu leben. Mit der Unterschrift auf der P.urkunde gelobt er/sie feierlich, die → Gelübde Enthaltsamkeit, Armut und Gehorsam einzuhalten.

Propst: Vorsteher eines Domkapitels, Stifts oder Klosters. Seit der Kirchenreform des 11. und 12. Jhs. oft sowohl geistlicher wie weltlicher Vorsteher einer Nonnengemeinschaft.

Querschiff/Querhaus: Quer zum Langhaus verlaufender Bauteil. Die Durchdringung von Langhaus und Q. ergibt bei gleichen Breiten die → Vierung.

Refektorium (lat. reficere = einnehmen, erfrischen): Speisesaal der Mönche oder Nonnen. Er befindet sich in der Regel in dem der Kirche gegenüberliegenden Gebäudeflügel der → Klausur. Meist lang gestreckter, eingewölbter Saal mit Bet- und Lesenische für die von der Regel vorgeschriebenen Lesungen während der Mahlzeiten. Im Mittelalter gab es häufig eine Trennung zwischen Sommerr. und beheizbarem Winterr., das zugleich als → Calefaktorium dienen konnte. Einige Klöster besaßen ein separates Gäster., das zumeist schmuckvoller ausgestaltet war.

Regularkanoniker: → Kanoniker.

Reliquien (lat. reliquia = Gebeine, Überreste): Zur Verehrung durch Gläubige verwahrte Überreste von Heiligen, die zu festgelegten Zeiten ausgestellt werden. Teile der Kleidung oder Gegenstände, die vom Heiligen berührt worden sein sollen, werden als sog. Berührungsr. bezeichnet.

Retabel (lat. retabulum = Rückwand): Eine auf die Rückseite des → Altars direkt aufgesetzte oder auf einem Unterbau, der → Predella, aufgestellte Schauplatte aus Holz, Stein, Stuck oder Metall, die mit Reliefs oder Malereien verziert ist. Ab dem frühen 14. Jh. entwickelte sich das R. zum mehrflügeligen Flügelr. Ähnlich einem Schrank lässt sich dieser öffnen und schließen. Entsprechend zeigt sich im geschlossen Zustand die Fastenseite mit Tafelmalerei und im geöffneten Zustand die Werktags- und/oder Feiertagsseite mit einen teils aufwendigen Figurenprogramm in Form von Heiligenfiguren oder szenischen Darstellungen aus der Passion oder dem Leben Mariens.

Saalkirche: Kirchenraum ohne Unterteilung in Mittel- und Seitenschiffe.

Säkularkanoniker: → Kanoniker.

Sakristei: Raum mit direkten Zugang zum → Chor der Kirche. Aufbewahrungsort für die liturgischen Geräte, die → Vasa Sacra, → Paramente und Bücher. Hier wird die Messe vorbereitet und die Chordienstkleidung angelegt. Die S. ist oftmals eingewölbt und ausgeschmückt mit Wandmalereien.

Sanktuarium: Raumbereich der → Apsis, in dem der Hochaltar seine Aufstellung fand.

Skriptorium (lat. scribere = schreiben): Schreibstube der Mönche oder Nonnen. Sie liegt zumeist in direkter Verbindung zur Bibliothek.

Stabilitas loci (lat. Beständigkeit des Ortes):

Dauerhafte Bindung eines Konventsmitglieds an ein Kloster und dessen Gemeinschaft benediktinischer Prägung. Diese einmal gewählte Bindung erfolgt mit der → Profess.

Steinzeug: Keramische Warengattung mit vollständig versintertem und somit sehr hartem und wasserundurchlässigem Scherben. Vornehmlich die ab dem 14. Jh. in Siegburg (Rheinland), aber auch die seit dem späten 14. Jh. in Sachsen (Waldenburg) in großen Mengen hergestellten Steinzeugkrüge, -kannen und -becher wurden im 14. und 15. Jh. massenhaft in die Gebiete an der Ostseeküste exportiert und dienten hier – da nicht feuerfest – als Schank- und Trinkgefäße.

Stipes (lat. Pfahl, Pfosten): Unterbau eines → Altars, auf dem die Altarplatte, die → Mensa, aufliegt.

Suffraganbistum: Bezeichnet einen kirchlichen Verwaltungsbereich, der dem Erzbistum untergeordnet war.

Tafelmalerei: Malerei auf hölzernen Bildträger, im Norden zumeist Eichenholz, der eine Grundierung aus Kalk oder Gesso, eine mit Leimwasser angeteigte Gipsmasse, erhielt. Sie glättete das Holz und verhinderte das Einziehen der darauf aufgebrachten Tempera- oder Ölfarben.

Terminei (lat. terminare = begrenzen): Ein bestimmter, einem Bettelordenskloster zugehöriger Bezirk, in dem die Mönche des Klosters predigen und Almosen sammeln. In der zentral im Bezirk gelegenen Stadt liegt das Terminierhaus, das Unterkunft und eine Gebetskapelle für die Mönche bot.

Vasa Sacra (lat. Heilige Gefäße/Geräte): Geräte für den gottesdienstlichen Gebrauch, vorwiegend für die Eucharistie, wie Kelche, → Patenen und → Monstranzen. Sie werden vor dem ersten Gebrauch vom Bischof geweiht und erhalten eine handschriftliche Bestätigung.

Vierung: Kirchenraumteil, der aus der Durchdringung von Mittelschiff und → Querschiff entsteht. In Kirchen mit kreuzförmigem Grundriss trennt dieses Areal den → Chor vom Langhaus. Ist die V. ebenso hoch und breit wie das Haupt- und Querschiff, wird sie als echte V. bezeichnet und ist quadratisch.

Vikar (lat. vicarius = Stellvertreter): Inhaber eines Stellvertretungsamts mit eingeschränkten Befugnissen. Der Bischofsv. vertritt den Bischof in einigen Bereichen der Seelsorge, der Generalv. übernimmt Teilbereiche der Bistumsverwaltung. Im Mittelalter wurde ein V. häufig durch Familien eingestellt, die an einem von ihnen gestifteten → Altar ein Vikariat einrichteten. Aus dessen Stiftungserlös wurde der V. für das Abhalten der Seelenmessen bezahlt.

Visitation (lat. visitare = besuchen): 1. Durch das Kirchen- und Ordensrecht geregelte Aufsichtspflicht der höheren Ordensoberen gegenüber den ihnen zugeordneten Instituten und Personen. Die ordentliche V. ist periodisch vorgeschrieben, während die außerordentliche V. aufgrund besonderer Vorkommnisse durchgeführt wird. Vor allem bei exemten und zentralistisch organisierten Verbänden wie denen der Zisterzienser und Prämonstratenser wurde die V. ein wichtiges Instrument zur Wahrung der → Observanz und Einheit des Ordens; 2. Im Zuge der Reformation von Seiten der Landesherrschaft durchgeführte Aufnahme aller klösterlichen und stiftischen Institute. In den dabei erstellten V.protokollen wurden die Bauten, die Ausstattung, Alltagsgegenstände, Bibliotheksbestände und Urkunden gelistet sowie die Besitzungen und Einkünfte festgehalten.

Wittum: Landbesitz, Immobilie oder Einkünfte zur Versorgung einer Witwe.

ABBILDUNGSNACHWEIS

Pommern – ein Land voller geistlicher Landschaften! Eine Einführung

Abb. 1–3, 10–12, 14–17 Karte: Andreas Kieseler
Abb. 4–6 Matthaeus Merian, Topographia Germaniae, 1652
Abb. 7 Foto: Haik Porada
Abb. 8, 9 Foto: Katja Hillebrand
Abb. 13 Foto: Andreas Kieseler

Beten und Arbeiten. Orden und Klöster im Überblick

S. 36 Landesarchiv Greifswald, Rep. 5 Tit. 77, Nr. 24, Foto: Robert Harlaß
Abb. 1 Landesarchiv Greifswald, Rep. 40 III 230a, Foto: Robert Harlaß
Abb. 2 Landesarchiv Greifswald, Rep. 40 III 230a, Foto: Robert Harlaß
Abb. 3 Landesarchiv Greifswald, Rep. 40 III 231b, Foto: Robert Harlaß
Abb. 4 Landesarchiv Greifswald, Rep. 1 Kloster Verchen, Orig. Nr. 37, Foto: Robert Harlaß
Abb. 5 Landesarchiv Greifswald, Rep. 5 Tit. 77 Nr. 24, Foto: Robert Harlaß
Abb. 6 Landesarchiv Greifswald Rep. 1 Kloster Krummin, Orig. Nr. 19, Foto: Robert Harlaß
Abb. 7 Landesarchiv Greifswald, Rep. 38bM Anklam, A1, Foto: Robert Harlaß
Abb. 8 Landesarchiv Greifswald, Rep. 40 I, Nr. 12, Fol. 73, Foto: Robert Harlaß
Abb. 9 Foto: Robert Harlaß

Bilderwelten des Glaubens. Die Ausstattung der Klöster und Stifte

S. 60 Foto: Katja Hillebrand
Abb. 1, 3 Foto: Florian Bolk, © www.florianbolk.de
Abb. 4–7 Foto: Katja Hillebrand
Abb. 2 Foto: Pommersches Landesmuseum
Abb. 8 Stralsund Museum Inv.-Nr. 1879:0720, Foto: Jürgen Herold
Abb. 9 Evangelische Kirchengemeinde Bergen auf Rügen, Foto: Detlef Witt

Der Sturm vor dem Orkan? Reformen am Ende des Mittelalters

S. 76 Landesarchiv Greifswald, Rep. 40 I 89, Foto: Robert Harlaß
Abb. 1 Nationalmuseum Stettin
Abb. 2–4 Schedelsche Weltchronik, 1496, Anna Amalia Bibliothek Weimar

Bauwerke des Glaubens. Die Architektur der Klöster und Stifte

S. 86 Foto: Florian Bolk, © www.florianbolk.de
Abb. 1,3–12, 18, 21, 26, 29–34 Foto: Katja Hillebrand
Abb. 2, 13, 17, 24, 35 Foto: Florian Bolk, © www.florianbolk.de
Abb. 14 Zeichnung: Katja Hillebrand nach M.-Anselm Dimier/Jean Porcher1962, Danmarks Kirker 1936, Dehio 2000
Abb. 15, 20 Foto: Robert Harlaß
Abb. 16 Foto: Felix Biermann
Abb. 19 aus: Robert Dohme, Kirchen des Cistercienserordens in Deutschland während des Mittelalters, Leipzig 1869, S. 149.
Abb. 22 Matthaeus Merian, Topographia Germaniae, 1652
Abb. 23 Zeichnung: Katja Hillebrand nach Dehio 2016
Abb. 25 via wikimedia commons CC BY-SA 3.0, Foto: Klugschnacker
Abb. 27 Zeichnung: Katja Hillebrand nach Dehio 2000

Abb. 28 Zeichnung: Katja Hillebrand nach Dehio 2016
Abb. 36 via wikimedia commons CC BY-SA 4.0, Foto: Grzesiekpl

Weit mehr als nur Mauern und Gräber ... Klosterarchäologie in Vorpommern

Abb. 1, 4 Zeichnung: Andreas Kieseler
Abb. 2 Foto: Hans-Joachim Kieseler
Abb. 3 Eilhard Lubin, sog.e Lubinsche Karte, 1618, Pommersches Landesmuseum
Abb. 5 Foto/Zeichnung: Andreas Kieseler; Markierung des Fundaments nach Biermann 2012 (Abb. 9)
Abb. 6 Foto: Florian Bolk, © www.florian-bolk.de
Abb. 7 Foto: C. Michael Schirren
Abb. 8 Foto: Detlef Witt
Abb. 9 Verändert nach Biermann/Blum/ Hergheligiu 2017 (Abb. 5)
Abb. 10, 14, 23, 25, 27 Foto: Felix Biermann
Abb. 11 Eilhard Lubin, sog.e Lubinsche Karte, 1618, Pommersches Landesmuseum
Abb. 12 Eilhard Lubin, sog.e Lubinsche Karte, 1618, Pommersches Landesmuseum
Abb. 13 Landesamt Kultur und Denkmalpflege Mecklenburg-Vorpommern, Landesarchäologie, Foto: C. Michael Schirren
Abb. 20, 22 Foto: Andreas Kieseler
Abb. 15 Zeichnung: Andreas Kieseler nach Kloer 1928; Hertel 1965; Schäfer 1996; Biermann 2010; Kaute 2012; Brandt/ Lutze 2015
Abb. 16 Foto: Verena Hoffmann, Landesamt für Kultur und Denkmalpflege Mecklenburg-Vorpommern, Abt. Landesarchäologie
Abb. 17 Foto: Jörg Ansorge, Landesamt für Kultur und Denkmalpflege Mecklenburg-Vorpommern, Abt. Landesarchäologie
Abb. 18 Foto: Peter Kaute, Landesamt für Kultur und Denkmalpflege Mecklenburg-Vorpommern, Abt. Landesarchäologie
Abb. 19 Nach Biermann 2010 (Abb. 20); Ansorge/Schäfer 2009 (Abb. 8)
Abb. 21 Foto: Günter Mangelsdorf
Abb. 24 Nach Biermann/Blum/Hergheligiu 2017 (Abb. 23)
Abb. 26 Nach Schirren 2022 (Abb. 7)
Abb. 28 Nach Ansorge/Samariter 2012 (Abb. 3)
Abb. 29 Nach Adler/Ansorge 2007 (Abb. 4–7)

Mehr als eine Reform. Die Reformation und das Ende der Klöster

Abb. 1 Landesarchiv Greifswald, Rep 5 Tit. 44 Nr. 2, Bl. 144, Foto: Robert Harlaß
Abb. 2 Johannes Bugenhagen, Kercken Ordeninge des gantzen Pamerlandes, Wittenberg 1535
Abb. 3 Landesarchiv Greifswald, Rep 40 II 36 Bl. 5b u. 6a, Foto: Robert Harlaß
Abb. 4 Universität Greifswald, Dauerleihgabe Pommersches Landesmuseum

Schulen, Scheunen, Schlosskapellen. Schicksale der Klosterbauten in Vorpommern nach der Reformation

Abb. 1, 6, 7 Foto: Andreas Kieseler
Abb. 2 Stralsunder Bilderhandschrift, um 1615, Stadtarchiv Stralsund, E IIa-40
Abb. 3 Foto: Katja Hillebrand
Abb. 4 Matthaeus Merian, Theatrum Europaeum, Bd. 11, 1682, Foto: Universitäts- und Landesbibliothek Sachsen-Anhalt
Abb. 5 Universitätsarchiv Greifswald, Kurator (K) Nr. 2563, Bl. 113
Abb. 8 Stockholm Riksarkivet, Krigsarkivet, Stads- och fastningsplaner Tyskland, Stralsund 249
Abb. 9 Stadtarchiv Stralsund, Inventarnummer: HF-0003
Abb. 10 Foto: Detlef Witt
Abb. 11 Matthaus Merian, Topographia Germaniae, 1652
Abb. 12 Stadtmuseum Bergen auf Rügen, R 8597

Katalog

Altentreptow, Foto: Katja Hillebrand
Anklam, Bild: Stralsunder Bilderhandschrift, 1615, Stadtarchiv Stralsund, E IIa-40
Bergen, Foto: Florian Bolk © www.florianbolk.de
Eldena, Foto: Florian Bolk © www.florianbolk.de
Franzburg, Foto: Florian Bolk © www.florianbolk.de
Greifswald, Marktplatz Foto: Katja Hillebrand
Greifswald, Dominikaner, Bild: Mathaeus Merian, Stadtprospekt, 1652
Greifswald, Franziskaner, Foto: Detlef Witt
Greifswald, Säkularkanoniker, Fotos: S. 215 Florian Bolk, c www.florianbolk.de u. S. 216 Detlef Witt
Grobe, Foto: Felix Biermann
Hiddensee, Foto: Andreas Kieseler
Krummin, Foto: Florian Bolk © www.florianbolk.de
Maschenholz, Topographische Karte 1:25.000, Blatt 1546 Bergen (Rügen) von 1887 mit Berichtigungen von 1925
Pasewalk, Bild Stralsunder Bilderhandschrift, 1615, Stadtarchiv Stralsund, E IIa-40
Pudagla, Foto: Katja Hillebrand
Stolpe an der Peene, Foto: Katja Hillebrand
Stralsund, Marktplatz, Foto: Katja Hillebrand
Stralsund, Franziskaner, Foto: Katja Hillebrand
Stralsund, Dominikaner, Foto: via wikimedia commons CC BY-SA 3.0, Foto: Norbert Kaiser
Ueckermünde, Bild: Stralsunder Bilderhandschrift, 1615, Stadtarchiv Stralsund, E IIa-40
Verchen, Fotos: Florian Bolk © www.florianbolk.de

Umschlagabbildungen: Karte: Andreas Kieseler. Coverbild: Klosterruine Eldena, Greifswald via wikimedia commons CC BY-SA 4.0, Foto: © Jörg Blobelt.

Mit freundlicher Förderung der Ostdeutschen Sparkassenstiftung

Ostdeutsche Sparkassenstiftung

Bibliographische Informationen der Deutschen Nationalbibliothek:
Die Deutsche Nationalbibliothek verzeichnet diese Publikation in der Deutschen Nationalbibliographie; detaillierte bibliographische Daten sind im Internet über https://dnb.de abrufbar.

1. Auflage 2023

Umschlag und Satz: typegerecht berlin
Druck: Gutenberg Beuys Feindruckerei GmbH, Langenhagen
ISBN 978-3-7954-3833-3

Weitere Informationen zum Verlagsprogramm erhalten Sie unter:
www.schnell-und-steiner.de

Klimaneutral
Druckprodukt
ClimatePartner.com/10951-2304-1003